法商互联：现代企业经营管理培训丛书

企业知识产权管理实战指引

陈浩 主编

Intellectual Property Management for Enterprises: An Empirical Guide

华中科技大学出版社
http://www.hustp.com
中国·武汉

图书在版编目（CIP）数据

企业知识产权管理实战指引/陈浩主编. —武汉：华中科技大学出版社，2020.9
（法商互联：现代企业经营管理培训丛书）
ISBN 978-7-5680-6619-8

Ⅰ.①企… Ⅱ.①陈… Ⅲ.①企业—知识产权—管理—中国 Ⅳ.①D923.4

中国版本图书馆CIP数据核字（2020）第170291号

企业知识产权管理实战指引
Qiye Zhishichanquan Guanli Shizhan Zhiyin

陈　浩　主编

策划编辑：郭善珊	
责任编辑：李　静	
责任校对：熊　慧	
封面设计：刘　卉	
责任监印：朱　玢	
出版发行：华中科技大学出版社（中国·武汉）	电话：（027）81321913
武汉市东湖新技术开发区华工科技园	邮编：430223
印　　刷：北京富泰印刷有限责任公司	
开　　本：710mm×1000mm　1/16	
印　　张：19.5	
字　　数：240千字	
版　　次：2020年9月第1版第1次印刷	
定　　价：69.00元	

本书若有印装质量问题，请向出版社营销中心调换
全国免费服务热线：400-6679-118　竭诚为您服务
版权所有　侵权必究

主　　编：陈　浩

编写人员：（以姓氏笔画排序）

马先年　王　隽　王　蕾　牛爱芹

朱江涛　任圆圆　许益宇　李国聪

陆　阳　陈　浩　赵文涛　崔春花

序　言

　　知识产权，是指权利人对其智力劳动成果以及经营活动中的标识所享有的专有权利，包括专利、商标、著作权、商业秘密等。随着科技的发展，知识产权作为一种无形资产越来越受到重视，尤其是对于高新科技企业来说，知识产权更是企业的核心竞争力，对企业的发展至关重要，甚至关系到企业的命脉。

　　近几年来，知识产权保护成为备受关注的社会热点话题，随之呈现出来的是各类知识产权案例。大到海信与夏普之间的国际专利大战、旷日持久的王老吉与加多宝品牌争夺战、备受关注的作家琼瑶诉于正著作权侵权案，小到各类中小微企业的商标注册、版权登记，知识产权案件表现出数量大、种类多、范围广、标的额高、案情复杂等特点。

　　于是，国家多次修订，多举并措，加强知识产权法律体系、知识产权体制机制建设，力图为企业营造良好的创新环境，建立公平公正的竞争市场。仅在2019年上半年，全国人民代表大会常务委员会就修订了《中华人民共和国商标法》和《中华人民共和国反不正当竞争法》两部知识产权相关法律，着重打击恶意侵权行为，引入惩罚性赔偿机制，加大侵权惩处力度，提高侵权成本。

　　北京德和衡律师事务所是中国规模最大、发展最快的综合性律师事务所之一，在上海、深圳、青岛、济南、南京等地设有办公室，并在首尔、东京、柏林、华盛顿、西雅图、伦敦、多伦多、莫斯科、圣彼得堡、新加坡等地设有境外代表机构。

北京德和衡律师事务所设有专门的知识产权团队，具有国家知识产权局批准的专利代理资质和商标局批准的商标代理资质。团队汇集了优秀的知识产权律师和代理人，重点为客户提供专利、商标、著作权、商业秘密以及反不正当竞争、反垄断等多方面的诉讼与非诉讼法律服务，同时根据客户的定制化需求策划公司知识产权保护体系。

迄今为止，团队已为众多知名企业提供过知识产权专业服务，如海尔集团、美的集团、海信集团、乐视网、优酷网、德国拜耳制药、韩国现代、美国爱宝公司、美国诺博公司、美国华瑞公司等，以专业的法律服务和严谨的执业态度，获得了客户的高度认可。同时，团队办理的多起案件入选了最高人民法院中国法院知识产权司法保护10大创新性案件和50件典型案例名单。良好的业绩塑造了良好的口碑，知识产权团队连续多年被评为北京德和衡"年度最佳业务团队"。

本书系北京德和衡律师事务所知识产权团队律师根据现行专利法、商标法、著作权法、反不正当竞争法等法律法规，总结多年案件办理实践经验撰写而成。本书作者站在企业角度，由浅入深地解答企业关心的经营活动中常见的法律问题，帮助企业经营者更全面地了解、利用、保护知识产权，具有较高的参考价值。

德衡律师集团编辑委员会
2020年5月24日

目　录

专利与商业秘密

专利申请 2

1问：什么是专利，什么内容才能申请专利？ 3

2问：为何要申请专利，专利能为企业带来什么好处？ 4

3问：怎么申请专利，需要提供什么材料？ 5

4问：专利申请前是否需要做出产品？ 6

5问：重复的专利对在前专利有影响吗，为什么还会申请下来？ 8

6问：哪些内容不能申请专利？ 9

7问：与发明专利相比，实用新型专利有什么用？ 10

8问：什么是专利的新颖性？ 12

9问：什么是专利的创造性？ 13

10问：申请人为什么要提供技术交底书？ 15

11问：技术交底书要怎样写？ 16

12问：申请人与发明人的区别是什么？ 18

13问：选择专利申请类型存在的法律风险有哪些？ 19

14问：申请专利是自主申请还是要委托正规代理机构？ 21

15问：在专利申请前公开技术有怎样的法律风险？ 22

16问：专利申请被驳回后怎么办？......................................24
17问：在专利申请前，如何避免企业核心技术外流？..........25
18问：申请专利有什么法律风险？......................................26
19问：什么是职务发明与非职务发明？..............................28
20问：可以申请在他人技术或专利基础之上的专利吗？......29
21问：合作完成发明创造或委托他人研发技术，
　　　专利申请权归谁所有？......................................30
22问：专利为什么要有保护期限？......................................32
23问：没有按时缴纳专利年费怎么办？..............................32
24问：为什么要申请涉外专利？..34
25问：怎么进行专利日常档案管理？..................................35
26问：有专利证书就具备专利价值吗？..............................36
27问：怎样增加企业员工技术创新的动力？......................37
28问：怎样配备企业技术研发人员？..................................39
29问：专利权转让及专利实施许可要办理什么手续？......39
30问：专利权共有人怎么行使共有专利权？......................41
31问：专利实施许可合同中的许可方应注意哪些法律风险？......42
32问：专利实施许可合同中的被许可方应注意哪些法律风险？......43
33问：怎样防范采购货物或配件时存在的专利法律风险？......45
34问：产品推向市场，需要哪些专利风险防控措施？......46
35问：如何进行技术引进的专利分析及风险防控？......47

专利侵权..48

36问：什么是专利侵权？..49
37问：专利侵权案件特点是什么？......................................51

38问：企业申请了专利，为什么还能构成侵权？.................52
39问：发生侵权纠纷后，可以通过哪些途径解决？.................53
40问：有哪些同律师事务所合作解决侵权纠纷问题的方式？.................55
41问：实用新型和外观设计为什么要进行专利权评价报告？.................56
42问：权利人在专利侵权诉讼前应该做什么准备？.................57
43问：被诉后被诉侵权人应该做什么准备工作？.................59
44问：面对侵权，专利权人是否应主动维权？.................60
45问：专利权人应怎样收集侵权信息？.................62
46问：侵害专利权纠纷诉讼结案时间为什么这么长？.................63
47问：怎样打破销售者的专利侵权免责条款？.................64
48问：怎样确定专利侵权赔偿数额？.................65
49问：不知道专利侵权、不懂专利法规定是否可以免责？.................65
50问：什么是专利侵权中的禁止反悔原则？.................67
51问：什么是现有技术抗辩或现有设计抗辩？.................68
52问：什么是先用权抗辩？.................69
53问：如何才能更有效地保护好专利？.................70

专利无效 71

54问：为什么会存在专利无效宣告程序？.................72
55问：提起专利无效宣告程序的流程是怎样的？.................73
56问：专利权人在专利无效宣告程序中应怎样应对？.................74
57问：专利无效宣告程序在专利侵权纠纷中有什么作用？.................75

商业秘密 77

58问：什么是商业秘密？.................78

59问：商业秘密权与专利权的区别是什么？ …………79
60问：企业内部对商业秘密的保护措施有哪些？ …………80
61问：企业在外部交往中保护商业秘密的措施有哪些？ …………81
62问：商业秘密侵权案件有哪些特点？ …………82
63问：哪些行为是侵犯商业秘密的行为？ …………83
64问：商业秘密侵权案件中权利人有哪些需要举证的内容？ …………85
65问：商业秘密侵权案件有哪些取证方法？ …………86
66问：企业被诉商业秘密侵权后有哪些抗辩事由？ …………88
67问：商业秘密侵权案需要进行哪些司法鉴定？ …………89
68问：侵犯商业秘密需要承担哪些法律责任？ …………90

| 商　标 |

商标简介 …………………………………………………94
1问：什么是商标，有哪些特点？ …………95
2问：商标有哪些形式？ …………96
3问：商标注册应符合哪些基本要求？ …………97
4问：指定颜色商标就是颜色组合商标吗？ …………99
5问：声音也可以注册为商标吗？ …………102
6问：什么是集体商标？ …………105
7问：什么是证明商标？ …………106
8问：地理标志可以申请注册为商标吗？ …………108
9问：商品的通用名称、图形、型号可以注册为商标吗？ …………111
10问：描述性商标能否获得注册？ …………112

11问：暗示性商标能否获得注册？..113

12问：日常用口号能否注册为商标？..115

商标的申请与注册..117

13问：企业为什么要重视商标？..118

14问：企业为什么要提交商标注册申请？....................................119

15问：没有注册的商标也可以使用吗？..121

16问：什么是商品与服务分类？..122

17问：企业在申请时应当如何选择分类及商品/服务项目？........124

18问：提交商标申请有哪些途径？..125

19问：委托代理组织进行商标申请有什么好处？........................125

20问：提交商标申请需要准备哪些材料？....................................126

21问：商标申请费用是多少？..127

22问：什么是优先权？..129

23问：国际注册商标有哪些途径？..131

24问：如何办理马德里国际注册？..133

25问：国际注册指定中国的商标与国内注册是否具有相同的效力？.135

26问：申请商标之后还可以修改申请吗？....................................135

27问：商标申请被要求补正怎么办？..135

28问：有商标共存协议就一定会注册成功吗？............................137

29问：为扩大商标保护范围，是选择全类注册还是申请
　　　认定驰名商标？..138

30问：申请认定驰名商标应从哪些方面提供证据？....................140

31问：法律规定驰名商标不得进行广告宣传，企业网站上出现
　　　"驰名商标"字样是否属于广告宣传？........................141

商标的使用与保护 143

- 32问：如何办理商标质押登记？ 145
- 33问：如何提起商标异议？ 147
- 34问：如果商标被提出连续三年不使用撤销申请，应如何应对？ 149
- 35问：商标被公司内部人员或者合作对象抢先注册了怎么办？ 151
- 36问：商品化权益是否能够作为"在先权利"受到商标法保护？ 153
- 37问：当注册商标与企业字号发生冲突时应如何处理？ 155
- 38问：他人将已注册商标或者与之近似的标识作为其域名或者搜索关键字，应如何处理？ 158
- 39问：用于电视节目名称是否属于商标性使用？属于哪一商品/服务类别？ 162

商标侵权纠纷 164

- 40问：企业经营中，对商标"反向假冒"的行为是否存在侵权风险？ 165
- 41问：什么情况下使用他人的注册商标属于合理使用，不构成侵权？ 166
- 42问：如果遭遇商标侵权怎么办？ 168
- 43问：通过法院诉讼程序维权的优缺点有哪些？ 169
- 44问：向市场监督管理部门投诉有什么优缺点？适用于哪些情况？ 172
- 45问：商标侵权案件中，赔偿数额如何认定？ 174
- 46问：我国是否有针对商标权的海关保护机制？ 176

著作权

著作权与著作权的归属 184

1问：什么样的智力成果才能被称之为作品并享有著作权？......... 185
2问：申请著作权登记，是作品受保护的前提吗？..................... 186
3问：著作权登记有何作用？... 188
4问：办理计算机软件著作权登记申请，需要提交哪些文件？....... 189
5问：在我国，享有著作权的作品种类有哪些？........................ 192
6问：不受著作权法保护的对象有哪些？................................. 194
7问：将音乐喷泉认定为作品是否符合著作权法的规定？............. 196
8问：古籍点校成果是著作权法意义上的作品吗？..................... 198
9问：短视频、用户评价属于著作权法意义上的作品吗？............. 199
10问：人工智能作品是否属于著作权保护的范畴？.................... 200
11问：著作权人对其作品都享有哪些权利？............................ 202
12问：何谓对作品的复制？对作品的复制包括哪些类型？............ 203
13问：著作权的保护期限是多长？....................................... 205
14问：委托开发的作品其著作权属于委托人还是受托人？
　　　委托人需要付费从受托人处购买吗？............................ 206
15问：何谓职务作品？其著作权归谁？................................. 207

著作权的行使与商业运用 209

16问：如果想建立一个数字图书馆，需要注意哪些著作权问题？... 211
17问：合作创作的作品，各合作者如何行使其著作权？.............. 213
18问：图书出版合同应当包含哪些内容？.............................. 213
19问：签订表演权许可合同和表演者权许可合同

　　　　应当注意哪些事项？ 216

20问： 如何办理著作权质权登记？ 218

21问： 没有著作权许可权的人对外签署的授权合同，
　　　　其法律效力如何？ 219

22问： 著作权许可合同终止后，著作权许可人是否负有继续提供著作权
　　　　许可使用凭证的义务？ 221

23问： 文化娱乐影视著作权作品的商业运作是怎样的？ 222

24问： 怎样对著作权项目进行投资方案设计？ 223

25问： 如何对著作权商业开发项目进行知识产权保护？ 224

26问： 智能知识产权合约能否取代传统知识产权相关法律协议？ 226

著作权保护与侵权纠纷 227

27问： 是否需要加入"著作权集体管理组织"？ 229

28问： 未进行著作权登记的照片如果被侵权，
　　　　原告如何证明自己是权利人？ 230

29问： 使用他人的美术字体，是否构成侵权？ 232

30问： 对公共场所的建筑物、雕塑进行临摹是否构成侵权？ 233

31问： 对他人的网页设计页面进行模仿，是否构成侵权？ 235

32问： 对美术作品形象的改变是否构成侵犯著作权？ 236

33问： 为什么使用非正版软件构成侵权？ 238

34问： 什么情形下，平台对侵犯著作权的行为承担法律责任？ 239

35问： 互联网的"通知+删除"的"避风港原则"在平台上是
　　　　如何应用的？ 241

36问： 以"存储服务器"为标准的侵权责任认定在互联网新技术时代
　　　　是如何适用的？ 242

37问：用户上传的视频文件侵犯他人信息网络传播权，作为向用户提供视频文件存储空间的网站是否应承担责任？……244

38问：委托他人开发的作品，如何规避承担作品侵权责任？……246

39问：影视剧被剪切"混搭"是合理使用还是侵权？……247

40问：在版权保护当中如何应用区块链技术？……248

41问：大数据分析报告中用到网站电影海报的照片，该引用是否侵犯著作权？……250

42问：网络视频中未经作品及演员许可采用AI换脸技术可能会导致什么样的法律风险？……251

43问：侵犯他人著作权，会承担哪些法律责任？……252

44问：如何确定著作权侵权损害赔偿数额？……254

45问：被指控侵犯著作权后，有哪些抗辩事由？……256

46问：如果遭到境外自然人或者组织指控侵犯了其著作权或者与著作权有关的权利，应当如何应对？……259

附 录

一、专利代理委托书……262

二、专利实质审查请求书……263

三、专利复审请求书……264

四、专利权无效宣告请求书……266

五、专利权质押登记申请表……268

六、专利实施许可合同备案申请表……270

七、商标代理委托书（示范文本）……272

八、驳回商标注册申请复审申请书……273

九、注册商标无效宣告申请书……276

十、商标使用许可备案表 279

十一、商标专用权质权登记申请书 283

十二、计算机软件著作权代理委托书 288

十三、著作权质权变更登记申请表 289

十四、撤销著作权质权登记申请表 293

专利与商业秘密

| 专利申请 |

企业在专利、商标、商业秘密、著作权等众多知识产权类别中选择适合自己的知识产权保护类型，首先就要了解各种知识产权形式的特点以及自身的发展现状、发展特点甚至是长远发展布局，综合考量后确定知识产权发展方向。企业决定是否将技术或外观设计以专利的形式进行保护时，一般会考虑几个问题，一是申请专利需要投入的资金及维护成本；二是申请专利为企业带来的回报是否与投入成本相匹配，专利申请的优点及缺点；三是通过什么途径申请专利，需要提供怎样的基础材料。

申请专利是为了获得专利权，获得对专利的支配权。拥有专利权之后，即获得国家对这项发明创造及技术的合法垄断权，在此专利权的保护范围之内，任何人均不得在未取得专利权人许可的情况下，以生产经营为目的，实施生产、使用、销售、许诺销售等行为。专利权属于绝对权，也称对世权，通俗一点讲任何人均不得妨害专利权人实现其权利，除权利人之外的任何人均负有不妨害专利权人行使其对专利的占有、使用、收益的义务。

我们在接待企业日常咨询中，经常会遇到企业面对专利侵权，欲寻求法律保护、进行维权的问题。但经过分析，其专利在申请时没有进行合理布局，专利保护范围过窄，无法通过法律途径维权，只能任由专利技术被公开，慢慢沦为公有技术而无法获取法律保护。专利申请是整个专利保护体系的基础，不单纯是针对一个技术、一个产品进行保护，还会涉及技术研发、确定合理的保护范围、合理规避同行业竞争点、规避侵权风险等重大事项，一旦专利申请基础没有打牢，整个企业技术保护的大厦就可能坍塌，这应当引起企业重视。

什么是专利，什么内容才能申请专利？

专利是一种权利，即专利权，通常指一项发明创造或技术，是根据一定要求撰写成符合要求的申请文件，向国家知识产权局提出申请，在撰写形式及内容符合一定条件时，由国家知识产权局授予的一项权利。专利权以公开发明创造或技术为代价，求得对其在一段期限内的独占权、使用权、收益权。

由此可以看出，可以申请专利的是创新的技术方案。我国专利一共分为三种类型：发明专利、实用新型专利、外观设计专利。

发明，是指对产品、方法或者其改进所提出的新的技术方案。通过概念可以看出，发明可以是产品，也可以是方法类，但无论是产品还是方法类发明，均应为"新的"，还应属于"技术"方案，区别于现有技术方案或具有相同方案实现不了的技术效果。以钢笔为例，钢笔本身因具有储存墨水、墨水以一定流量持续供向笔尖使其能够流畅书写等特点而具备申请"技术"的条件。那么针对传统固定式墨囊采用的可更换插拔式墨囊便是一种"新的""技术"，这种钢笔本身可以申请新的产品发明专利，制作这种新式钢笔的方法亦可申请方法类发明专利。

实用新型，是指对产品的形状、构造或者其结合所提出的适于实用的新的技术方案。可见实用新型是仅针对产品的保护，对于方法类无法保护，因此相对于发明来说，保护范围要小。

外观设计，是指对产品的整体或者局部的形状、图案或者其结合以及色彩与形状、图案的结合所作出的富有美感并适于工业应用的新设计。外观设计体现了其工业实用性的价值，可以批量、重复生产。如印有卡通人物的儿童水杯、憨态可掬的玩具造型等。

> **实战小贴士**
>
> 企业在生产过程中，针对产品或设备存在的缺陷，进行"小小"改造或革新，如果可以给生产带来便捷或节约成本或节约劳动力，则这些改造创新均可以申请专利的保护。

2问 为何要申请专利，专利能为企业带来什么好处？

申请专利是为了获得专利权，获得对专利的支配权。拥有专利权之后，即获得国家对这项发明创造或技术的合法垄断权的认可，在此专利权的保护范围之内，任何人均不得在未取得专利权人许可的情况下实行生产、使用、销售、许诺销售等行为。专利权属于绝对权，也称对世权，通俗一点讲，任何人均不得妨害专利权人实现其权利，除权利人之外的任何人均负有不妨害专利权人对专利的占有、使用、收益的义务。

专利能够帮助企业：

一、获得专利技术独家使用的"垄断"权，排除同行业人员及竞争对手对相同专利产品的生产、使用、销售、许诺销售、进口等行为，进而提高市场占有份额，在竞争中占得先机。

二、伴随着国家对知识产权保护力度的提高，专利侵权诉讼数量及赔偿数额逐年递增，针对销售商的专利侵权诉讼越来越多。一个企业所推出的产品若没有专利、商标等知识产权"傍身"，很难取得下游销售商的信任，影响推广。在投标项目中，专利往往是制胜法宝。

三、预防专利侵权诉讼。

一家玩具公司A最先设计了一款儿童玩具车，在当地销售颇好，但没有申请专利，后此项技术被邻家公司B申请专利并成功获得授权。因两家生产产品相同，竞争激烈，邻家公司B遂向法院提起专利侵权诉讼，主张公司A停止生产专利产品并赔偿损失。不论邻家公司B以一个已被推向市场成为公开技术的专利起诉是否能够成功，此事对于公司A都是个教训，假若做好专利规划，提前申请专利，就不会面临如今的诉讼。

四、通过专利转让或授权取得经济效益。

五、专利权可以作为借款、融资的保证及砝码。

六、申请成为国家高新技术企业，进而享受政府补贴及税收优惠政策。

 实战小贴士

企业若想以自身研发技术获取长远发展，则需要取得对技术使用的"排他性"，通过申请专利获取保护。建议企业每年针对现存专利进行自我价值评估，选择保留高价值的专利，按时缴纳年费。

3问 怎么申请专利，需要提供什么材料？

企业可以自行申请专利，也可委托专门的专利代理机构代为申请。目前我国的专利申请有两种方式，一种是把专利申请材料以纸质形式邮寄给国家知识产权局专利审查部门，被称作纸质申请；另一种是安装CPC系统，通过电脑向国家知识产权局提交的电子申请。因电子申请系统提交方便快捷，可第一时间收到审查员回复的受理通知、补正通知、审查意见等，省去邮寄途中的时间，目前大多数申请是通过电子申请系统完成的。

发明专利、实用新型专利在申请时要向国家知识产权局提交权利要求书、说明书、说明书摘要。发明专利还应当提交发明专利请求书，必要的时候可附图以更清楚地表达说明书内容。实用新型专利必须提交说明书附图、实用新型专利请求书，并在实用新型专利请求书中标明摘要附图。

外观设计专利在申请时应当向国家知识产权局提交外观设计专利请求书、设计相关的图纸或清晰的图片、照片，主要包括外观设计的"六视图"。要求保护色彩的，还应当提供设计的彩色图片或照片。提交外观设计专利申请时，应当对外观设计进行简要说明。

以上是专利申请时提交给国家知识产权局的申请材料，但因专利申请的难度及专业性高，大部分企业和个人发明者会委托专利代理机构代为分析、撰写申请文件并提交，企业或个人只要根据专利代理机构的要求提供充分公开技术特征的相关资料即可。

> 👉 **实战小贴士**
>
> 　　企业应根据专利代理机构的要求，如实提供技术交底书，并让技术的研发人员及参与者与专利代理人员进行沟通，确保专利代理人员全面了解技术本身。此外，对于专利权的主体确定及发明人员署名问题也要明确。

 专利申请前是否需要做出产品？

　　答案是否定的！目前在我国申请专利只需提供文字性申请文件，实用新型需要另外提供与技术方案相关的附图，外观设计还需要提供照片或图片，申请人无需提供所申请专利的实际产品及模型。

现实工作和生活中，很多人对于申请专利有误解，认为只有把发明创造做成实物才具备申请专利的条件，更有甚者，将发明创造做成产品后，发现市场行情好才想到应该以专利的方式保护起来。

根据《中华人民共和国专利法》（以下简称《专利法》），专利应具备新颖性、创造性、实用性，其中实用性是指发明创造的方案能够实际被制造或者使用并产生积极效果。实用性追求技术方案的可实施性、可生产性或重复制造性，要求能够在工业、农业、商业等领域中投入制造或使用。违背自然规律的发明创造当然不具备实用性，如永动机、水变油等。不具备实用性当然不能够申请专利保护。

此外，《专利审查指南》中载明，在专利申请阶段，审查员审查发明或者实用新型专利申请的实用性时，是以申请日提交的说明书（包括附图）和权利要求书所公开的整体技术内容为依据，而不仅仅局限于权利要求所记载的内容；实用性与所申请的发明或者实用新型是怎样创造出来的、是否已经实施无关。因此，专利申请之前，无需将发明创造制作成产品。

实战小贴士

申请专利没必要提供实物，只要在申请文件中列明技术方案或外观设计的图片、图纸即可申请专利，更多的专利是存在于人们的"构想"中，只要构想合理，符合物理、化学、生物等规律、逻辑即可。

重复的专利对在前专利有影响吗,为什么还会申请下来?

经常有企业或发明人会提出疑问,相同的技术可以再申请一次吗?答案是否定的!《专利法》第九条规定:"同样的发明创造只能授予一项专利权。但是,同一申请人同日对同样的发明创造既申请实用新型专利又申请发明专利,先获得的实用新型专利权尚未终止,且申请人声明放弃该实用新型专利权的,可以授予发明专利权。两个以上的申请人分别就同样的发明创造申请专利的,专利权授予最先申请的人。"由此可以看出,我国对于相同的发明创造只授予一项专利。若有人就某一发明创造申请了专利,他人就不能就此技术再申请专利保护。

在我国,审查员在实用新型专利及外观设计专利的申请阶段仅对其进行形式审查,即仅针对专利申请的手续、申请文件、格式等事项进行审查,而对于专利的新颖性和创造性等属性不进行审查。形式审查会导致对于同一发明创造,不同人在同一时间分别申请或先后申请的专利均被授权的现象发生。即便是发明专利,审查员也不可能做到百分之百的检索及专利对比。但这不意味着前后申请的两个专利权均有稳定性及受保护性。由于在先申请的存在,在后申请违背了专利的新颖性及创造性原则。为了解决审查员形式审查及实质审查遗漏导致对相同发明创造授予两个专利的问题,法律创设了专利无效宣告程序。在前申请人或其他任何具有民事行为能力的个人、单位均可以对已授权专利申请启动专利无效宣告程序。所以在后申请的重复专利虽然可能会被授权,但可以被宣告无效,专利被宣告无效后即自始无效。

因此,相同发明创造若已经被他人申请专利,企业及个人就没有必要再次申请,以免浪费人力物力。同样,已取得发明创造专利权的企业或个人若发现他人就相同的技术申请了相同的专利，亦可通过专利无效宣告程序维护专利权的独占性。

例如，甲企业为机械加工企业，提供设计理念及设计思路，委托小明画图纸，并就此技术申请了实用新型专利保护，最终得到授权。后甲企业发现小明成立了公司，生产与甲企业相同的专利产品，并在产品上标注有专利号。经对比发现，小明所申请专利与甲企业申请专利为相同的技术方案。甲企业委托律师代为维权，律师团队经过研究，启动专利无效宣告程序，申请小明专利无效并最终成功。之后，甲企业又向小明提起专利侵权诉讼。

> **实战小贴士**
>
> 他人申请过专利的技术或产品，若是相同技术方案的，企业就没必要再重复申请了，因为即便审查员没有检索到他人在先申请过的专利而侥幸授予专利权，也会在专利无效程序中被无效。

6问 哪些内容不能申请专利？

不是所有的技术都能取得专利权并受到专利法的保护，对不能申请专利的内容简单罗列如下：

一、违反法律的发明创造。此类发明与国家的法律相背离，因此国家不给予其专利权的保护。每个国家法律不同，在专利申请限制上也会存在区别。例如，"一种无痛杀人方法"，因内容涉及犯罪，违反我国法律，所以不能申请专利保护。

二、违反社会公德的发明创造。例如，包含虐待动物图片的外观设计，因属于不正当的、不能被接受的行为，违反社会良俗，不能被授予专利权。

三、妨害公共利益的发明创造。例如，"一种便捷式闯红灯不被拍装置"，因其内容有损公共安全及利益，不能取得专利保护。

四、违反法律、行政法规的规定获取或者利用遗传资源，并依赖该遗传资源完成的发明创造。

五、科学发现。科学发现，是指对自然界中客观存在的物质、现象、变化过程及其特性和规律的揭示。科学发现不是技术方案，而是对原有的已存在的现象、规律等的总结，是人类共同的财富，不应得到专利权的保护，否则会限制人类社会和文明的发展。

六、智力活动的规则和方法。例如，时间调度表。

七、疾病的诊断和治疗方法。例如，外科手术方法。

八、动物和植物品种。

九、原子核变换方法以及用原子核变换方法获得的物质。

十、对平面印刷品的图案、色彩或者二者的结合作出的主要起标识作用的设计。

 实战小贴士

不符合法律的、不符合公德的、反人类的、自然界中本就客观存在的、阻碍人类文明发展的内容不能申请专利保护。

问7 与发明专利相比，实用新型专利有什么用？

发明，是指对产品、方法或者其改进所提出的新的技术方案，对于创造性的要求高，需要具备突出的实质性特点和显著的进步。而实用新型，是指对产品的形状、构造或者其结合所提出的适于实用的新的技术方案，属于人们常说的"小发明"。实用新型虽然属于小革新、小创造，但具有实用、易普及等特点。只要具备专利法所要求的新颖性、创造性、实用性三个特点就可以专利权，实用新型在专利侵权纠纷中获得的保护力度、适用的侵权判定方法与发明专利是一样的，其独占、使用、收益权利并没有被削弱。不仅如此，实用新型专利与发明专利相比，具有不可比拟的优点。

实用新型专利因为不用经过实质审查，所以审查周期较短，授权快。对于急于寻求专利保护而不愿等待发明专利长达2~3年的审查周期的企业及个人，实用新型专利能满足快速得到授权、获得法律保护的需求。企业若既想快速获得专利权保护，又想获得发明专利长达20年的保护周期及稳定性，则可以考虑同日申请发明专利与实用新型专利。先取得实用新型专利授权并获得保护，待通过发明专利的实质审查并具备授权条件时，专利权人可以选择放弃同日申请的实用新型专利而保留发明专利。例如，A公司在2016年8月5日向国家知识产权局提交了"一种内燃机用的火花塞"实用新型专利及发明专利申请，在2017年3月20日被授予实用新型专利权。之后A公司利用此实用新型专利权向竞争企业B公司发送告知侵权的律师函，并附上专利侵权证据及专利侵权对比说明，成功阻止B公司继续侵权，维护了自身利益。直至2018年12月22日，发明专利申请通过实质审查，A公司向国家知识产权局表示放弃同日申请的实用新型专利权，取得发明专利授权。A公司正是依靠实用新型专利肃清了前期市场上的侵权行为，为此专利产品的后续推广打下基础。

> **实战小贴士**
>
> 企业不要小瞧实用新型专利而仅重视发明专利的申请与保护。实用新型与发明专利在保护上没有实质性差别，且容易通过、审限短、费用低，是一种很好的保护形式。

8问 什么是专利的新颖性？

新颖性，是指该发明或者实用新型不属于现有技术；也没有任何单位或者个人就同样的发明或者实用新型在申请日以前向国务院专利行政部门提出过申请，并记载在申请日以后公布的专利申请文件或者公告的专利文件中，即不存在抵触申请。

授予专利权的外观设计，应当不属于现有设计，也没有任何单位或者个人就同样的外观设计在申请日以前向国务院专利行政部门提出过申请，并记载在申请日以后公告的专利文件中。现有设计是指申请日以前在国内外为公众所知的设计。授予专利权的外观设计与现有设计或者现有设计特征的组合相比，应当具有明显区别。授予专利权的外观设计不得与他人在申请日以前已经取得的合法权利相冲突。

判断新颖性的时间节点是专利申请日，要求申请日之前不存在现有技术和现有设计，也不存在抵触申请。抵触申请专指以上损害专利新颖性的专利申请，即在后申请的专利申请日之前已经向国务院专利行政部门提出过申请，并在申请日以后公布的专利申请文件或者公告的专利文件中出现的申请。

申请专利的发明创造在申请日以前六个月内，有下列情形之一的，不丧失新颖性，即新颖性丧失的例外：

（一）在国家出现紧急状态或者非常情况时，为公共利益目的首次公开的。

（二）在中国政府主办或者承认的国际展览会上首次展出的；

（三）在规定的学术会议或者技术会议上首次发表的；

（四）他人未经申请人同意而泄露其内容的。

 实战小贴士

总之一句话，就是待申请的技术或设计是"新"的，没有公开过的。若企业或他人已经申请过专利或以销售、网络宣传、申请论文等形式公开过的，就算是失去了"新"的特征，失去了专利保护的前提条件，企业就可以放弃专利申请了。特别注意的是，企业在专利申请前，自己公开也会破坏专利的新颖性。

9问 什么是专利的创造性？

《专利法》第二十二条第三款规定："创造性，是指与现有技术相比，该发明具有突出的实质性特点和显著的进步，该实用新型具有实质性特点和进步。"

通过以上定义可以看出，发明专利与实用新型专利对于创造性的要求不同，发明专利更加严格，要求有"突出"的实质性特点和"显著"的进步，而实用新型专利只要求具有实质性特点和进步即可。

发明专利申请是否具备创造性的问题，只有在该发明具备新颖性的条件下才可予以考虑。何为"突出"？非显而易见即为突出。即对所属技术领域的技术人员来说，发明相对于现有技术是非显而易见的。如果是所属技术领域的技术人员在现有技术的基础上,仅仅通过合乎逻辑的分析、推理或者有限的试验就可以得到的,则该发明是显而易见的,也就不具备突出的实质性特点。

何为"显著"的进步?在评价发明是否具有显著的进步时,主要应当考虑发明是否具有有益的技术效果。如下所述:

(1)发明与现有技术相比具有更好的技术效果,如改善质量、提高产量、节约能源、防治环境污染等;

(2)发明提供了一种技术构思不同的技术方案,其技术效果能够基本上达到现有技术的水平;

(3)发明代表某种新技术发展趋势;

(4)尽管发明在某些方面有负面效果,但在其他方面具有明显积极的技术效果。

发明是否具备创造性,应当基于所属技术领域的技术人员的知识和能力进行评价。所属技术领域的技术人员,也可称为本领域的技术人员,是指一种假设的"人",假定其知晓申请日或者优先权日之前发明所属技术领域所有的普通技术知识,能够获知该领域中所有的现有技术,并且具有应用该日期之前常规实验手段的能力,但不具有创造能力。如果所要解决的技术问题能够促使本领域的技术人员在其他技术领域寻找技术手段,其也应具有从该其他技术领域中获知该申请日或优先权日之前的相关现有技术、普通技术知识和常规实验手段的能力。

☞ **实战小贴士**

通俗讲就是专利在申请时,相比于现存的技术要有进步,能解决现有技术解决不了的问题。

10问 申请人为什么要提供技术交底书?

在申请人委托专利代理机构申请发明专利及实用新型专利时,代理机构会要求申请人提供发明创造的技术交底书。何为技术交底书?技术交底书是发明人与专利代理人或专利撰写人之间的技术沟通,是发明人通过文字、图片的方式让专利代理人或专利撰写人清晰地认识发明创造技术特征的窗口,是撰写人撰写申请文件的依据。

一份好的技术交底书应当让撰写人清晰、完整地认识此项待申请专利技术。技术交底书在内容上一般包括名称、发明或实用新型所涉及的技术领域、与此项技术相关的技术背景、本发明或实用新型的具体技术内容、附图及附图说明、此技术存在的实施例等。此外,本发明创造的优点、实现的经济价值及社会价值均可以在技术交底书中体现。

很多企业在申请专利时,对于提交技术交底书表示不理解,有的企业甚至会提出若全部公开,其技术将无法得到保护,竞争对手会纷纷模仿,企业将会失去核心竞争力的问题。这个观点是对专利保护认识不清导致的。根据我国专利法,专利本身就是以公开为代价获得国家保护的一种制度,既不公开又得到法律对技术的专利保护的想法是不可能实现的。但企业可以与代理人充分沟通,对申请技术进行分析与甄选,明确哪些技术可以作为专利申请得到保护,哪些核心技术是独家秘诀而不愿公开。对于不想公开又不易被他人反向工程的技术方案可以考虑进行商业秘密保护,将其与专利保护相结合。以上情况申请人及发明人应当与代理人充分沟通,分析申请专利与不申请专利各自的利弊,最终得出结论。但无论采取哪种方式,一个完整的、充分公开技术方案的技术交底书都是必不可少的。假如专利代理人是厨师,那么技术交底书就代表着食材，在申请人不提供技术交底书或交底书未充分反映技术方案的情况下，代理人很难为申请人分析专利的具体布局。专利代理人是专利技术的再加工者，而非原始创造者。

一个机械加工企业委托代理机构申请专利，因对专利的认识存在误区，在与代理人沟通技术方案时有隐瞒，专门挑了一些"不重要""非核心"的技术方案交给代理人，代理人积极沟通后企业仍坚持表示这就是全部的技术方案。后来，虽然提交的专利申请成功获得授权，但在一次专利侵权诉讼中，该企业发现此授权专利根本无法保护其核心技术，非但如此，还公开了一些辅助的技术方案，使原本一整套技术方案因部分公开，既得不到保护又失去了作为完整技术方案受到保护的可能性。

> ☞ **实战小贴士**
>
> 技术交底书就是发明人与专利撰写人之间沟通的一个桥梁，让撰写人充分了解技术本身，所以企业在提供技术交底书时不存在抵触情绪才能更好地实现专利技术方案的保护。

问11 技术交底书要怎样写？

技术交底书对于代理人的撰写工作有着至关重要的作用，那么怎样才能提供一份合格的技术交底书呢？

技术交底书整体布局与专利申请的说明书类似，可以仿照说明书格式提供：

一、专利技术名称。一般应采用技术术语清楚地表达发明创造的类型及主题，此名称可为暂定名称，与代理人沟通后可以调整。例如，一种360度可旋转自拍杆。

二、技术领域。写明发明创造应用的技术领域便可。例如，此发明涉及离合结构，尤其涉及一种童车车把的离合结构。

三、背景技术。此项内容对于代理人了解申请日之前的现有技术不足及此发明创造在现有技术不足的基础上进行的改进或发明起着关键作用，所以非常重要，应尽可能描述清楚。背景技术可突出发明创造的发明点，引导审查员对此项发明创造的新颖性及创造性的认可。

四、发明目的。此项内容主要是针对申请日之前的现有技术存在的缺陷及问题，说明此项发明创造所要解决的技术问题。例如，本发明针对现有自拍杆旋转角度受限的技术不足，提供一种360度可旋转自拍杆。

五、发明内容。此项内容是整个技术交底书的核心部分，亦是整个发明创造技术方案的载体，要求针对现有技术存在的难题、行业技术发展要求、客户需求等问题，清晰、明确地提供解决途径及具体技术方案。此技术方案可以为新方法、新产品、新工艺或现有原料、材质实现的新功能，也可以是在现有技术上的改造及提升。在此部分，可以附上此发明实现的技术效果，如节省人力物力、安装简便、节约成本等。

六、具体实施方案。此部分有附图的可以结合附图进行说明，通过举例的方式写明实现技术效果的具体方式，让代理人明确此发明创造的作用及实现此作用的优选方式，还应体现实施该技术方案所需的一切必要条件。此部分是技术方案的充分公开及再现，方便代理人理解此项技术方案。

七、附图。实用新型专利必须提供附图，发明专利必要时应提供附图，附图中的附图说明及标注应当与以上文字内容相对应。

> **实战小贴士**
>
> 技术交底书越全越好，重要是让撰写人了解到待申请专利的技术背景、要解决什么样的技术问题、采用什么样的方式来解决这个技术问题，内容以让本领域的技术人员看到后能实现此技术为原则，全面、清晰，必要时可以根据附图来说明技术方案。需要保密不想公开的技术部分应当与撰写人沟通清楚。

12问 申请人与发明人的区别是什么？

在现实生产、生活中，很多企业及个人对申请人与发明人的概念认识不清，往往混淆两者的作用，导致在申请阶段出现预期权利人与实际权利人不符的现象。

专利申请人为专利权利人，是专利权利的拥有者，对专利享有所有权、使用权、收益权、许可他人使用权等权利，为实际权利人。而发明人则指专利技术的研究、发明人员，对于专利仅享有署名权和在公司获得奖励及报酬的权利。所以申请人与发明人之中，申请人才是权利的垄断使用者。

甲公司从事大型矿工设备生产，非常注重专利技术保护，以公司及公司股东的名义申请了大量专利并获得授权。一股东王某离开甲公司，自立门户成立乙公司，从事与甲公司相同的矿工设备生产，用之前申请专利的技术制造与甲公司相同的产品并在相同市场领域进行销售，给甲公司造成了巨大损失。后甲公司委托知识产权律师进行维权，律师经过分析发现，乙公司生产的专利产品所涉及的专利申请人为甲公司负责人李某与乙公司负责人王某两人，即李某与王某为此专利的共同权利人，在没有对权利所占份额作出约定的情况下，双方均有对此项专利占有、使用、收益和处分的权利，王某在乙公司使用此专利技术的行为不构成侵权，甲公司不能通过专利侵权诉讼的方式进行维权。由此可见，在专利申请阶段选择申请人时全盘考虑，或在专利申请时、授权后选择对申请人进行变更，可以规避不必要的法律风险。

纵观此案，甲公司若在专利授权后考虑到人事调动带来的专利流失风险，及时将权利变更到公司名下，就不会面临今天的窘境。当然，站在不同立场会对专利权利归属产生不同的考量，公司及个人均应当提高权利意识，可通过书面约定的方式来确定专利权利归属及专利利益分配。

> **☞ 实战小贴士**
>
> 申请人就是最终的权利人，对专利权可以使用、收益、许可他人使用等，是控制者。而发明人是实际研发人员，属于署名权，没有使用、收益等权利，但发明人可以与申请人通过协议的方式来获取专利的使用权或收益权等。

13问 选择专利申请类型存在的法律风险有哪些？

企业在发明创造研发过程中会面临专利申请类型的选择问题，因不同专利类型申请在方式、难度、是否公开等问题上存在区别，若选择不当，可能会造成专利提前公开、不能得到及时保护、无法顺利授权、保护期限过短等不良后果。所以对于专利申请类型的选择，企业应当给予充分的重视。

我国专利法所保护的专利形式为发明专利、实用新型专利、外观设计专利三种，企业可根据其不同的优缺点来选择待申请专利类型，降低专利申请类型选择不当带来的法律风险：

一、发明专利。发明专利所保护的是对产品和方法或者其改进所提出的新的技术方案，如灯泡的发明、电话的发明、激光打印机的发明、杂交水稻的种植方法等方法类发明专利。可以说发明专利是三种专利中含金量最高的一种，其申请难度大、专利性要求高、耗时长，从申请到授权需要约2~4年时间，让企业在选择发明专利类型时多有顾虑。且发明专利的公布制度会将企业核心技术暴露给竞争对手，公布的技术方案进入公知的技术领域，若发明专利申请失败，没有获得发明专利授权，则会导致此技术沦为公知公用技术，与此公开技术相关联的其他发明创造申请的新颖性、创造性也会受到影响。与发明专利的技术含量及申请难度相匹配的是保护时间长、专利稳定性高等优点，这在专利侵权诉讼及专利无效宣告程序中均会得到体现。

二、实用新型专利。实用新型是对形状、构造或者其结合所提出的适于实用的新的技术方案。目前在实用新型专利申请过程中只进行形式审查，无实质审查，无提前公布制度，所以审查期限相对于发明专利较短，大概8~14个月，相对比较容易获得授权。但实用新型专利权保护期限为10年，相比于发明专利权20年的保护期存在明显劣势。对于企业而言，扣除实用新型专利申请的审查期1年，仅有9年的保护期限，一个核心技术可能还没有在行业中形成绝对的竞争优势就因实用新型专利权保护期限结束而沦为公共技术。

在专利侵权诉讼中，相较于发明专利，实用新型也存在较多缺陷。目前法律实践中，受理法院及负责专利执法的部门在立案时会要求权利人提供专利权评价报告以证实专利的相对稳定性，若被诉方及被投诉方启动专利无效宣告程序，法院及负责专利执法的部门中止审理的可能性较高，会延长案件处理时间，增加权利人的时间成本、维权费用，降低权利人对维权结果的期待程度。

三、外观设计专利。外观设计是对产品的整体或者局部的图案、形状或者其结合以及色彩与形状、图案的结合所作出的富有美感并适于工业应用的新设计，其授权相对容易，比较容易被其他同行业企业及个人模仿。在专利维权过程中与实用新型专利一样，会面临专利无效宣告程序及诉讼中止等情形。

> **☞ 实战小贴士**
>
> 　　三种不同的专利类型，一般授权难度越高、费用越高、审查时间越长的专利，其稳定性、价值也越高。建议企业三种专利形式混合申请，不一味追求高大上的发明专利，充分发挥不同专利形式的优势。

14问　申请专利是自主申请还是要委托正规代理机构？

企业在专利申请过程中会考虑申请成本，在自主申请及委托代理机构申请之间进行衡量。这个问题不能一概而论，应当区别对待。一些大型技术型企业对于知识产权法律风险防范较为重视，设置知识产权部门，聘用有撰写经验的代理人作为知识产权部门工作人员，这种企业从市场技术调查到技术研发，直至专利申请均有专业人员统一规划、布局，可以实现企业自行申请专利。如HW技术有限公司，从专利法律信息来看，其部分专利为企业自行申请，但更多的是委托多家专利代理公司代为申请。

术业有专攻，聘请专业的人做专业的事。企业工程技术人员对于本领域技术的理解肯定优于代理人，但代理人对专利申请流程、撰写规则、撰写技巧及专利法律问题有着更为全面的理解与掌握。针对发明创造，代理人更能全面对技术方案进行布局，防止保护范围过窄而失去专利保护的价值，或保护范围过宽而得不到授权。代理人丰富的代理经验可以帮助他们较好地处理以上问题，与审查人员进行沟通，争取专利的合理保护范围，缩短审查时间及提高授权率。

在实务中，很多设置知识产权部门，有大量专业知识产权人才储备的企业都要委托专业代理机构代为撰写专利申请，说明专利申请具有高专业性、高技术含量、高难度的特质，不适合企业自主撰写。中小企业、未设置专业知识产权部门的企业更应该委托代理机构代为申请。

> **实战小贴士**
>
> 申请专利是专利保护的根基，差之毫厘谬以千里，建议专业的事情找专业的人，委托正规代理机构申请专利。一味缩减代理费用可能会导致专利技术无法真正得到保护，得不偿失。

15问 在专利申请前公开技术有怎样的法律风险？

有很多企业在科研成果未申报专利之前，就通过官方网站、媒体、论文、广告宣传将自己的科研成果公诸于众，使公众对其技术想得即可得。企业的这种行为本意可能是为了提高知名度、占领市场、寻求竞争优势，但触犯了专利申请的大忌。专利授权的前提之一就是技术方案要具备新颖性。何为新颖性？新颖性是指该发明或者实用新型不属于现有技术；也没有任何单位或者个人就同样的发明或者实用新型在申请日以前向国务院专利行政部门提出过申请，并记载在申请日以后公布的专利申请文件或者公告的专利文件中。而企业的此种公开就使得其技术成为公共财产，失去了申请专利的必备条件。中小企业往往没有设置专门管理专利的科室部门，对于专利申请前先公开的法律风险认识不足，因此在以后的专利管理中务必牢记：自己的技术自己公开也会破坏专利申请时的新颖性，同样会失去法律保护的依据。

因为专利申请会产生一定的费用，如申请费、审查费、登记费、年费，专利申请量过多会给企业带来一定的经济压力，尤其是中小型企业，所以很多中小型企业对销售前景不明朗的技术，会先将产品投放市场，观察市场的反馈，待确定产品有市场潜力之时再申请专利。企业的此种行为亦是对其技术方案的一种公开，会将其技术推向现有技术的行列，使之成为公共财富，失去申请专利的新颖性。因为产品的投放，意味着产品有可能会被拆解，其技术奥秘被发现，成为公众共有的技术，他人进而可以模仿或在其基础上进一步研发。这样，企业会失去对技术的专有与独占，失去竞争的优势，更有甚者会被他人抢先申请专利，并反过头来提起诉讼。

滕州一家童车厂自主研发一种童车，自产自销，生意颇好，但因为知识产权意识淡薄，没有对技术申请专利保护，被邻家企业抢先申请专利，并于授权后向法院提起专利侵权诉讼，将该童车厂连同部分批发商一起推上了被告席。其他批发商考虑产品涉及侵权，不再继续提货，给该童车厂带来重创。姑且不论他人起诉的胜算有多大，是否可以通过专利无效宣告程序来补救，单是诉讼给企业带来的负面影响就已不言而喻。故中小企业更应在此环节多加注意，积极主动地保护自主创新技术，避免陷入如此被动的局面。

面对"大众创业，万众创新"的竞争环境与机遇，中小企业要统筹全局，做好专利风险防控规划，防止因自身疏忽在专利申请环节公开自家技术，导致发明创造新颖性的丧失。

> **☞ 实战小贴士**
>
> 企业在推广产品或技术时，先考虑公开的内容是否需要通过专利形式进行保护，若欲申请专利，在申请专利前则不能公开待申请技术或图片、照片等信息。

16问 专利申请被驳回后怎么办？

分析被驳回原因，研究是否向国务院专利行政部门提出复审程序。专利申请复审程序是专利申请人对于驳回决定不服的一种救济途径，可以纠正驳回决定中存在的程序及实体不当之处。专利申请人可以通过复审程序恢复专利申请的审查程序，还可以借此对所申请专利进行完善。

专利申请人应当提交复审请求书，说明理由，必要时还应当附具有关证据。申请人在提出复审请求或者对国务院专利行政部门的复审通知书作出答复时，可以修改专利申请文件，但修改应当仅限于消除驳回决定或者复审通知书指出的缺陷。

专利申请人可以自收到专利申请被驳回决定之日起3个月内，向国务院专利行政部门提出复审请求。

通过合议审查，国务院专利行政部门作出复审决定，维持驳回决定或撤销驳回决定。对于复审决定不服的法律救济途径为向人民法院提起行政诉讼，起诉期限为收到复审决定之日起3个月以内。

专利复审程序专业性强，建议专利申请人委托专业代理机构代为启动程序及实际操作，企业及个人可与代理机构做好专利技术的沟通。

17问 在专利申请前，如何避免企业核心技术外流？

一、禁止参观研发场所，设定禁止参观、拍照标识。为研发人员的电脑设备设定密码，建立严格的拷贝、资料流转管理制度。

二、建立专利申请管理制度。企业技术论文发表、新闻报道、专利申请应经知识产权主管、企业负责人审批，确保专利申请之前，不出现因企业管理不当提前公开而破坏技术新颖性、竞争对手"偷师"等问题，同时避免员工个人零散申请涉及企业核心技术或破坏企业发明整体布局。

三、与企业员工签订保密协议，确定专利奖励制度。多数企业核心技术流失是企业内部员工泄密、跳槽、私自申请专利等原因造成的，向企业员工进行知识产权教育，使其了解职务发明与个人发明的区别及法律风险尤为重要。

（一）为企业新员工提供岗前培训，签订技术秘密保密协议，一是确保员工不会触及法律底线，二是保证企业技术在申请专利之前的秘密性，防止申请专利时因公开而丧失新颖性。

（二）帮助相关研发人员、技术人员了解职务发明及个人发明的区别，使其明确清晰地认识到，执行本单位的任务或者主要利用本单位的物质技术条件所完成的发明创造为职务发明创造。职务发明创造申请专利的权利属于该单位，申请被批准后，该单位为专利权人。

（三）明确研发人员专利发明人的署名权，确定专利奖励制度。企业确保自身的专利技术权属后，在专利申请时也要确保研发人员作为发明人的署名权，充分给予研发人员应有的荣誉。为调动员工的研发积极性及保密意识，企业应当制定明确的专利奖励制度并按照制度给予奖励，根据专利推广应用的范围和取得的经济效益，对发明人或设计人给予合理报酬。

四、在委托开发及合作开发中明确技术权属，并制定保密条款。

（一）委托开发的发明创造在没有合同约定的情况下，申请专利的权利属于完成发明创造的单位或个人，即受托方。若委托方想取得发明创造的专利申请权，必须通过合同约定权利归属，并制定保密条款。

（二）在委托开发合同中制作并保留图纸、设计思路、实验数据等材料的交接清单，注重证据保存。

（三）合作开发完成的发明创造在没有约定的情况下，申请专利的权利属于共同完成的单位或个人。双方可通过合同约定共同研发的专利权属，或对复杂技术进行切割，明确每一技术部分的权利归属，同时要保留原始设计资料，留存证据，并制定保密条款，明确违约责任。

18问 申请专利有什么法律风险？

申请专利的风险来源于多个方面，具有不确定性。专利申请是申请人向国家知识产权局提交申请文件后，由审查员经过审查程序，在符合条件后才会被授予专利权。根据《专利法》规定，专利应当具有新颖性、创造性、实用性。目前我国外观设计专利及实用新型专利仅有形式审查，只要申请文件符合专利申请形式即给予授权，对于新颖性与创造性没有实质审查。但发明专利必须通过实质审查，在审查员对其新颖性及创造性进行对比分析后，确认发明创造不属于现有技术，也不存在申请日以前向专利部门提出并且在申请日以后（含申请日）公布的专利申请文件或者公告的专利文件，符合新颖性与创造性的专利性要求，才给予授权。

想在专利申请阶段减少专利不具备新颖性、创造性而带来的法律风险，就要在申请前对现有技术进行检索分析。但专利检索本身仅是相对检索，不可能穷尽所有现有技术，不同人员通过不同检索方法、不同检索关键词及公式也会得出不同的检索结果。因此，专利申请本身即具有不确定性，此不确定性导致专利有被认定为无效的风险。无效的专利自始无效，若一个专利产品已经被推向市场，后被认定无效，则产品的正常销售会受到影响，甚至面临侵权诉讼风险。例如，甲公司生产矿用挂钩，产品具有方便拆卸、与其他品牌挂钩可兼容使用等优良特点，甲公司在将产品推向市场前申请了实用新型专利并获得专利权，产品推向市场后获得客户一致好评。但后来，乙公司提起专利无效申请及产品侵权诉讼，最终权利要求所保护的技术方案被全部认定为无效，甲公司也在侵权诉讼中被判销毁产品并赔偿乙公司损失。

☞ **实战小贴士**

申请专利委托有经验的代理机构，作好申请前的检索工作，减少专利授权后被认定无效的风险。

19问 什么是职务发明与非职务发明？

企业及员工通过研发而获得发明创造技术后，往往会对发明创造的权利归属及专利申请权归属产生疑问，要怎样做才能减少纠纷及降低法律风险是每个企业面临的问题。我国专利法对职务发明及非职务发明进行了明确的界定，职务发明是执行本单位的任务或者主要是利用本单位的物质技术条件所完成的发明创造。构成职务发明必须具备下列两个条件之一：一是执行本单位的任务；二是主要利用本单位的物质技术条件。

《中华人民共和国专利法实施细则》（以下简称《专利法实施细则》）又对以上内容进行了明确细化：

一、执行本单位的任务所完成的职务发明创造，是指：

（一）在本职工作中作出的发明创造；

（二）履行本单位交付的本职工作之外的任务所作出的发明创造；

（三）退休、调离原单位后或者劳动、人事关系终止后1年内作出的，与其在原单位承担的本职工作或者原单位分配的任务有关的发明创造。

二、本单位的物质技术条件，是指本单位的资金、设备、零部件、原材料或者不对外公开的技术资料等。

职务发明创造，申请专利的权利属于该单位，申请被批准后，该单位为专利权人。所以对于企业来讲，认定发明创造为"职务发明"即是取得了专利的权属，若在争议中一项发明创造专利未被认定为"职务发明"，则专利权属旁落他人。

李某为甲型材公司技术人员，在职期间，于从事本职工作过程中利用甲型材公司物质技术条件研发一种型材加工器械，此器械稳定性好，加工的型材均匀、瑕疵少，但因工资待遇问题，李某辞职。后甲型材公司发现李某申请了一项发明专利，此专利技术即为李某在职期间的发明创造，专利申请日为李某从甲型材公司辞职半年后。李某在辞职一年内申请专利，其技术内容又属于辞职前本职工作，因此，此发明属于职务发明。后甲型材公司在专利权属诉讼中取得胜利，并最终取得专利权。

非职务发明创造，申请专利的权利属于发明人或者设计人，申请被批准后，该发明人或者设计人为专利权人。

专利权归属问题可以通过合同约定解决：利用本单位的物质技术条件所完成的发明创造，单位与发明人或者设计人订有合同，对申请专利的权利和专利权的归属作出约定的，从其约定。

> ☞ **实战小贴士**
>
> 对职务发明有明确的法律规定，企业应做好证据保存工作，必要时可以与研发人员、员工以合同的形式固定专利权归属。

20问 可以申请在他人技术或专利基础之上的专利吗？

专利是以公开来换取保护的，这样一方面能保护发明创造申请人的创造成果，给权利人以充分权利，另一方面亦能推动人类社会整体技术的前进。所以专利权人对专利技术的垄断性使用是有时间限制的，专利一旦超过保护期限，即成为公共技术，为全社会共有资源，推动全社会的技术进步，此制度有积极的社会意义。

通过专利制度可以看出，技术是具备一定延续性、拓展性的，是后来人在前人研究的基础之上所作的智慧性创造。例如，灯泡被发明后，又在此基础上产生了电灯、白炽灯、LED灯。因此专利申请是可以在他人技术或专利基础上进行的，只要所申请的专利在之前的技术基础上具备新颖性、创造性、实用性即可。

发明创造具备专利申请权并获得专利权与专利产品是否侵权是两个不同的问题。若是在公共技术的基础上进行的创造性发明所获得的专利权，因公共技术为全社会的技术资源，任何人均可使用，则不存在侵权的风险；但若是在他人专利权的基础上进行的创造性发明所获得的专利权，则可能存在侵权风险，生产的专利产品若涵盖了现有专利的所有技术特征则构成侵权。此时应当对所申请专利进行分析，若具备良好的市场及发展前景，则可以与现有技术的专利权人达成协议，通过合作或交叉许可使用的方式获得继续生产专利产品的权限。交叉许可是同行业企业之间共同发展与相互牵制的共赢发展模式，企业及个人是可以在他人技术或专利基础上申请专利的。

> **☞ 实战小贴士**
>
> 如果必须要在他人专利基础之上申请专利，则需要与原专利权人达成协议，否则会有侵权风险。

㉑问 合作完成发明创造或委托他人研发技术，专利申请权归谁所有？

《专利法》第八条对于合作完成发明创造及委托他人研发技术的专利申请权归属有规定："两个以上单位或者个人合作完成的发明创造、

一个单位或者个人接受其他单位或者个人委托所完成的发明创造,除另有协议的以外,申请专利的权利属于完成或者共同完成的单位或者个人;申请被批准后,申请的单位或者个人为专利权人。"

《专利法》对于合作开发、委托开发的专利申请权属的规定,是民法"约定优先"原则的具体体现。专利申请权属于民事权利的一种,属于私权的范畴,只要不违反法律强制性规定,民事主体即可通过合同对专利申请权的归属进行约定。

专利申请权权属有约定的从约定,无约定的按照法律规定确定。无约定时,合作开发申请专利的权利属于完成者或者共同完成的单位或个人,委托开发申请专利的权利属于受托方,即实际完成开发研究的单位或个人,委托方则无法得到专利申请权及专利权。

《中华人民共和国民法典》(以下简称《民法典》)第八百五十九条规定:"委托开发完成的发明创造,除法律另有规定或者当事人另有约定外,申请专利的权利属于研究开发人。研究开发人取得专利权的,委托人可以依法实施该专利。研究开发人转让专利申请权的,委托人享有以同等条件优先受让的权利。"在委托开发无法律规定或约定的情况下,技术成果归属于研究开发人。此项规定及《专利法》第八条对于作为委托方的单位或个人提出了风险防控的要求,若在委托开发中没有进行权利约定,则委托方不能得到申请专利的权利及专利权。例如,乙公司接受甲公司委托,研发一种汽车减振器,双方签订了知识产权开发合同,对于开发时间、开发费用、付款方式等进行了约定,但对于所研发技术的申请专利的权利没有约定。乙公司研发成功后将技术成果交予甲公司使用,并同时申请了发明专利。后甲公司发现乙公司就此技术申请了专利并许可丙公司使用,影响其产品市场占有率,遂起诉乙公司,主张专利权属归甲公司所有。法院以甲乙双方合同未约定专利申请权属为由，判决甲公司败诉，乙公司享有此项发明的专利权。

专利为什么要有保护期限？

我国专利法对专利权的保护期限进行了限定，发明专利保护期限为20年，实用新型专利保护期限为10年，外观设计专利权保护期限为15年，起始点均为专利申请日。每一项专利技术都凝结着创造者的劳动，是其智慧的结晶，所以法律赋予创造者权利，在保护期限内，专利权人在法律规定的范围内享有独占使用、收益、处分的权利，任何单位或个人未经权利人许可，不得实施其专利，不得以生产经营为目的，制造、使用、销售、许诺销售专利产品。

但法律赋予权利的同时，也对专利权进行了限定，比如对保护时间的限定。许多单位及个人对于专利时间限定有诸多疑问，认为自己投入了大量的人力、物力、财力，并通过了长时间的专利申请审查方才取得一项专利的授权，理应长长久久地得到法律保护。此涉及个人利益与整个人类发展的共同利益平衡的问题。如果专利保护期限没有限制，必然会造成权利的滥用，专利权人会依傍专利权所带来的收获而丧失进一步创新的意识，专利权之外的人会被一种绝对垄断打压，失去发明创造的动力。所以在保护权利人权利的同时，应更多地考虑整个人类社会的科学技术发展，兼顾多方利益，限定专利权的保护期限，这在其他国家亦是如此。

23问 没有按时缴纳专利年费怎么办？

专利授权后，专利权人应当每年缴纳一定费用来维持专利的有效性。根据《专利法》及《专利法实施细则》规定，授予专利权当年以后的年费应当在上一年度期满前缴纳。专利权人未缴纳或者未缴足的，国务院专利行政部门应当通知专利权人自应当缴纳年费期满之日起6个月内补缴，同时缴纳滞纳金；滞纳金的金额按照每超过规定的缴费时间1个月，加收当年全额年费的5%计算；期满未缴纳的，专利权自应当缴纳年费期满之日起终止。

也就是说专利权人未在上一年度期满前缴纳年费的，在6个月内有补缴的权利，但会承担一定的滞纳金，滞纳金的多少根据超过规定缴费的时间长度来计算。例如，专利的申请日为2015年5月1日，则2015年5月1日至2016年4月30日为第一年度，2016年5月1日至2017年4月30日为第二年度，应在每年4月30日之前缴纳年费。专利年费缴纳有1个月的延缓期，在延缓期内补缴年费的不需要缴纳滞纳金。如果超过5月31日，则需要缴纳滞纳金，每超过1个月，加收当年全额年费的5%，即第二个月缴纳全额年费的5%，第三个月缴纳全额年费的10%，第四个月缴纳全额年费的15%，第五个月缴纳全额年费的20%，第六个月缴纳全额年费的25%。若超过缴费期限6个月，则权利终止。

6个月不缴费后，在2个月左右会收到国家知识产权局发送的视为放弃专利权通知书，自收到通知书之日起有2个月专利恢复期，专利权人向国家知识产权局提交恢复权利请求书并缴纳1000元专利恢复申请费，同时补齐年费及25%的滞纳金即可恢复专利权。

虽然忘记缴纳专利年费在一定期限内有补救措施，但耗时耗力，增加权利维护成本。权利人应当就此问题增强专利管理，尤其是批量申请专利的企业更应做好专利维护法律风险防范，以避免丧失专利权。

为什么要申请涉外专利?

虽然企业申请专利保护的积极性及法律意识越来越强,但目前很多企业,尤其是中小企业,仅在中国申请专利保护,申请国外专利保护的意识仍很淡薄,这与其对专利保护的法律规定认识不清有关。很多企业及个人认为只要申请了专利并取得授权即拥有了法律的保护,但法律是有国界的,专利保护亦是有其地域性的。企业及个人在中国申请专利并取得专利权,只获得了此项技术在中国领域范围内不受他人侵害、获得法律保护的权利,在中国境外并不当然地获得他国法律保护。

基于以上原因,企业及个人若想将技术及技术产品输出到其他国家或地区,则必须在该地区申请专利,获得当地的专利权,方才受到此国家或地区的法律保护。例如,国内某化工企业生产一种新型树脂材料,取得了中国专利权,为将产品推向国际,该企业在产品输出上投入了大量资金,并成功与德国甲公司建立了长期合作关系。但产品进入德国市场两个月后,仿冒的新型树脂材料大量拥向德国市场,且价格远远低于此出口产品,导致此化工企业新型树脂产品输出受阻。在维权过程中才了解到此新型树脂产品在德国并未取得专利权保护,所有的仿冒行为均为合法。该企业因缺乏专利的国际保护意识导致国际化道路失败,前期资金投入打了水漂,也失去了国外市场。

☞ **实战小贴士**

专利保护有国界,若产品或技术有输出,则需要在相应国家申请专利。

怎么进行专利日常档案管理？

为保护现有专利权及正在研发的技术，企业应加强对专利及专利技术的档案管理。

一、技术课题研究统一档案管理。无论是企业自主研发还是委托他人代为研发、共同研发，都应对所有研发项目进行建档并追踪记录，收集每个研发阶段的原始材料，如设计图纸、方案研讨总结、试验数据、视听材料。在研发阶段即进行建档管理可以有效防止技术外流，保护企业技术秘密，并有利于推进研发项目进行。此时期归档材料亦是证明研发权属的一个重要证据。

二、专利申请阶段登记备案。对待申请专利技术及已经开始的专利申请进行备案，有利于企业对技术的整体布局及掌控，可以有效防止技术在此阶段外流。由于外观设计专利及实用新型专利申请没有实质审查阶段，两者在专利申请审查阶段及发明专利申请进入实质审查阶段之前对外界是不公开的，所以企业对于专利申请有撤回及主动修改的权利。此时企业若不对外公开技术方案，仍可以对其以企业内部技术秘密的方式进行保护。

三、已授权专利档案管理。对已授权专利的申请时间、缴纳年费时间等信息进行梳理，每年对已授权专利进行价值分析。因为专利每年都需要缴纳年费来保持有效性，对于已经不再具有使用及布局价值的专利可以考虑不再缴纳年费，放弃其后续权利，而对其他有价值专利按期缴纳年费。

四、专利使用及授权建档管理。对于许可他人实施的专利进行建档，将其实施许可类型、许可范围、许可起止时间进行梳理归档，以便对被许可方进行监督，顺利进行续费等日常管理工作。

五、研发人员的备案管理。对技术研发及专利申请阶段的具体研发工作人员进行建档，以便对主要研发人员进行物质及精神奖励，亦可为人事部门进行人员调整提供参考。

有专利证书就具备专利价值吗？

伴随着我国对知识产权保护力度的增大，知识产权领域快速发展，企业对于专利保护的意识日益增强，申请专利的热情也是持续增长，专利申请量不断增加。目前我国专利申请量稳居世界第一，是名副其实的专利大国。但在我国专利数量增长的同时，也应当认识到另一个问题：专利质量！在发展知识产权时，存在多种原因导致专利质量良莠不齐，企业虽然取得专利证书，但缺乏专利布局及正规代理机构代理，虽然获得专利权，但在专利转化阶段不能量化生产，或在专利维权诉讼中得不到预期的保护。

影响专利质量的常见因素有：

一、专利申请前缺乏分析。对现有技术、同行业竞争对手的专利技术缺乏了解及整体分析，会导致重复研发，在所申请专利得到授权后，类似产品已经统治市场，专利产品毫无优势，无法帮助企业实现预期目的。此外，专利申请前缺乏整体布局，可能会导致所申请专利不具备新颖性、创造性，仅仅是对同行业技术的简单叠加，即便取得专利证书，也经不起专利无效宣告程序的检测，最终会沦为无效专利。

二、申请文件质量差。专利的保护范围以权利要求书为本，所以权利要求书的布局及撰写质量决定了整个专利是否能真正体现发明创造的价值，决定了发明创造是否能够得到法律的保护。代理人的水平及与发明创造者的沟通程度，也决定了专利的撰写质量。许多中小企业注重专利的数量，但对专利质量的重要性认识度不够，只求以最小的投入换取专利保护，甚至会委托无资质代理机构或自主申请专利。低廉代理费是无法换取高质量的专利撰写与布局的，所以建议企业委托正规代理机构代为申请专利，尤其是对于企业核心技术。例如，A公司拥有上百个专利，但多为企业员工自主申请，还有部分专利是以每个专利1500元代理费委托代理机构代为申请的。后A公司发现B公司生产产品与自己的产品相同，委托知识产权律师分析案情，但在百余已授权专利中竟找不到可维权专利。之所以出现这种情况，是因为A公司的专利权利要求书多数仅有一个权利要求，是所有技术特征的简单叠加，导致专利的保护范围过窄，B公司稍作变动即不构成侵权。

三、未及时缴纳专利年费。在专利取得授权后，应当每年按时缴纳年费。在专利侵权诉讼中，也会以年费是否缴纳作为判断专利权是否有效的标志性证据，仅有专利证书无法证明专利的权利状态。

 实战小贴士

专利证书与专利价值不是对等概念，有专利证书，仅仅是专利申请符合专利申请的形式及实质要件，但专利价值更重要的在于权利要求书所体现内容及说明书公开程度。企业在申请专利时，可以向专利代理机构强调专利申请不仅仅是要求授权，更重要的是要对专利技术进行保护，必要时可通过诉讼程序进行维权。

27问 怎样增加企业员工技术创新的动力？

人力资源是一个企业成长的根本，是企业长期的财富。若想让人力资源良性发展，需要采取一定措施。对于技术性企业来讲，员工的技术创新能力决定了企业的发展高度，是企业可持续发展的动力与源泉。那么要怎么来增加企业员工技术创新的动力，持续推动企业技术发展呢？

首先，应当建立激励机制。

物质奖励是最直接的奖励方式，可以有效提高员工创造、研发的积极性。《专利法》规定，被授予专利权的单位应当对职务发明创造的发明人或者设计人给予奖励；发明创造专利实施后，根据其推广应用的范围和取得的经济效益，对发明人或者设计人给予合理的报酬。企业可根据具体经营情况确定奖励方式及数额。例如，甲公司为一知识密集型企业，很重视知识产权的保护，其制定的知识产权奖励制度中就包含了对于专利申请及技术创新思路、合理化建议等的规定，如提交一份技术交底书，提交一个实用新型或发明专利申请，申请进入实质审查程序分别奖励多少；还有打包奖励方案，如专利授权后奖励，实现专利转化、技术产业化奖励。物质奖励可调动员工创新的积极性，企业将此作为一种制度让员工学习并严格按章实施，将奖励落到实处，会让创造人员感受到企业的重视，更积极地投入企业技术创新中去。

精神奖励，给予员工应有的荣誉，如专利发明人、设计人的署名权，参与企业管理及受提拔的机会。

其次，为员工学习、接受再教育提供机会，如提供相关技术领域的专著及期刊、材料供企业员工、技术人员查阅，为员工提供学习、进修的机会，为企业培训提供持续的人员储备与知识储备。

再次，企业知识产权管理人员要多与相关技术人员沟通，及时发现创新点，必要时与专利代理机构或知识产权律师沟通，方便下一步研究。

最后，倾听员工的声音，集思广益。定期组织员工技术交流会，鼓励员工多提合理化建议，共同讨论技术可行性。但若涉及保密技术，亦应做好员工保密教育及技术保密工作，以防止技术外流。

怎样配备企业技术研发人员？

企业在人才体系管理中，往往对营销人员、财务人员相对重视，对于知识产权人才的培养及管理意识相对淡薄。但伴随着国家对知识产权的重视，企业保护知识产权的意识正在形成。专利作为知识产权体系的一个分支，与商标、著作权等有某种共性，但因专利对技术性的要求相对较高，安排对企业相关领域技术有一定了解的人员担任领导或管理日常工作较为稳妥。如果是知识产权密集的企业或企业规划以知识产权为推手发展，可以考虑成立专门的知识产权管理部门，配备知识产权管理人员管理企业专利工作。如果企业没有条件成立专门的管理部门，起码应指定一名或多名专职或兼职技术工程师或技术人员专门管理企业专利信息，作为企业与代理机构的桥梁，对研发、待申请专利技术、审查中专利申请、已授权专利进行建档管理。

专利权转让及专利实施许可要办理什么手续？

专利权是人身权及财产权两权一体的权利，其中财产权是专利权人通过专利的实施、转让、许可他人实施等方式获得经济利益的一种权利。那么专利权作为一种无形的财产，其转让与许可是否与房屋、车辆、物品等有形财产买卖一样，其权利流转是否要办理备案手续呢？

《专利法实施细则》第十四条规定："除依照专利法第十条规定转让专利权外，专利权因其他事由发生转移的，当事人应当凭有关证明文件或者法律文书向国务院专利行政部门办理专利权转移手续。专利权人与他人订立的专利实施许可合同,应当自合同生效之日起3个月内向国务院专利行政部门备案。以专利权出质的,由出质人和质权人共同向国务院专利行政部门办理出质登记。"下面针对专利权转让及专利实施许可分别进行说明:

一、专利权转让。专利权转让需要双方签订专利权转让合同,转让可以是有偿买卖,也可以是无偿赠予。签订合同后,应向国家知识产权局提交著录项目变更申报书并缴纳手续费,同时提交双方专利权权利变更合同等文件。国家知识产权局审查合格后,予以登记并公告,下发著录项目变更合格通知书。向国外转让专利权属于技术出口,应当符合《中华人民共和国技术进出口管理条例》的规定。

二、专利实施许可。专利权人与他人订立专利实施许可合同,应当自合同生效之日起3个月内向国家知识产权局提交专利实施许可合同备案申请表以申请备案。申请备案的专利实施许可合同应当是以书面形式订立的合同。

当事人可以通过邮寄、直接送交或者国家知识产权局规定的其他方式办理专利实施许可合同备案相关手续。申请专利实施许可合同备案的,应当提交下列文件:

(一)许可人或者其委托的专利代理机构签字或者盖章的专利实施许可合同备案申请表;

(二)专利实施许可合同;

(三)双方当事人的身份证明;

(四)委托专利代理机构的,注明委托权限的委托书;

(五)其他需要提供的材料。

专利实施许可合同备案的有关内容由国家知识产权局在专利登记簿

上登记，并在专利公报上公告。

专利权共有人怎么行使共有专利权？

由于专利技术性强，开发研究难度大，往往需要多人共同研究，这导致专利申请权及专利权可能存在两个甚至多个单位或个人共享的问题。那么专利申请权及专利权在多个权利人之间应当怎样分配呢？

《专利法》第十四条规定："专利申请权或者专利权的共有人对权利的行使有约定的，从其约定。没有约定的，共有人可以单独实施或者以普通许可方式许可他人实施该专利；许可他人实施该专利的，收取的使用费应当在共有人之间分配。除前款规定的情形外，行使共有的专利申请权或者专利权应当取得全体共有人的同意。"

由此可以看出我国法律尊重权利人的意思自治，实行约定优先原则。专利权利人可以通过约定的方式分配专利申请权及专利权的使用、收益等权利。例如，小李和小张共同申请一专利并获得专利权，因在研发阶段小李投入资金较多，于是双方以书面的形式约定专利权由小李和小张共同享有，但无论采取何种方式行使专利权，所得收益小李占70%，小张占30%。

若权利共有人之间没有约定，任何一方均可单独实施或者以普通许可方式许可他人实施该专利，但实施许可费用应当分配给其他权利共有人。以独占许可、排他许可方式许可他人实施专利的则应当经过所有权利共有人同意。另外，诸如提出专利申请、专利申请的撤回、专利权的转让、专利权的放弃等关系专利申请权、专利权存亡的重要决定也应当经过全体共有人同意。

第31问 专利实施许可合同中的许可方应注意哪些法律风险？

除了自己制造、生产、销售专利产品，独立实施专利权外，为了在专利有限的保护期限内将专利权利益最大化，专利权人往往会选择将专利技术授权其他企业或个人使用，以扩大专利技术影响力，收取专利许可费用，提高专利产品市场占有率。专利权人在将专利许可他人使用的过程中要注意哪些法律风险呢？

一、明确专利实施许可使用的地域范围、时间期限。

通过约定避开自主产品的竞争。例如，甲公司拥有一种卷饼机专利权，但由于企业规模及生产能力有限，在专利的有效保护期内仅能实现在东北三省的推广普及，专利的收益能力受到限制。于是甲公司通过专利实施许可方式分别授权A、B、C、D四公司在华东、华南、西南、华北等地区进行生产并销售专利产品，很好地解决了专利产品的市场冲突问题。

二、明确专利实施许可方式。

双方当事人可以在独占实施许可、排他实施许可、普通实施许可三种许可方式中进行选择，因三种许可方式中双方权利义务不同，所以专利权人在许可他人使用专利时应当进行明确。独占实施许可将权利人实施专利的权利排除在外，被许可人成为授权期限及地域内唯一实施专利的权利方，许可人及他人均不得实施专利。排他实施许可是在约定的期限及地域范围内，专利权人及被许可方均有权实施专利。普通实施许可对于许可人约束较小，在许可范围内，自己仍可实施专利并且有向被许可人以外的第三方继续许可使用的权利。

三、明确许可使用对象。

因为公司形式多样，关系复杂，存在许多控股与被控股公司、母子公司、大型集团等公司运营模式，若专利被许可对象不明确具体，则专利权人对被许可方的监督及管理将变得困难。

四、保持权利的有效性。

许可他人使用专利后，应当及时缴纳专利年费，保持专利有效性。面对专利的无效宣告程序应积极应战，以保持专利的有效性及价值性。若专利实施许可合同未到期，专利因未缴纳年费而丧失权利或被宣告无效，专利权人可能会因此而向被许可方承担一定的赔偿责任。

五、约定后续改进技术成果的权利归属。

对授权他人使用后，他人在此专利技术基础上研发的新的技术成果归属约定不明，最终很可能要通过诉讼来解决权利归属问题。此法律风险可通过授权合同的约定来规避，以减少诉累及降低技术丢失的可能性。

六、对履行完毕的节点作清晰的约定。

专利实施许可合同履行完毕的节点可以"停止生产""停止销售""停止许诺销售"等形式来展现，若约定不清，将导致许可方无法监督管理及利益受损。

32问 专利实施许可合同中的被许可方应注意哪些法律风险？

专利实施许可合同中的被许可方所应注重的问题可能会与许可方存在某些差异。

一、核实专利权人的主体资格。

被许可方首先应当核实专利的主体是否是与之签订许可合同的主体，专利权是否有争议。如专利权人不止一个，在独占实施许可和排他实施许可合同中，应得到全体专利权共有人的同意，否则许可合同可能会有无效的风险。例如，赵某是一种定位装置专利的权利人，甲公司欲与赵某签订独占实施许可合同，在合同签订前发现赵某与乙公司之间存在专利权权属纠纷，诉讼正处于一审阶段。原来赵某曾是乙公司技术人员，辞职后申请了此专利，乙公司在诉讼中主张此专利技术是赵某在本职工作中利用公司资金及技术支持研发的，应为职务发明，自己应为专利权人。所以甲公司最终延缓了与赵某签订实施许可合同的计划，待专利权权属纠纷有了定论再寻求与专利权人的合作。

二、防范专利权失效、无效的风险。

签订专利实施许可合同的终极目标是得到专利技术在一定范围内的使用及收益权限，若专利在许可合同履行期间因专利权人管理不善导致专利权失效或被他人申请宣告无效，那么被许可方不仅会面临许可费、宣传费的损失，也会丢失许可范围内的垄断使用权和竞争优势。此类风险可考虑通过与专利权人的约定来规避，如专利失效或无效后，许可方以退还实施许可费或赔偿被许可人相关经营损失等来减少被许可方损失。

三、需要权利人提供关于专利未披露信息的技术支持。

专利申请文件虽然对技术方案进行了充分公开，但往往是解决最基本问题的技术方案，而不会涉及最优方案，这其中没有公开的关键点可能才是专利产品能否在市场站稳脚跟的根本点。作为被许可方，在与专利权人协商许可方案时应当充分考虑专利权"隐匿"的技术点，要求专利权人在实施许可合同履行过程中提供技术支持，必要时进行现场指导，确保能够生产出与专利权人所生产的一样完美的专利产品。

四、明确后续改进技术成果的权利归属。

与专利权人一样，被许可人同样要面对后续改进技术成果权利归属的问题，为减少诉累及降低技术丢失的风险，建议在合同中进行明确。

五、明确约定许可期限届满的时间节点。

作为被许可方，尤其应注重剩余产品的处理问题，应对许可期限届满的时间节点是停止生产还是停止销售作出明确约定。

33问 怎样防范采购货物或配件时存在的专利法律风险？

刘某夫妇在家里资助下成立了A公司，主要经营日用百货，开业两个月后收到法院传票，因为A公司所销售的一款打火机涉及侵犯B公司专利权，被B公司诉至法院。B公司主张A公司立即停止销售此款打火机，并承担侵权赔偿责任。刘某夫妇收到传票后感到很困惑，难道权利人不应该找生产商来赔偿吗，为什么自己花钱购进货物会侵犯专利权？

根据我国法律规定，发明和实用新型专利权授权后，任何单位或个人未经专利权人许可，都不得为生产经营目的制造、使用、许诺销售、销售、进口其专利产品；外观设计专利权授权后，未经权利人许可不得为生产经营目的制造、许诺销售、销售、进口其外观设计专利产品。所以专利侵权所限制的不仅仅是生产者，还包括销售、许诺销售者，甚至使用者。此案例说明了采购货物或配件存在法律风险，企业或个人在进行相关活动时应当进行专利侵权风险防范。

首先，采购货物或配件时，应当对产品所涉及的相关专利信息进行了解，避免采购侵权产品。可以了解供货方信誉、专利储备、是否牵涉专利侵权案件，也可以要求生产者或供货方提供相关专利权信息及证明材料。

其次，进行进货途径信息管理，明确货物供货方信息，统计货物运输信息，如发货时间、验收信息、供货方提供的产品合格证明等。除此之外，向供货方打款尽量使用双方企业账号。对于不知情的销售者，在涉及专利侵权案件时，法律也给予了保护，若销售者能够证明产品有合法来源并指出供货人，可以免除赔偿义务。

最后，在采购合同中可约定相关专利侵权条款，明确所购货物或配件的专利侵权风险承担问题。

34问 产品推向市场，需要哪些专利风险防控措施？

其实在本企业专利申请阶段即应当做好产品上市专利风险防控措施，包括产品包含的技术是否具备新颖性、创造性，与类似产品之间是否存在技术的相互包含。除了在申请阶段进行风险防控，在产品推向市场前及持续销售时期均应当进行追踪分析，做好防范。

通过销售部门收集产品销售信息及竞争企业产品销售信息，由知识产权部门或专业知识产权律师、专利代理机构分析产品是否构成对他人专利的侵权。因为产品推广与专利申请可能不是并行的，若在发明专利公开之前或实用新型专利、外观设计专利授权之前，第三方企业并未将专利产品推向市场，那么引进方所获得的当前专利信息是不全面的，在这个盲期将产品推向市场，不排除有侵害他人专利权的可能。所以企业应当对市场上现存的产品及产品所涵盖的专利技术进行追踪分析，及时发现侵犯他人专利权及被侵权的风险，以便应对。

企业发现自己侵犯到他人专利权时，应当考虑此专利的有效性，以及能否通过专利无效宣告程序彻底排除侵权风险。若专利稳定性高，不能通过专利无效宣告程序否定专利权的有效性及侵权判定，则应当主动向专利权人寻求合作或停止侵权行为，将损失降到最低，同时做好应对侵权诉讼的准备。

企业发现自己被侵权时，应当收集侵权信息，包括侵权主体、侵权产品、侵权时间跨度、侵权范围、侵权数量、造成损失等留作证据，研究维权方案。

如何进行技术引进的专利分析及风险防控？

随着经济的发展，企业、个人之间的交流合作日益频繁，专利技术的交流合作也日益增多。公司为了快速发展，往往会借助他人的先进经验及专利技术抢占市场。若一个企业仅依靠独创技术，前期投入时间成本较大，则可能会错失市场机遇。而引进他人技术，则可以借他人之力推动自身发展，所以目前国内外专利技术引进事业持续发展。引进专利技术通常采用购买或专利实施许可方式，其中必然伴随着法律风险，因此在引进技术时应做好法律风险防范。

一、专利权的权属。

引进专利技术的企业首先应当对所要引进的专利权权属进行调查，分析专利权人是否拥有完整的专利权利。有无共有人、是否曾许可他人使用、许可他人使用专利的类型及许可期限等都是引进人应当注意的法律问题。例如，专利权人A将专利通过独占许可的方式许可B使用4年，目前还剩余2年，而C公司在引进技术时是想通过此专利技术尽快进入生产领域，推广自主品牌。但C公司此时引进此专利技术无法实现其目的，因为专利的独占许可对于专利权人本身也是排斥的，引进者作为新的权利人在独占许可合同剩余的2年时间内也被排除在外。此外，还应当考虑专利权有无担保、质押融资等引起的权利风险。

二、专利权的稳定性、有效性。

企业在引进专利技术前，应当分析专利权的稳定性，对其新颖性及创造性进行风险评估。若专利经历多次无效宣告程序仍保持有效性，则说明专利权比较稳定。若专利正处于无效宣告程序中，则要分析其有无被宣告无效的风险。被宣告无效后，专利自始无效，若引进的专利技术被宣告无效，则企业不仅要负担引进费用，还需承担使用侵权技术的法律风险。

三、专利的保护范围。

专利技术引进方应分析专利技术的保护范围。有的专利多次经历无效宣告程序，虽然仍能保持专利权的有效性，但其保护范围已被限缩到很小，不能起到实质性的保护作用。这时，引进方应充分分析引进的必要性。

四、专利权的保护区域。

专利权是有国界的，引进方要分析待引进专利技术在计划使用区域内是否拥有专利权。例如，某专利技术在美国拥有专利权，但引进企业想利用此专利技术在中国进行生产、销售，那么引进企业应调查该专利技术是否在中国申请了专利并拥有专利权。

五、专利权的剩余保护期限。

专利权的保护期限是固定的，引进方应调查专利权的剩余保护期限及剩余保护价值。

｜专利侵权｜

最能体现专利技术价值的阶段应当是专利维权阶段，无论是侵权人还是被侵权人，均围绕着专利权是否存在、是否构成侵权展开。发明或者实用新型专利权的保护范围以其权利要求的内容为准，在专利侵权判定中，以全面覆盖为最基本原则，只要涉案侵权产品或方法包含了专利的所有技术特征，即构成技术特征的全面覆盖，构成侵权。

专利权人为获得技术的保护，从研发到专利申请，投入了大量的资金及精力，在获得专利权后理应得到保护。但当今社会是互联网社会、信息社会，公众获得信息非常便捷，往往一个专利产品刚刚上市，仿冒产品就涌入市场。由于无研发成本，仿冒专利产品售价较低，会迅速占得先机，给专利权人带来极大损失。有限期限的垄断地位被破坏，专利技术被动沦为"公有"资源。面临专利权被侵害，专利权人该怎样进行维权呢？拥有了专利权是否就一定能得到法律保护，进而对侵权行为人进行行政处罚、让其承担民事赔偿责任甚至承担刑事责任？专利权人在诉讼前应该做怎样的准备、怎样收集侵权信息等一系列问题摆在企业面前。

同样的道理，一个企业通过正常的购买或自主研发技术及产品后，在市场上进行正常生产及销售，但突然被其他企业以侵犯其专利权为理由诉上法庭，又该怎么应对呢？

36问 什么是专利侵权？

《专利法》第六十四条规定："发明或者实用新型专利权的保护范围以其权利要求的内容为准，说明书及附图可以用于解释权利要求的内容。外观设计专利权的保护范围以表示在图片或者照片中的该产品的外观设计为准，简要说明可以用于解释图片或者照片所表示的该产品的外观设计。"

发明或者实用新型专利权的保护范围以其权利要求的内容为准，专利侵权判定以全面覆盖为最基本原则，只要涉案侵权产品或方法包含了专利的所有技术特征，即构成技术特征的全面覆盖，构成侵权。在侵权技术特征比对时，先将专利整体技术方案分解为多个技术特征，再与涉案侵权产品或方法的全部技术特征进行逐一比对，只要涉案侵权产品或方法包含了专利的所有技术特征即构成侵权；反之，只要缺少一项技术特征或有一项技术特征有区别，则未落入此专利保护范围，不构成侵权。

那么在专利技术比对中，专利包含的技术特征越少，涉案侵权产品或方法构成侵权的可能性就越大；反之，专利包含的技术特征越多，涉案侵权产品或方法构成侵权的可能性就越小。例如，一专利技术特征为A+B+C，涉案侵权产品的技术特征为A+B+C+D，那么涉案侵权产品包含了此专利的全部技术特征A+B+C，构成侵权。在此基础上，即使涉案侵权产品附加再多其他技术特征，只要包含A+B+C，即构成侵权，如A+B+C+D+E或A+B+C+D+E+G。但如果专利包含的技术特征过多，如A+B+C+D+E+F+G+H+I+J+K，那么涉案侵权产品规避侵权的空间就过大，只要对以上技术特征稍做删减变动，如把C技术特征去掉，将技术方案变成A+B+D+E+F+G+H+I+J+K，或把D技术特征改为与之不同的M技术特征，将技术方案变为A+B+C+M+E+F+G+H+I+J+K，即不构成专利侵权，从而规避侵权风险。

☞ **实战小贴士**

专利侵权阶段是检验专利申请质量优劣的一个重要标准，专利申请时权利要求书所体现的保护范围大小，直接影响侵权判定，所以再次建议企业重视专利申请质量。

第37问 专利侵权案件特点是什么？

面对专利侵权，企业无论是向管理专利工作的部门投诉还是向法院起诉，都需要在前期收集证据，甚至要采用公证的方式进行证据保全，需要投入大量时间、精力及资金，尤其是在面对重复侵权、大范围侵权、不正规个体户及小微企业侵权等情况时。企业在维权路上步步艰辛，都想一劳永逸，但其实没有这样的途径。专利权是一种无形资产，相较于房屋、汽车等有形资产，其权利价值、权利状态更难判断。

专利侵权案件有其自身的特点：

一、包含技术比对。

与侵害技术性商业秘密案件相似，专利侵权案件不仅包括传统的证据提交及双方质证辩论，还包括被诉或被投诉产品、方法与专利所包含的技术特征对比，涉案产品是否能够落入专利权保护范围的分析。专利侵权技术比对不是简单的技术特征叠加或拆分，根据专利的撰写规则及保护规则，其比对过程根据不同技术领域及技术方案会呈现不同特征。所以专利侵权案件不同于其他诉讼案件，包含技术及法律的双重特征，需要同时具备专利知识及法律知识的专业人员去处理。

二、维权难度大。

第一，专利侵权案件取证难度大。因为多数专利侵权案件需要进行技术性比对，需要原告提供侵权产品或方法，这就需要购买产品，产品的购买过程往往会通过公证的方式进行证据保全。购买产品及公证费用对于原告来说是一种经济负担，尤其是产品价格较高时，会造成原告的维权成本过高的问题。在侵权产品泛滥的情况下，权利人全面维权的成本更为高昂。

第二,专利在维权过程中被宣告无效的可能性较大。由于在专利撰写及审查过程中,不能穷尽所有现有技术作为比对,所以导致被授权专利存在不具备新颖性、创造性等不稳定性,尤其我国的实用新型专利、外观设计专利不进行实质审查,只要具备专利形式即可授权,导致专利因不符合专利性被宣告无效的可能性较大。专利被宣告无效后,其所进行的专利侵权程序实质上已经终结,失去了胜诉依据。

第三,系列案件、重复侵权较多。对实用性强、容易被模仿的专利的侵权可能存在侵权人数多、地区分布广、屡禁不止等特点。专利权人若想肃清市场,势必要发起大量的专利侵权诉讼。

38问 企业申请了专利,为什么还能构成侵权?

专利侵权的判定依照全面覆盖原则,以侵权产品的技术特征是否包含了专利的所有技术特征为判断依据。例如,甲公司拥有"一种易清洗豆浆机"发明专利的专利权,认为乙公司所生产的豆浆机侵害了此专利权并起诉。乙公司表示不服,主张自家企业拥有多项豆浆机的专利权,产品的生产也是按照自家专利特征进行的,不构成对甲公司专利权的侵权。在专利侵权诉讼中,用来作专利侵权对比的是原告所拥有的专利权,以被诉侵权产品与涉案专利进行技术特征对比。被诉侵权产品若涵盖了涉案专利所有的技术特征,则符合全面覆盖的侵权判定原则,构成侵权。例如,涉案专利"一种易清洗豆浆机"包含A、B、C、D四个技术特征,而乙公司所生产的涉案侵权产品包含A、B、C、D、E五个技术特征,那么该产品因包含了涉案专利的A、B、C、D四个技术特征而满足了全面覆盖原则的要求,构成对涉案专利的侵权。

所以在侵权判定中,对被告而言,不是用涉案侵权产品与自家专利作技术对比，也不能以自己拥有专利权作为抗辩不侵权的理由。若被告方持有原告涉案专利为现有技术或破坏其新颖性、创造性的证据，可以选择提起涉案专利的无效宣告程序，涉案专利被宣告无效后自始无效，被告侵害其专利权的事实亦不存在，这就从根本上消除了侵权可能性。

> **实战小贴士**
>
> 企业是生产、销售产品前，不仅要与自己专利权技术相比较，更重要的是与竞争对手、市场其他同类产品所包含的专利技术相比较，分析所生产、销售产品是否涉及侵权。

39问 发生侵权纠纷后，可以通过哪些途径解决？

专利权人发现未经其许可，以生产经营为目的，制造、销售、许诺销售、进口其专利产品的行为，可以通过多种途径来维护自身权利。

一、发送律师函。向侵权人发送律师函，使对方明确其所生产经营的产品涉及侵权，应当立即停止制造、销售等侵权行为，若有生产经营需要可以向专利权人寻求专利实施许可，通过合法的方式达到经营目的。为使对方明确其生产经营行为侵权，发送律师函的同时要附上专利信息、有权证明，实用新型和外观设计专利还可以附专利权评价报告、生产经营产品侵权分析材料等。发送律师函可以对侵权行为人起到震慑作用，使对方停止生产经营行为，另外还可以切断销售者"合法来源"抗辩的合理性。通过发送律师函的方式告知对方，可以减轻专利权人承担的诉累，即使无法遏制侵权人的侵权行为，也能在专利侵权诉讼阶段证明侵权行为人的主观恶性，帮助权利人得到更高数额的赔偿。对于不知情的善意生产经营者，还可实现合作，通过专利实施许可的方式得到许可费，达到共赢。

二、向负责专利执法的部门投诉。此种处理方式具有方便快捷、无诉讼费用、结案时间快等优点，只要专利权人向负责专利执法的部门提供专利权人主体资格证明、专利权有效性证明、侵权人侵权信息便可。负责专利执法的部门会对专利侵权纠纷案件立案，并在自立案之日起3个月内结案。案件特别复杂需要延长期限的，可由负责专利执法的部门负责人批准延长期限，但最多不超过1个月。通过此种行政方式处理的案件自立案之日起最长4个月即可结案，与诉讼相比，审限较短，可以快速解决专利侵权问题。但负责专利执法的部门没有判令侵权行为人进行赔偿的权限，所以若专利权人想得到侵权赔偿款，减少因侵权带来的损失，是无法通过此种途径实现的。

三、展会投诉。《展会知识产权保护办法》第六条规定："展会时间在三天以上（含三天），展会管理部门认为有必要的，展会主办方应在展会期间设立知识产权投诉机构。设立投诉机构的，展会举办地知识产权行政管理部门应当派员进驻，并依法对侵权案件进行处理。"专利权人发现展会的参展方有侵权行为的，可以向展会知识产权投诉机构进行投诉。

四、诉讼。若以上方式均不能达到保护专利权不受侵害的目的，专利权人可以通过向法院起诉的方式来维护自身权利。诉讼方式虽然审限较长、成本较高，但却是权利人解决侵权问题的最强有力的方式。法院可以对侵权证据进行证据保全，亦可对侵权行为人进行财产保全，冻结其账户，确保诉讼顺利进行且为权利人赢得诉讼后顺利执行提供保障，不仅给侵权行为以严厉打击，亦能震慑其他侵权行为人。

有哪些同律师事务所合作解决侵权纠纷问题的方式？

企业及个人面对侵权纠纷时，一方面想打击专利侵权人，一方面又对于维权过程中所面临的高额公证费、诉讼费、律师代理费、保全费等前期支出心生畏惧。不维权，市场会被侵权产品占据，专利权形同虚设，自家技术成了别人发家致富的法宝；维权，费用又对企业造成巨大压力。尤其是在侵权产品泛滥的状况下，维权费用是一个未知数。面对不知结局、不知有无回报的专利维权之路，不光要缴纳诉讼费用，还要向律师交付代理费，可谓左右两难。企业及个人应当怎样与律师事务所合作，既能委托律师代理维权纠纷案件，又能尽量减少前期资金投入呢？

一、以法律顾问的方式聘请律师。目前多数企业会聘请律师作为法律顾问，一般顾问模式是以年度为单位签订顾问合同，律师在顾问年度内为企业提供法律服务不再另行收取费用。当然，目前有一部分顾问合同会约定个案亦收取代理费用。企业可以与律师事务所以全包的方式签订顾问合同，不用再支付个案费用。

二、以风险代理的方式聘请律师，前期不支付代理费用，以维权之后抽取的部分已得利益作为律师的代理费用。此种合作方式企业较为常用，若专利侵权案件最终没有胜诉，胜诉后侵权人无力支付侵权赔偿或拒绝履行法院判决所确定的赔偿义务，则企业均不用支付律师代理费用，只有在实际得到侵权赔偿款时，才需在现有赔偿款中提取一定比例作为律师代理费。这种合作方式既不用前期支付律师代理费，又可促使律师谨慎处理业务，以便能够在胜诉后得到尽可能多的报酬。当然，即便是风险代理，律师的差旅费用一般还是由企业来承担。

除了与律师事务所合作，企业还可以聘请专业的法务人员来处理企业的专利维权工作。但由于专利侵权案件的技术性、专业性、高难度等特征，企业应当聘请有专利工作背景及法律背景的人员从事专项的专利维权工作。

实用新型和外观设计为什么要进行专利权评价报告？

我国发明专利申请包括形式审查阶段与实质审查阶段，在实质审查阶段，要对发明的新颖性、创造性进行检索及论证。只有没有在国内外出版物上公开发表过，也不为公众所知，与现有技术有着明显的本质区别，具有突出的实质性特点的专利申请才会获得发明专利授权。因此，发明专利具有较高的稳定性，不需要通过专利权评价报告来验证。但实用新型专利、外观设计专利在申请阶段仅有形式审查，申请方式符合要求便可获得专利授权，因而稳定性差，在专利行政执法及专利侵权诉讼中往往需要通过专利权评价报告来证实其稳定性。

但是，目前专利权评价报告不是专利侵权诉讼及负责专利执法的部门处理专利侵权案件的必要前提，法律也没有将评价报告作为立案的必备条件。《专利法》第六十六条第二款规定："专利侵权纠纷涉及实用新型专利或者外观设计专利的，人民法院或者管理专利工作的部门可以要求专利权人或者利害关系人出具由国务院专利行政部门对相关实用新型或者外观设计进行检索、分析和评价后作出的专利权评价报告，作为审理、处理专利侵权纠纷的证据。"此外，《最高人民法院关于审理专利纠纷案件适用法律问题的若干规定》第八条规定："对申请日在2009年10月1日以后的实用新型或者外观设计专利提起侵犯专利权诉讼，原告可以出具由国务院专利行政部门作出的专利权评价报告。根据案件审理需要，人民法院可以要求原告提交检索报告或者专利权评价报告。原告无正当理由不提交的，人民法院可以裁定中止诉讼或者判令原告承担可能的不利后果。"由此可以看出，实用新型与外观设计专利权评价报告虽然不是法院立案的必要条件，但可以被用来判断专利权的稳定性，作为人民法院或专利行政部门处理案件的参考。此外，评价报告还可以帮助专利权人在将专利技术投入生产及对专利侵权采取行动时作出判断。

例如，A省甲公司拥有"一种建筑用垫块"实用新型专利权，生产的垫块在A省销售得非常好，后B省乙公司所生产的垫块销售至A省，甲公司销售量下降。随后，甲公司以专利侵权为由起诉乙公司，接到传票后的乙公司寻求知识产权律师的帮助。律师通过检索分析，发现有一位王某在甲公司专利申请日前申请的同技术领域的专利可以破坏甲公司专利的新颖性及创造性，于是向国务院专利行政部门提出专利无效宣告申请，并对此专利不具备新颖性、创造性的原因进行了详尽的论述。甲公司收到无效宣告请求受理通知书后，发现无效宣告请求人所提供的用于对比的王某的专利确实与自家专利基本相同，自己的专利在无效宣告程序中被宣告无效的概率相当高，诉讼面临极高的败诉风险。经过利益考量，甲公司最后与乙公司达成和解，甲公司撤诉，乙公司也撤回了无效宣告请求。

权利人在专利侵权诉讼前应该做什么准备？

一、专利侵权分析。

分析涉案侵权产品是否落入专利权的保护范围，若落入专利权的保护范围则构成专利侵权。若经过比对，发现涉案侵权产品未落入专利的保护范围，则不构成侵权，没有必要进行后续诉讼工作。

二、涉案专利的稳定性分析。

专利侵权诉讼有其自身的特点，比如时间跨度较大，因为专利侵权案件立案后，被告往往会通过专利无效宣告程序向法院申请中止审理，待专利无效宣告程序结束后侵权诉讼程序才能恢复。专利无效宣告的审查周期在法律上没有硬性规定，在实务操作中不同专利类型、不同专业领域的审查周期存在较大差别，一般在半年至三年时间不等，有的甚至更长。专利无效宣告程序的存在导致专利侵权诉讼案件审理时间长于普通民事案件，对急于通过诉讼解决侵权问题的专利权人来说造成了较大的压力。若专利在无效宣告程序中被宣告无效，那么专利权人就会面临败诉的结果，所以在发起一个专利侵权诉讼前，应当对涉案专利的稳定性进行初步分析，判断其在无效宣告程序中能否经受住对新颖性、创造性的考验。若专利为实用新型或外观设计专利，还可向国务院专利行政部门申请专利权评价报告，对相关专利进行检索、分析，这不仅能帮助权利人分析专利的稳定性，亦能作为人民法院或者负责专利执法的部门审理、处理专利侵权纠纷案件的参考依据。

三、管辖法院选择。

此处仅针对专利侵权诉讼的地域管辖进行简单阐述。专利权人可以选择侵权行为地或被告住所地人民法院管辖。被告住所地是固定的，若专利权人想在地域上进行选择，在侵权行为地上具有可操作空间。侵权行为地可以是侵权行为实施地或侵权结果发生地，如侵害发明专利产品的制造地、使用地、许诺销售地、销售地、进口地，侵害外观设计专利产品的制造、销售、许诺销售、进口等行为实施地。由于我国地域经济发展不平衡，专利侵权诉讼的判赔标准也参差不齐，相同的侵权行为在经济发达地区的判赔数额要高于经济不发达地区，所以专利侵权地域管辖的选择对专利权人尤为重要。

四、证据准备。

起诉前应准备的证据主要分为两部分，一是侵权证据，权利人应确定侵权主体，考虑所收集的证据是否足以形成证据链条，达到证明侵权主体侵权的要求；二是赔偿数额的证据，如权利人因侵权行为所遭受的损失、侵权行为人因侵权所得收益等。

五、是否进行财产保全的分析。

财产保全可以为胜诉后的执行阶段奠定基础，给被诉侵权人施加压力，促使双方在诉讼阶段达成和解，快速终结案件，减少审限过长给权利人带来的诉累。

43 被诉后被诉侵权人应该做什么准备工作？

法院受理专利侵权案件后，会向被告送达起诉状、举证通知书、答辩通知书等法律文书，被诉侵权人应当积极应诉，正面解决问题，如果不出庭或对诉讼视而不见，则可能会面临败诉风险。

第一，研究是否提出管辖权异议。互联网及网络销售的蓬勃发展，使确定地域管辖法院变得更为复杂。专利权人往往会通过网络购买的方式争取适合自己的管辖法院，但网络购买地是否能够作为侵权行为地或结果发生地仍然存在争议。被诉侵权人可考虑通过提出管辖权异议来争取更有利的法院管辖。除此之外，提出管辖权异议还可以为自己争取更多的准备时间，降低专利权人的心理预期。当然，笔者不提倡滥用管辖权异议，而应当综合考虑是否将其作为战略手段。

第二，分析专利权是否有效，以及被诉侵权产品是否落入专利权保护范围。分析专利权是否为有效状态，若是有效专利权，则应比对被诉侵权产品与专利技术，若被诉侵权产品包含了专利权利要求的所有技术特征，则构成侵权。

第三，分析专利权人所提供的证据是否能够形成证据链条，确定侵权行为成立。专利侵权诉讼对于证据要求较高，往往高于民间借贷、合同纠纷等民事案件，因此被诉侵权人应分析现有证据是否能够证实侵权行为成立。例如，一专利权人在一起专利侵权诉讼中提交的证据为一视频录像，录像呈现了被诉侵权产品的外观图及操作流程。但此证据不能证明所拍摄产品为被告生产，也没有说明产品的内部结构，仅有产品外观也无法进行专利技术比对，所以不能证明被诉侵权产品包含了专利的技术特征。因此，法院没有支持原告主张。所以积极分析专利权人提供的证据，可以帮助掌握案件走向。

第四，分析是否提出专利无效宣告申请。分析专利权人提供的证据后，如果发现现有证据可以证明侵权行为成立，那么就应当考虑是否可以通过专利无效宣告程序从根本上解决侵权问题。再或者，通过专利无效宣告程序向法院申请中止审理，增加专利权人维权难度，降低其维权的迫切度及热情，争取更多时间寻找应诉证据及布局应诉战略。

第五，收集未侵权证据，如在先生产证据、专利为现有技术证据等。销售者还可以收集合法来源证据，避免赔偿带来的损失。收集的证据均应在举证期限内提交给法院，在答辩期限内提交答辩状。

44问 面对侵权，专利权人是否应主动维权？

专利权人为获得技术保护，从研发到专利申请，投入了大量的资金及精力，在获得专利权后理应得到保护。但当今社会是互联网社会、信息社会，公众获得信息非常便捷，往往一个专利产品刚刚上市，仿冒产品就涌入市场。由于无研发成本，仿冒产品售价较低，会迅速占得先机，给专利权人带来极大损失，有限期限内的垄断被破坏，技术被动沦为公共资源。面对专利权被侵害的局面，专利权人是否应当主动出击呢？又该怎样出击呢？

首先，分析专利价值。专利本身的含金量及战略意义决定了专利权人面对侵权的态度。若被侵害的专利是关系企业命脉及若干年发展规划的核心技术方案，不维权将失去市场，落入被淘汰或无法发展的境地，那么专利权人应考虑建立维权体系，规划维权方案，主动出击，打击侵权人。若专利所涉及的技术是打算淘汰的非主流技术，或侵权不能形成规模，即便被侵权，也不会给企业带来实质性的影响，则没有必要浪费资源主动出击。例如，一家企业生产可翻动广告屏，是本行业的龙头企业，拥有大量专利技术，行业中不乏仿冒其专利产品的企业。但通过分析发现，仿冒的专利产品是本企业已不再生产的一种广告屏，且侵权人多为小微企业，对本企业生产经营产生不了什么影响，于是决定不再追究侵权行为人的责任。

其次，考虑专利剩余有效时间。技术是持续发展的，一个专利技术的法定保护期限还未届满，就已经被社会淘汰。面对侵权，专利权人应分析专利是否还具有利用价值。此外，还应分析专利所剩保护期限。专利的保护期限是有限的，若专利权人发现被侵权时，其专利的有效时间已经所剩无几，投入大量人力物力去维权反而浪费资源。

再次，还应分析自身的经济实力，考虑是否建立利益共同体。专利的价值不仅仅在于专利权人独自使用专利方案，还有授权他人实施。专利权人与被许可人为利益共同体，侵权行为侵害的是专利权人及被许可人共同的利益。通过许可实施的方式来寻找合作伙伴，建立利益共同体，可以降低维权成本及风险。

专利权人应怎样收集侵权信息？

当他人仿冒专利产品时，产品销量、价格可能会有一定波动，经销商、消费者的反馈也有一定参考价值，那么专利权人应怎样去全面地收集侵权信息呢？

一、通过网络收集侵权信息。网络、微商已经成为企业推广产品的重要途径，特别是与百姓日常生活相关的产品。目前只要是消费者能想到的产品，在网络中基本都能够找到。所以专利权人在收集侵权信息时，不可错过网络销售这一环。《中华人民共和国电子商务法》（以下简称《电子商务法》）对电子商务平台经营者提出了收集平台销售商的身份、地址、联系方式、行政许可等信息的要求。专利权人可以通过搜索来收集侵权人信息，然后通过侵权人官方网站、企业微信公众号等进一步核实侵权信息。

二、通过技术部门、销售人员收集侵权信息。企业技术部门对于行业技术发展关注较多，可通过竞争对手的专利申请情况来判断其产品或服务发展导向，为收集侵权信息提供线索。企业销售人员是将产品推向市场的主力军，与经销商、零售商联系密切，掌握着大量产品分布及销售的信息，敏感度高，维权意识强，是收集侵权信息不可错过的环节。

三、通过查询品牌、商标收集侵权信息。侵权人警惕性高，往往会屏蔽企业真实信息，使专利权人在确定侵权行为人时遇到困难。此时可以尝试将产品信息与产品品牌、商标结合查询，通过检索商标的商标权人来查询企业信息和寻找侵权人。

四、通过展览会、展销会、促销会等会展收集侵权人信息。

五、通过市场实地调查收集侵权信息。专利权人可到本行业产品聚集地或惯用销售地实地考察，或隐匿身份去侵权企业实地考察。

以上收集侵权信息的模式不是割裂的，而是要多方面结合方可获得有价值的信息，只要专利权人维权意志坚定，就一定会收集到有价值的信息。

46问 侵害专利权纠纷诉讼结案时间为什么这么长？

在专利侵权诉讼中，被诉侵权人往往会提出专利无效宣告申请，迫使侵害实用新型专利权及外观设计专利权的诉讼中止审理，这样就会拖延案件审理进程。例如，李某拥有"一种嵌入式橱柜"实用新型专利权，其专利申请日为2014年4月20日，半年后被授予专利权时，专利保护期限还有九年半。2015年2月，李某发现河北省A公司在网络上销售侵权产品，经取证，于2015年4月向石家庄市中级人民法院提起侵害实用新型专利权纠纷之诉。A公司向国家知识产权局专利复审委员会（现国务院专利行政部门）提出专利无效申请，并在申请被受理后向法院提出中止审理的请求。专利复审委员会于2016年1月作出无效宣告请求审查决定，维持专利权有效。经专利权人李某申请，法院于2016年2月恢复案件审理，并于2016年4月作出判决，此案仅一审阶段就历时一年。而且侵权行为人为了延迟履行侵权赔偿义务往往会提起上诉，所以专利侵权案件从立案到结案所需时间一般长于普通民事案件，往往会达到1~2年，甚至2~3年。

由于法律对专利权的保护时间是有限的，所以专利权人在进行维权时应进行整体布局规划，综合运用多种维权措施，以确保真正实现专利在有限的保护期内合法垄断的价值。

怎样打破销售者的专利侵权免责条款？

侵权的源头在于制造、生产，没有制造则不会存在销售、使用，所以专利权人想打击的亦是以经营为目的的生产、制造行为。但由于生产商及制造商经济实力强大，面对大额侵权诉讼时，往往会通过专利无效宣告程序将诉讼时限拉长，专利权人的维权之路就更加艰难。加上专利权保护期限有限，一个专利侵权诉讼案件经过一审、无效宣告、二审等程序，往往会拖2~3年方有结果，专利权人很难在专利权有效期间内实现利益最大化和打击侵权行为。

基于以上原因，越来越多的专利权人退而求其次，从打击销售行为着手来抑制生产。但销售者受到法律保护，只要是善意销售者，并能够证明其销售产品的"合法来源"就可以免除赔偿责任，此保护条款被许多销售者当作保护伞肆意使用。专利权人应该怎样打击"不善意"的销售行为呢？

为了打破销售者的"主观善意"，使"合法来源"抗辩不能成立，专利权人可以在起诉前对侵权销售商进行告知，如通过律师函将专利信息、有权证明、实用新型及外观设计专利权评价报告及侵权分析等材料一并向对方送达，要求销售者在限定期限内停止侵权行为并销毁侵权产品。若销售者在网络平台，专利权人还可以通过向电子商务平台经营者投诉的方式告知销售者其销售行为涉及侵权。确实存在善意的销售者在接到律师函或投诉后，会将产品下架，不再销售，但也有一些商家仍然我行我素，对律师函置若罔闻。在对销售者进行专利侵权诉讼时，提供以上告知证据便可应对销售者"合法来源"的抗辩，使其承担应尽的赔偿责任。

怎样确定专利侵权赔偿数额？

专利权侵权纠纷案件其侵权赔偿额的确定具有先后顺序：首先，以权利人所受到的实际损失或者侵权人因侵权所获得的利益确定；其次，权利人的损失或者侵权人获得的利益难以确定的，参照专利许可使用费的倍数合理确定。对故意侵犯专利权，情节严重的，可以在按照上述方法确实数额的一倍以上五倍以下确定赔偿数额。以上均无法证明的情况下，人民法院采用三万元以上五百万以下酌定赔偿。但在实务操作中，专利权人举证证明被侵权所受到的实际损失或侵权人因侵权所获得的利益是极其困难的。即使能够通过保全证据方式取得侵权行为人的账册和销售资料，仍然需要通过司法审计来确定侵权产品的销售数量或侵权所得，但在实务操作中，真正具备这种证据条件的案件并不多见，近90%的案件均采用酌定赔偿方案。

选用酌定赔偿方案不意味着放弃对赔偿数额的举证责任，而恰恰应该在侵权持续时间、企业规模、社会影响、主观恶性、专利技术含量、是否以侵权产品为主要盈利业务等方面履行举证责任。所以在知识产权侵权诉讼中，即使想最终依赖法官的自由裁量，仍然要积极举证，给法官提供一个自由裁量的依据。

 不知道专利侵权、不懂专利法规定是否可以免责？

在专利侵权行政投诉及侵权诉讼中，被投诉人或被告人往往以"我不懂专利法""我不知道专利侵权了"等理由进行抗辩，这种抗辩是否能够得到法院支持呢？

生产者、制造者对于其生产的产品承担更严格的注意义务，目前法律没有对善意生产者免责的规定。

而销售者若以"不知情"等主观善意事由来抗辩并能够提供其所售商品的合法来源及生产者，则可以免除赔偿责任。反之，若销售者无法提供其所售商品合法来源的证据，而仅以专利法专业性强，没有经过专业学习、训练，无法判断所销售产品为侵权产品，也不知道所销售产品没有经过权利人许可等事由抗辩，是无法达到免除赔偿责任的目的的。

例如，甲公司生产一种土豆膨化食品，有袋装及盒装两种包装，乙超市购买了甲公司的系列土豆膨化食品进行零售。之后甲公司与乙超市被丙公司以侵害外观设计专利权诉至法院。经查证，其盒装产品的外包装已被丙公司申请了外观设计专利。庭审时甲公司与乙超市均以不懂专利、不知是侵权产品来抗辩，乙超市还提供了进货清单及发票并当庭声明所售货物为甲公司所生产。最终法院判决甲公司停止生产、销售、许诺销售侵权产品，并赔偿丙公司5万元。而乙超市因合法来源抗辩成立，被判停止销售侵权产品，不承担赔偿责任。

> **实战小贴士**
>
> 面对其他个人或企业发出的侵害专利权律师函、管理专利工作的部门发出的投诉通知、法院送达的侵害专利权应诉通知时，企业应积极收集不侵权及不承担赔偿责任的证据，单纯的"不知""不懂"是不能免责的。

什么是专利侵权中的禁止反悔原则？

禁止反悔原则简单来说是指专利权人通过修改或意见陈述等形式放弃专利技术方案后，在侵犯专利权纠纷案件中不能再主张已放弃或限缩的技术方案。在申请阶段，当审查员提出专利不符合形式或实质要求的审查意见时，为了符合专利的授权要求而对申请文件的权利要求书、说明书进行修改或意见陈述的内容，专利权人不得反悔。在之后主张权利时，被修改、限缩的内容不再享受专利相关保护。除了专利申请阶段，对于专利的修改还存在于专利无效宣告阶段，为了保持专利的有效性而对专利进行的限缩性修改或意见陈述也具有法律效力，不能出尔反尔。禁止反悔原则是诚实信用原则在专利法上的具体体现，专利权人在申请阶段及无效宣告阶段中已许诺的技术方案不能再在侵权纠纷中重新被纳入专利的保护范围。

例如，某发明专利的权利要求为"一种防治钙质缺损的药物，其特征在于：它是由下述重量配比的原料制成的药剂：活性钙4～8份，葡萄糖酸锌0.1～0.4份，谷氨酰胺或谷氨酸0.8～1.2份。"该专利在申请公开文本中的独立权利要求并非"活性钙"，而是"可溶性钙剂"。在审查过程中，审查员认为该权利要求书中使用的上位概念"可溶性钙剂"包括葡萄糖酸钙、氯化钙、乳酸钙、碳酸钙或活性钙等各种可溶性的含钙物质，属于宽泛的保护范围，而申请人在说明书中仅对其中的"葡萄糖酸钙"和"活性钙"提供了配制药物的实施例，对于其他的可溶性钙剂没有提供配方和效果实施例，权利要求在实质上得不到说明书的支持，应当对其进行修改。申请人根据审查员的意见，对权利要求书进行了修改，将"可溶性钙剂"修改为"活性钙"。在最后的判决中，法院将对权利要求书的修改视为专利权人对包含"葡萄糖酸钙"的技术特征的放弃，因而认定被告所生产的产品"葡萄糖酸钙锌口服溶液"不在"活性钙"的保护范围之内。

 实战小贴士

　　禁止反悔原则通俗来讲就是申请人修改专利的行为或意见陈述的观点没有回头路，已放弃的技术方案不再受专利法的保护。所以企业在专利修改及无效宣告程序中要谨言慎行。

51问 什么是现有技术抗辩或现有设计抗辩？

　　我国专利法规定，在专利侵权纠纷中，被控侵权人有证据证明其实施的技术或者设计属于现有技术或者现有设计的，不构成侵犯专利权。在专利侵权纠纷中，被控侵权人举证证明被控侵权技术或设计为现有技术或现有设计来主张不侵权的行为即为现有技术抗辩或现有设计抗辩。

　　现有技术，是指申请日以前在国内外为公众所知的技术。所以判断现有技术的时间节点是一具体专利的申请日，专利申请日以前存在的为公众所知悉的技术均为现有技术。此处需注意，技术秘密虽然存在于某一专利的申请日以前，但由于以保密的方式存在，没有进入公共领域为公众所知悉，所以不能成为现有技术。

　　在对现有技术或现有设计抗辩的运用中，现有技术或现有设计包含的范围较广，不仅包括进入公共领域的公众想得即可得的现有技术或现有设计，还包括已经公开的现有专利技术及外观设计，甚至专利权人在前公开的专利技术或外观设计。例如，甲公司拥有"一种格栅地板"的实用新型专利，在发现乙公司生产侵权产品后对其提起侵害实用新型专利权侵权诉讼。乙公司在搜集证据时检索到甲公司另一在先申请的外观设计专利，此外观设计专利图纸较为具体，被诉侵权产品所有技术特征均已被此外观设计专利公开。乙公司就此提出现有技术抗辩，并得到法院支持，最终被判定不构成对"一种格栅地板"实用新型专利的侵权。

由此可见，专利权人的其他专利亦能构成被控侵权人现有技术抗辩成立的证据。此处专利权人亦是此外观设计专利的权利人，可以考虑以被控侵权人侵害外观设计专利权来提起诉讼，而非侵害在后的实用新型专利权，此在前外观设计专利亦是破坏实用新型专利新颖性及创造性的在先技术。

什么是先用权抗辩？

在专利申请日前已经制造相同产品、使用相同方法或者已经作好制造、使用的必要准备，并且仅在原有范围内继续制造、使用的，不视为侵犯专利权，此即为先用权抗辩。先用权抗辩必须满足三个条件：在专利申请日前；已经研发出与专利技术相同的技术方案；在原有范围内，即不超出原本可达到的生产规模。

在使用先用权抗辩时，被诉侵权方需要提供满足以上三个条件的证据。例如，B公司被诉侵害他人实用新型专利权，此专利权涉及一种医疗辅助器材，专利申请日为2017年6月2日。为证明不构成对专利权的侵害，B公司向法院提交了2016年12月5日的厂房租赁合同、时间跨度自2016年6月至2017年8月的研发部门原始设计图稿及内部电子信件往来资料、购进原材料的购货清单及打款银行流水、制造此医疗辅助器材所需加工设备的定购合同及定金打款记录。经过双方质证，法院最终认定B公司所提交的材料能够证明其在专利申请日2017年6月2日之前即已具备加工制造此医疗辅助器材的条件,先用权抗辩成立,不构成对专利权的侵权。

> **☞ 实战小贴士**
>
> 具有先用权的主体应当注意,只有在原有范围内继续制造、使用才不构成侵权,超出原有范围的制造及使用行为依然能够构成侵权。

53问 如何才能更有效地保护好专利?

很多企业投入大量的人力与资金申请了专利,但在专利保护工作上却不知如何着手,好不容易着手推进维权活动,却又被告知与自家产品一样的产品不在专利权的保护范围之内,不构成侵权。例如,李某申请了一项关于换热器的实用新型专利,将专利作为宣传突破口,产品在本地消费者中很受欢迎。但产品上市第二年,当地市场上出现了多种仿冒产品,导致其销量下降。于是李某向当地管理专利工作的部门投诉,要求查处侵害其专利权的行为。管理专利工作的部门受理案件后安排了口头审理,被控侵权人辩称被控侵权物没有落入专利权的保护范围,主张自己的行为不构成侵权。经过分析发现,涉案专利权利要求书只包含一个权利要求,涵盖了大量的技术特征,被控侵权产品在某些技术上进行了改进与变更,未落入其专利权的保护范围。

专利维权的根本是已授权专利的申请质量,一个专利的价值在专利申请阶段就已经被决定了。发明专利再有创造性,只要专利布局不合适,也会影响后续维权的正常进行。目前企业舍得花费高价聘请律师应对专利侵权诉讼,但却不舍得在专利申请阶段投入资金。所以笔者建议,专利申请是技术保护之根基,值得花费较大比重的经费去规划、保护,否则再好的维权律师也无法拯救一个低质量的专利。

| 专利无效 |

自国务院专利行政部门公告授予专利权之日起,任何单位或者具有民事主体资格的个人认为该专利权的授予不符合本法有关规定的,可以请求国务院专利行政部门宣告该专利权无效。随着中国经济的蓬勃发展,自主科技研发与维权意识的增强,我国每年的专利申请量出现爆发式增长。根据世界知识产权组织(WIPO)引用数据称,中国在2016年的国际专利申请数量上排名世界第三,可能在最近两年就会在这个指标上超过美国。专利申请量的猛增,推动专利侵权案件逐年增多。加上苹果与三星、华为与三星等国际性大企业的专利大战及巨额专利侵权赔偿,越来越多的企业和个人愿意通过法律途径解决专利纠纷问题。在专利侵权诉讼中,专利权的无效宣告程序往往被被告用来作为与专利权人进行抗衡的"武器",通过专利无效程序这种救济途径,一是审理专利侵权诉讼的法院会根据专利是否进入无效程序决定侵权诉讼是否中止,故而被告可拖延开庭期限,为自己争取更长时间应对专利侵权诉讼,消除网站宣传信息等对自己不利证据,在面临侵权败诉时的尽量减少赔偿数额,增加原告维权成本,消耗原告维权热情,降低原告心理预期,为下一步调解做铺垫;二是若能成功通过无效宣告程序,则从根本上清除了被告将来生产、制造、销售所面临的障碍。

所以专利无效程序更多的时候是专利侵权案件的伴生品、被诉侵权人自我保护的一种救济途径，有时也作为专利权人考验自身专利权稳定性的一种操作模式，在企业专利保护上具有重要的价值。

为什么会存在专利无效宣告程序？

专利无效宣告程序是请求国务院专利行政部门对已授权专利宣告无效的一种程序，其实质是借助无效宣告程序来纠正专利授权不当。那么既然已经通过审查，为什么还会存在不当授权专利呢？这是因为专利在申请阶段由审查员对申请文件进行程序或实质性审查，审查过程中，审查员在进行新颖性、创造性判断时会在相关技术领域检索相关技术信息，如已申请专利、市场存在产品、专业著作、专业期刊等，与待审查专利进行技术比对，但审查员无法穷尽所有相关技术进行技术比对，仅以其检索到的同技术领域技术为基础对专利申请进行授权或驳回。

此外，根据我国目前的审查制度，对实用新型专利及外观设计专利仅进行程序性审查，不作实质性技术判断，所以即便是已授权专利也不能说明其包含的技术方案具备《专利法》所要求的新颖性及创造性。

专利无效宣告程序的设置就是为了解决以上审查阶段存在的主观及客观原因导致的已授权专利不具备专利性的问题。任何单位及个人对于已授权专利存在异议，均可通过专利无效宣告程序来取消现有专利，尤其是相同技术领域的相同技术实施者或利害关系人。专利无效宣告程序多伴随专利侵权诉讼案件出现，是专利侵权案件的忠实"伴侣"。例如，甲公司因生产一种化学添加剂而收到乙公司发送的律师函，乙公司在律师函中主张甲公司生产的添加剂侵害其"一种化学添加剂"发明专利权，若再不停止生产、销售行为就会提起侵权诉讼。甲公司研究后，在乙公司提起专利侵权诉讼之前提起专利无效宣告程序，并向合议组提交了此添加剂为现有技术的证据。最终，乙公司"一种化学添加剂"发明专利被全部宣告无效，解除了甲公司经营的后顾之忧。

> **实战小贴士**
>
> 企业面临竞争对手的专利垄断地位，可以尝试通过专利无效程序请求宣告其专利权无效，打掉竞争对手市场及技术垄断，推广自己的产品及技术，提高市场占有率。

55问 提起专利无效宣告程序的流程是怎样的？

一、提起主体。在专利授权后，任何单位或个人均可向国务院专利行政部门提出宣告专利无效的请求，包括专利权人。

二、宣告客体。宣告客体为已公告授权的专利，包括有效专利、因期限届满而已终止的专利、期限未届满就已终止的专利，如专利权人未缴纳年费或主动申请终止的专利。对于还处于程序审查、实质审查中未授权的专利申请不能提出宣告无效请求。

三、提起形式。专利无效宣告程序应以书面形式向国务院专利行政部门提出，其中包含无效宣告请求书、提出无效宣告请求的具体理由、证据，无效宣告理由应根据所提供证据进行有针对性的陈述、论证。委托代理机构提起的还应提交委托代理手续。

四、费用。请求人应当自无效宣告请求日起一个月内缴纳无效宣告请求费，其中发明专利为3000元，实用新型专利为1500元，外观设计专利为1500元。以上请求费应足额缴纳并且不能申请减缓，未足额缴纳的视为未提出请求。

五、受理及审查情况。请求人提交书面请求并在请求之日起一个月内足额缴纳无效宣告请求费后，若形式审查合格，国务院专利行政部门会在受理后发出无效宣告请求受理通知书，并将无效宣告请求书及相关证据材料副本转发给专利权人，限专利权人在收到通知书后一个月内提供答复意见。国务院专利行政部门组成合议组，合议组根据案件具体情况及双方当事人的请求决定是否进行口头审理。

六、无效宣告请求的撤回。无效宣告请求人在指定的期限内对国务院专利行政部门发出的口头审理通知书未作答复，并且不参加口头审理的，其无效宣告请求视为撤回。在口头审理期间，当事人双方亦可进行调解，并在国务院专利行政部门作出审查决定之前申请撤回无效宣告请求。但国务院专利行政部门认为根据已进行的审查工作能够作出宣告专利权无效或者部分无效的决定的，不终止审查程序。

七、宣告无效的专利权视为自始即不存在。

56问 专利权人在专利无效宣告程序中应怎样应对？

国务院专利行政部门受理无效宣告请求后，会向专利权人转发无效宣告请求书及相关文件副本，包括请求人提供的证据材料。专利权人在收到此通知书后一个月内应当向国务院专利行政部门提供答复意见及证据材料。应当注意的是，此答复意见及证据应提供一式两份，一份提供给国务院专利行政部门，另一份转发给请求人。

对于证据审查及质证可参考民事案件对于证据的要求，专利权人主要针对无效宣告请求人所提供证据的真实性、合法性及关联性进行论证，必要时可提供反证来抗辩，论证请求人所提供的证据不能支持其请求。例如，无效宣告请求人提供一供货合同来证明专利技术为现有技术，那么专利权人可以从此合同是否是原件、签订合同主体、是否有公章、打款记录、合同所载单价及供货数量与打款记录是否吻合、日期等方面论证其真实性及合法性，从合同是否能体现产品技术方案等方面论证其与涉案专利是否具有关联性。积极参加口头审理，有利于合议组对技术方案的理解，并能对请求人所提供的证据进行更直接的质证与辩驳，以争取更理想的审理结果。

专利权人在面临专利无效宣告程序时，应当对权利要求书进行详细研究，分析权利要求书中最重要、最想保护的技术方案。若存在专利侵权纠纷，还应当综合考虑涉案侵权产品的技术特征，是否在专利被修改后还能落入其保护范围。

注意禁止反悔原则的法律风险。专利权人在专利无效宣告程序中对专利所作的修改及解释具有法律效力，专利权的保护范围缩减后，所放弃的专利技术特征将不再受到法律保护。

对于无效宣告结果不满意的，可以在收到决定之日起三个月内向北京知识产权法院提起行政诉讼。

57问 专利无效宣告程序在专利侵权纠纷中有什么作用？

很多企业在参加商品展览会、展销会等活动时有过因涉嫌侵害他人专利权而被投诉的经历。根据《展会知识产权保护办法》的规定，展会时间在三天以上（含三天），展会管理部门认为有必要的，展会主办方应在展会期间设立知识产权投诉机构。设立投诉机构的，展会举办地知识产权行政管理部门应当派员进驻，并依法对侵权案件进行处理。一旦被投诉，轻者会影响展台的外在形象，削弱展销效果，重者会面临撤展、产品下架的后果。此外，在日常生产及销售中，亦会出现在管理专利的工作部门被投诉、在法院被起诉的现象。若产品真的涉及专利侵权，那么企业理应将其下架并停止生产、销售等经营行为；但恶意投诉及起诉会严重影响企业形象及客户的代理信心，当遭遇此种情况时，企业应采取有效措施捍卫自身利益。

面对诸如被投诉、被起诉等专利侵权纠纷时，提起涉案专利的无效宣告程序会有帮助。专利被宣告无效后自始无效，不再具有排除他人制造、使用、销售等功能。即便是仅处于无效宣告请求程序之中，负责专利执法的部门对侵犯专利权的投诉或者处理请求也不予受理。所以面对恶意投诉的专利权人，企业可以预防性地对专利提出无效宣告申请，以求生产经营和展览、展销活动等正常进行。例如，A公司是一家专业生产电动车的公司，每年都参加大型展销会，其有一款自主研发的电动车销路很好，但A公司并没有申请专利保护。后B公司为此技术申请了实用新型专利并获得专利权，在业界大力进行宣传，而A公司由于知识产权保护意识淡薄，并未对此专利提出无效宣告申请。在2018年最大的一次展销会上，B公司就A公司制造、销售、许诺销售侵害其实用新型专利权的电动车一事向当地负责专利执法的部门投诉，经专利侵权比对，负责专利执法的部门认定A公司参展电动车构成侵权，要求立即停止侵权行为，将侵权电动车撤出展会，A公司因此受损严重。A公司若能够重视企业专利的法律风险防控，则完全可以在发现B公司取得专利权后，或在参加展销会前预防性地对此专利提出无效宣告申请，避免被撤展的尴尬局面。

此外，在专利侵权诉讼中，专利的无效宣告程序亦是被诉侵权人最为常用的防护手段。专利被宣告无效，侵权判定就失去了依据，可以从根本上解除后续生产、销售的后顾之忧。即便无效宣告申请不能取得成功，也会给企业争取更多的应诉时间及谈判砝码，降低权利人的期待值。

商业秘密

商业秘密是企业发展创新的核心要素，在国内外经济竞争中，其重要性日益凸显。在世界市场竞争中，美国、英国、法国、德国、日本、韩国等国家，为了保护本国企业的商业秘密，纷纷在立法、司法、执法等各方面强化了商业秘密的保护，这些变化主要体现在：降低商业秘密权利人维权的门槛、扩大了刑事处罚的范围、加重了侵权者的法律责任。近年来，中国针对商业秘密侵权日益高科技化、隐蔽性强、维权困难等问题，也进行了一系列的变革，为在中国经营的中外企业保驾护航。

企业的管理者最经常遇到的商业秘密侵权人，往往是自己的（前）员工或者（前）合伙伙伴。"堡垒往往最先从内部攻破"，那么，从内部做好防范，才是最有效的防止商业秘密外泄的措施。商业合作或聘用员工，首先都要签订保密协议，明确保密的范围和违约责任；但是保密协议只防君子不防小人，仅靠保密协议来保护商业秘密是远远不够的。比如从员工聘用的角度来说，从外部聘用企业员工，特别是高级职位的聘用，要做好员工入职前的调查，避免竞争对手派遣人员卧底，窃取商业秘密后再离开；入职后，要做好保密培训，树立新员工的保密意识；工作中，建立商业秘密的分级管理制度，避免无关人员接触商业秘密；离职前，要做好工作交接，并提醒其遵守保密义务。除此以外，为有效保护商业秘密，还需要采取相应技术防范措施，比如企业门禁管理，对不同的工作区域，设置不同的进入权限，避免访客和其他人员误入保密区域；比如内部资料管理，进入管理系统需要用户名和密码，密码会定期更换，访问管理系统会留下全部记录，超出正常使用数量的下载复制等异常使用行为会被重点监测，很容易追查泄密行为。

商业秘密可以为权利人带来巨大的经济利益，不法分子为谋取不正当的利益，会采取各种非法手段，侵犯他人的商业秘密，给商业秘密权利人造成重大损失。为加强商业秘密的保护，可以通过民事程序、行政程序、刑事程序等及时制止侵权行为，最大限度地维护权利人的合法权益，提高商业秘密保护的整体效果。

58问 什么是商业秘密？

商业秘密是指不为公众所知悉、具有商业价值并经权利人采取相应保密措施的技术信息、经营信息等商业信息。商业秘密需要具备以下要件：

一、秘密性

秘密性，即不为公众所知悉，这是商业秘密的核心特征，是指权利人所主张的商业秘密未进入"公有领域"。秘密性是商业秘密与专利技术、公知技术相区别的最显著特征，也是商业秘密维系其经济价值和法律保护的前提条件。一项为公众所知、可以轻易取得的信息，无法享有优势，法律亦无需给予保护；一项已经公开的秘密，会使其拥有人失去在竞争中的优势，同样也就不再需要法律保护。

二、价值性

商业秘密的价值性是指能为权利人带来商业价值，这是法律保护商业秘密的目的。商业秘密的价值性包括"现实的或者潜在的经济利益或者竞争优势"，不以现实的价值为限。例如，在技术上，含有技术秘密的新产品、新材料、新工艺使产品拥有性能稳定、质量可靠的特点，或者能够降低产品成本、节约原材料；在商务方面，经营信息的持有和运用能够拓宽商品销路或提高商品销售价格。

三、保密性

商业秘密的保密性是指商业秘密经权利人采取一定的保密措施，从而使一般人不易从公开渠道直接获取。保密性使得竞争对手在正常情况下难以通过公开渠道直接获悉该信息。如果权利人对一项信息没有采取保护措施，而是放任其公开，则该信息不属于商业秘密保护范围。例如，曾有公司起诉离职员工侵犯其商业秘密，但是公司提供的成果鉴定证书显示密级为公开，因此，法院判决驳回原告公司的诉讼请求。秘密性的判断应当以合理性为标准，要求权利人采取万无一失的保密措施是不切实际的，因此仅要求持有信息的人采取措施并合理执行，而不要求措施万无一失。

商业秘密权与专利权的区别是什么？

商业秘密权与专利权的区别如下：

一、是否为公众所知悉。商业秘密的前提是不为公众所知悉，就是不能处于公开状态。而专利权都要求公开，而且要达到充分公开的程度。充分公开也不是说要把所有的技术秘密都毫无保留地写出来，而是别人用专利权人提交给专利局的专利文件，能够实施并解决技术问题。

二、与专利权相比，商业秘密是一项相对的权利。商业秘密权不具有排他性。如果其他人以合法方式，比如独立研发或者通过反向工程取得了同一内容的商业秘密，他们就和第一个人有着同样的地位。商业秘密的拥有者不能阻止其他已经掌握该商业秘密的人使用、转让该商业秘密。而专利权在有效期内，其他人即使是独立研发出同一专利技术，也不能使用，更不能转让。

三、商业秘密的保护期不是法定的，而是取决于权利人的保密措施和其他人对此项秘密的公开。一项技术秘密可能由于权利人保密措施得当和技术本身的应用价值而延续很长时间，远远超过专利技术受保护的期限。专利权保护是有固定期限的，比如发明专利的保护周期是二十年。而可口可乐配方，因为是用商业秘密的形式予以保护，所以一百多年过去了，仍然受法律保护。当初如果使用专利予以保护，现在可口可乐配方已经属于公知技术，任何人都可以使用。

 企业内部对商业秘密的保护措施有哪些？

保护自己的商业秘密和核心技术，是摆在每个科技企业面前的重要课题。为了防止接触企业商业秘密的劳动者私自带走企业的商业秘密，企业在内部管理上，可以采取以下措施保护自己的商业秘密：

一、与职工签订保密合同以保护商业秘密。企业可以在劳动聘用合同中，与相关人员订立保密协议及竞业禁止协议。保密协议应明确企业商业秘密的范围、保密期限、双方的权利义务（特别是职工的保密义务）、违反保密协议的法律责任等内容，劳动者承诺承担相应的保密义务、违约责任以及在离职后的一定期限内不开展与原用人单位竞争的业务或受雇于竞争公司。

二、采用经济手段保护商业秘密。对于接触商业秘密的研究开发人员、技术人员、经营管理人员，企业可用优厚的待遇留住他们，如给予优厚的工资、奖金、职位、津贴待遇或者直接将其吸纳为企业的股东等，以此来保护商业秘密。

三、建立健全商业秘密保护制度。首先，企业可以根据自身特点，制订出一套以商业秘密保护为核心的管理制度,明确商业秘密的具体内容和范围,明确各级相关人员应负担的保密责任。其次,还应该将商业秘密保护纳入企业日常管理,由专人负责入职员工的保密教育、保密协议的签署及执行考核,对泄密单位、责任者按管理制度予以处罚。

四、采取相应技术防范措施。首先,设立门禁管理制度,来访人员按照流程办理登记手续,不允许任意走动;企业员工也要根据工作性质设置不同的权限。另外,建立内部资料管理制度也很重要,访问管理系统及对外联络都会留下全部记录,异常使用行为会被重点监测,很容易追查泄密行为。通过黑客窃取企业商业秘密的行为越来越多,企业还可以根据需要建立自己的防黑客系统,既可以购买市场上的防黑客软件,也可以聘用防黑客专业人员。

企业在外部交往中保护商业秘密的措施有哪些?

市场交往中伴生着商业秘密被泄露的风险,为了避免泄密,不管从事何种商业交往行为,都要签订商业秘密保护合同。在合作开发、委托开发、技术转让、商业咨询等市场交往中,需要签署不同类型的协议保护企业商业秘密。以下是企业经常遇到的涉及商业秘密的合同类型:

一、合作开发合同,是指当事人各方就技术秘密共同开发所订立的合同。开发完成的技术秘密,除合同另有约定的以外,应归合作开发各方共有,因此,共有各方均有保护技术秘密的义务。

二、委托开发合同,是指当事人一方委托另一方进行技术秘密的研究开发所订立的合同。委托开发所完成的技术秘密,除合同另有约定的以外,归研究开发人,即受托人所有。当然也可以在合同中约定开发完成的技术秘密归委托方所有，受托人负有保密义务。

三、技术秘密转让合同，是指技术秘密成果的权利人或者被授权的人作为让与人将技术秘密提供给受让人，明确相互之间技术秘密成果使用权、转让权，受让人支付价款或者使用费所订立的合同。许可的方式包括独占许可、排他许可、变通许可、交叉许可、分许可和混合许可等。不论签订何种方式的许可合同，许可方与被许可方均要签订保密合同，或者是在许可合同中明确约定保密条款。

四、专项咨询及服务合同。企业在经营中遇到专门问题，如产品设计、生产、财务制度的建立及法律事务等，可能求助于专业的咨询服务机构，相关机构在从事咨询及服务工作的过程中可能知悉企业的商业秘密，而且有可能同时为竞争企业提供咨询和服务，所以应该签订保密合同。而且，这些专业机构事先拟就的格式合同条款，特别是商业秘密保护的条款大多比较笼统，对企业保护商业秘密不利，所以企业应当修改合同条款的模糊之处，使其明确清晰并方便履行，便于追责，从而实现公平地保护企业的商业秘密的目的。

五、企业在进行投资、并购等情形下，会将企业的商业秘密交给相对方进行论证和评价，存在泄密风险。这时主合同是否签订尚不能确定，企业可以与相对方签订对商业秘密的保密合同，约定合同相对方的保密义务和不超出约定范围使用的义务。

问62 商业秘密侵权案件有哪些特点？

一、侵权主体相对固定，以企业跳槽员工和商业上的合作伙伴为主。一切以不正当手段获取或者使用商业秘密，给权利人造成严重后果的民事主体，都可能构成侵犯商业秘密。根据司法经验总结，商业秘密的侵权主体主要有以下三类人群：企业员工或前员工、在与企业的经济交往中知悉企业商业秘密的其他企业或人员、其他通过非法手段窃取企业商业秘密的企业或个人。

二、商业秘密的侵权客体具有广泛性。企业的技术信息和经营信息都可能成为侵犯商业秘密的客体，包括设计、程序、产品配方、制作工艺、制作方法、管理诀窍、客户名单、货源情报、产销策略、招投标中的标底及标书内容等，范围广泛。

三、侵权行为具有隐蔽性。侵权行为在很大程度上是在秘密的状态下进行的，侵权人常常在隐蔽条件下完成侵权行为，并将商业秘密改造或改进后投入使用，导致侵权行为难以被发现。

四、侵权手段的复杂化和高科技化。随着科学技术，尤其是电脑和互联网技术的发展，如今的商业秘密向电子化、无纸化方向发展，侵犯商业秘密的手段也变得更加多样，如黑客窃取等，难以被权利人及时发现。

哪些行为是侵犯商业秘密的行为？

一、以盗窃、贿赂、欺诈、胁迫、电子侵入或者其他不正当手段获取权利人的商业秘密，构成侵犯商业秘密。以盗窃手段获取商业秘密，是指以非法占有为目的，秘密窃取权利人的商业秘密，包括单位内部人员盗窃、外部人员盗窃、内外勾结盗窃等。以贿赂手段获取商业秘密，是指以金钱、物品或者其他利益为诱饵，让掌握商业秘密的人员提供商业秘密。以欺诈手段获取商业秘密，是指一方以欺诈手段使对方在违背真实意思的情况下提供商业秘密。以胁迫手段获取商业秘密，是指行为人采取恐吓、威胁的手段，迫使他人提供商业秘密。以电子侵入手段获取商业秘密，是指通过拖库撞库、端口监听、爬虫软件等黑客手段非法进入他人计算机系统获得商业秘密，包括进入所有存储有他人商业秘密信息的电子载体，如数字化办公系统、服务器、邮箱、云盘、应用账户等。以其他不正当手段获取商业秘密，是指上述行为以外的其他非法手段，如通过商业洽谈、合作开发、参观交流等机会获取他人的商业秘密等。

二、披露、使用或者允许他人使用以前项手段获取的权利人的商业秘密，构成侵犯商业秘密。披露，是指将权利人的商业秘密向不特定的其他人公开，使其失去秘密价值。不论出于何种目的和动机，只要实施了披露的行为即构成侵权。使用，是将自己非法获取的商业秘密用于生产或者经营。允许他人使用，是指允许他人将自己非法获得的商业秘密用于生产或者经营，包括有偿使用和无偿使用，无论是否有偿，都构成侵权。如果第三人从侵权人那里获悉了商业秘密而将秘密披露或使用，同样构成侵权。

三、违反保密义务或者违反权利人有关保守商业秘密的要求，披露、使用或者允许他人使用其所掌握的商业秘密，构成侵犯商业秘密。合法掌握商业秘密的人，可能是与权利人有合同关系的对方当事人，也可能是权利人单位的工作人员或其他知情人，上述行为人违反合同约定或法律规定的保密义务，将其所掌握的商业秘密擅自公开，或自己使用，或许可他人使用，即构成对商业秘密的侵犯。即使双方没有约定的保密义务，违反法定的保密义务，披露、使用或者允许他人使用其所掌握的商业秘密也属于侵犯商业秘密的行为。

四、教唆、引诱、帮助他人违反保密义务或者违反权利人有关保守商业秘密的要求，获取、披露、使用或者允许他人使用权利人的商业秘密，构成侵犯商业秘密。即使未直接违反保密义务或者违反权利人有关保守商业秘密的要求，仅从事了教唆、帮助、引诱行为的间接侵权，也构成商业秘密侵权，权利人也无须再通过主张共同侵权来追究其责任，大大减轻了权利人的举证负担，更加有利于权利人的维权。

五、第三人明知或者应知商业秘密权利人的员工、前员工或者其他单位、个人实施前面所列的违法行为，仍获取、披露、使用或者允许他人使用该商业秘密的，视为侵犯商业秘密。第三人是指直接获得权利人商业秘密的行为人以外的人，有善意第三人与恶意第三人之分，是否明知或者应知是判断是否具有恶意的标准，恶意第三人才构成侵犯商业秘密，善意第三人不构成侵权。比如，权利人的员工跳槽前往第三人处就职，该员工将从权利人处非法获得的信息提供给第三人，而第三人明知或者应知商业秘密是非法获得的，但还是为谋取利益而使用该商业秘密，就构成了侵犯商业秘密行为。

 商业秘密侵权案件中权利人有哪些需要举证的内容？

在商业秘密侵权案件中，商业秘密的权利人需要提供证据证明如下方面：

一、权利人合法拥有商业秘密。商业秘密权利人提起诉讼，应当提供商业秘密的载体，固定其主张的商业秘密的范围或者秘密点，也就是商业秘密权利人请求保护的技术信息与公知公用信息的区别点。如商业秘密是由若干部分组成的，权利人应明确整体或组成部分均是商业秘密，而不能只笼统地提出拥有商业秘密而不阐述具体内容，或者将自称的一堆技术信息不加甄别地作为商业秘密提交法院请求保护。而且权利人应当对其采取的保密措施承担举证责任。权利人必须证明采取了具体的保密措施，所采取的保密措施在当时、在当地特定的情况下是合理、恰当的。

二、侵权方存在侵权行为。首先，权利人应取得侵权方以盗窃、贿赂、欺诈、胁迫或者其他不正当手段获取权利人的商业秘密等侵权行为的证据。实践中，受侵权行为的隐秘性及取证手段的限制，权利人往往求助于司法机关，由法院采取证据保全等措施固定侵权证据。一般情况下，在法院作出保全决定之前，应当由权利人提供初步侵权证据，证明侵权行为存在，权利人应将侵权方的信息与自己的商业秘密进行比较，判断二者的同一性。

三、侵权方应承担的赔偿数额。权利人被侵权所受到的实际损失或者侵权人因侵权所获得的利益，都可以作为权利人计算赔偿数额的依据。权利人二选一选定计算赔偿额的方法后，按照法律要求准备相应证据。如果权利人难以提供上述证据，将由人民法院根据侵权行为的情节判决给予权利人五百万元以下的赔偿。赔偿数额还应当包括经营者为制止侵权行为所支付的合理开支。合理开支一般包括交通费用、公证费用、委托律师的律师费。

65问 商业秘密侵权案件有哪些取证方法？

发现侵犯商业秘密的行为后，权利人必须收集到充分的证据才有胜诉的可能，否则将承担败诉的结果。由于商业秘密案件的专业性和复杂性，有时候除了权利人自己取证的方式外，还包括以下几种取证方式：

一、委托专业律师调查取证。擅长处理商业秘密案件的专业律师有能力为企业保护商业秘密调查取证。委托具有商业秘密法律知识和丰富经验的律师调查取证是一个更有效、更明智的选择。并且，法律赋予了律师在不同阶段享有不同程度的调查取证权，这项权利给律师调查取证提供了便利条件。

二、通过公证机关取证。法律规定，经公证的法律行为、有法律意义的事实和文书，应当作为认定事实的根据。因此，商业秘密权利人可以充分利用公证机关的公信力，在诉讼前保全重要的证据，以免侵权人销毁证据或以后难以取证。通过公证机关对某些行为或事实进行公证也是一种有效的取证方式。

三、向法院申请证据保全。法律规定，在证据可能灭失或者以后难以取得的情况下，诉讼参加人可以向人民法院申请保全证据。提出诉前证据保全申请，应当以书面形式，且一般应在举证期限届满前提出。在诉前阶段，当商业秘密权利人收集侵权人侵权的证据时，发现侵权人正在积极毁灭、转移证据，或者由于证据自身的特性存在可能灭失的情况，可以申请法院采取诉前证据保全，人民法院受理申请后，审查认为符合诉前证据保全条件的，裁定予以批准，并立即执行。

四、申请法院调查取证。对于有些特殊的证据材料，由于企业和个人等权利人是无法取得的，符合下列条件之一的，当事人及其诉讼代理人可以申请人民法院调查收集证据：（一）申请调查收集的证据属于国家有关部门保存并须人民法院依职权调取的档案材料；（二）涉及国家秘密、商业秘密、个人隐私的材料；（三）当事人及其诉讼代理人确因客观原因不能自行收集的其他材料。因此，申请法院调查取证也是商业秘密权利人取证的重要途径。

五、申请行政机关调查取证。商业秘密权利人发现商业秘密被侵犯时，可以向各级工商行政管理机关申请查处。工商行政管理机关在查处过程中有权对侵权产品进行查封，可以根据需要查阅、复制与案件有关的合同、账册等有关文件，询问当事人和证人，采用测量、拍照、摄像等方式进行现场勘验。工商行政管理机关依法通过以上行为获取的文件、笔录和实物都是证明侵权人侵权的有力证据，在法庭上具有很高的证据效力。商业秘密权利人可以根据发现侵权行为时的具体情况，决定是否通过该种途径收集证据。

六、通过公安机关调查取证。商业秘密权利人发现侵害事实时，可以向公安机关报案，公安机关认为满足立案侦查条件的予以立案，并且采用专门的侦查手段调查取证。公安机关是我国法定的侦查案件的机关，拥有强大的侦查力量体、先进的技术设备、丰富的侦查经验以及国家赋予的侦查权力。侵犯商业秘密罪刑事案件一般具有犯罪手段隐蔽、被害人举证困难的特点，选择公安机关介入是比较明智的选择。

66问 企业被诉商业秘密侵权后有哪些抗辩事由？

作为商业秘密侵权案的被告，主要可以从以下三个途径提出抗辩事由：

一、对方依据的商业秘密不存在。主张对方商业秘密不存在的主要依据是商业秘密的构成要件：秘密性、价值性和保密性。只要三要件中任何一个要件不具备，就不能称之为商业秘密，原告就没有了主张侵权的权利基础。一般来说，原告需要就其主张的商业秘密符合构成要件提交必要的证据，这也往往是双方争议的焦点所在。比如不为公众所知悉，但可以从该信息为所属技术或者经济领域的一般常识或行业惯例得知；或该信息仅涉及产品的尺寸、结构、材料、部件的简单组合等内容，产品进入市场后相关公众通过观察即可直接知悉；或该信息已经在公开出版物等媒体上公开披露；或该信息已通过公开的报告会、展览等方式公开等方面举证。

二、自己拥有的商业秘密属于合法取得。法律禁止的是商业秘密的非法获取，并没有赋予商业秘密权利人独占该秘密信息的权利。因此，被告如果是通过合法的方式取得商业秘密，便可以此作为抗辩事由。具体的情形包括自主研发、反向工程、合法受让等合法途径。主张合法取得的抗辩事由，被告负有证明其主张成立的举证责任。从司法实践来看，能否完成对这些抗辩事实的证明取决于平时是否重视对资料的收集、整理和保存。例如，反向工程往往涉及敏感的技术秘密，在实施反向工程时应妥善保管各种单据，如购买产品的发票、货物提单、供货合同、研制进展情况的原始记录等。

三、原告的商业秘密和自己拥有的商业秘密不相同。也就是说，原告依据的商业秘密与被告的商业秘密两者之间不相同亦不实质相同，就不构成侵权。

商业秘密侵权案需要进行哪些司法鉴定？

司法鉴定是指在诉讼活动中鉴定人运用专业知识对诉讼涉及的专门性问题进行鉴别和判断并提供鉴定意见的活动。侵犯商业秘密的案件很可能会涉及专业技术图纸、工艺等普通人无法解决的技术问题，因此需要借助司法鉴定机构的专门知识取得权威的结论。在商业秘密侵权纠纷中，通常会涉及两类鉴定：

一、秘密性鉴定，是指司法鉴定机构判断鉴定商业秘密权利人所主张的技术信息或经营信息是否属于法律规定的商业秘密的鉴定。商业秘密必须具备秘密性，秘密性鉴定是商业秘密鉴定中最为重要的内容。商业秘密具备秘密性，不是要求绝对的秘密性，而是要求相对的秘密性，即只是在相关行业领域内不为一般人员所知悉,允许权利人在采取保密措施的情况下让必要人员知悉。在司法鉴定具体操作中,针对技术信息的"不为公众所知悉",鉴定机构通常针对鉴定申请人提供的检材,用通过自己或委托第三方通过检索而获得的公开出版物与其进行比对,从而得出涉案技术信息是否具备"秘密性"的鉴定结论。

二、同一性鉴定,是指司法鉴定机构判断被诉侵权方的技术信息与权利人构成技术秘密的信息是否相同或实质性相似的鉴定。在司法实践中,同一性鉴定应该围绕秘密点进行,即权利人所主张的具有秘密性的信息或者秘密性鉴定结论中属于秘密性的信息。

侵犯商业秘密需要承担哪些法律责任?

一、民事法律责任。在侵犯商业秘密的民事案件中,侵权方一般应承担停止侵害、赔偿损失等民事责任。停止侵害是为了防止侵权行为给权利人造成更大的损失。给商业秘密权利人造成损害的,应当承担损害赔偿责任。赔偿额按照商业秘密权利人因被侵权所受到的实际损失确定;实际损失难以计算的,按照侵权人因侵权所获得的利益确定。经营者恶意实施侵犯商业秘密行为,情节严重的,可以在按照上述方法确定数额的一倍以上五倍以下确定赔偿数额。赔偿数额还应当包括经营者为制止侵权行为所支付的合理开支。权利人因被侵权所受到的实际损失、侵权人因侵权所获得的利益难以确定的,由人民法院根据侵权行为的情节判决给予权利人五百万元以下的赔偿。商业秘密侵权案件一般不适用消除影响、赔礼道歉的民事责任方式。

二、行政法律责任。在发生侵权行为时,受害人可主动向工商行政管理局请求查处。侵犯商业秘密权人承担的行政责任有:责令停止侵权行为；行政罚款，可以根据情节处十万元以上一百万元以下的罚款；情节严重的，处五十万元以上五百万元以下的罚款。工商行政管理机关还可以对侵权物品作如下处理：责令并监督侵权人将载有商业秘密的图纸、软件及其他有关资料返还权利人；监督侵权人销毁使用权利人商业秘密生产的、流入市场将会造成商业秘密公开的产品。但权利人同意收购、销售等其他处理方式的除外。

三、刑事法律责任。实施了侵犯商业秘密的行为，给权利人造成三十万元以上经济损失时，除了具有法定的免责事由外，还需要承担刑事法律责任。侵犯商业秘密罪的刑事责任为：自然人犯本罪的，处三年以下有期徒刑或拘役，并处或单处罚金；造成特别严重后果的，处三年以上七年以下有期徒刑，并处罚金。单位犯本罪的，对单位判处罚金，并对其直接负责的主管人员和直接责任人员追究刑事责任措施。

一般而言，由于采取民事维权对权利人提出了更高的举证责任，故商业秘密权利人可先采取向公安报案，由公诉机关对侵权人提起刑事诉讼，或先向工商行政管理机关申请查处侵权行为，追究其应承担的刑事、行政责任，然后再向人民法院提起民事诉讼来追究其民事责任。商业秘密权利人可在综合考虑有关情况后，选择对自己最为有利的法律救济途径。

商　标

商标简介

商标俗称"品牌",是企业的产品和服务的"名字"。对于绝大多数普通消费者而言,认识一个企业的产品与服务一般是从认识其品牌开始的。当你走进超市、商场或者在互联网上选购服装鞋帽、电子产品、书籍玩具,当你到餐厅用餐、打车、旅游,无一不是基于对品牌的了解来选择这些商品和服务的,因此,品牌的力量无处不在。好的品牌承载着企业的商誉,是企业重要的无形资产,对企业未来的发展十分重要。所以,现代企业都非常重视对商标的注册、管理与保护。

商标并不是一个简单的概念,它的表现形式多种多样,这是企业经营者首先需要确立的一个认知。随着现代市场经济以及互联网经济的发展,各种各样的商标层出不穷,于是企业绞尽脑汁设计商标,希望能够立刻吸引消费者眼球,迅速获得知名度,从而打开市场。许多企业不再是单纯的拼凑几个汉字或者直接用字号作为商标,而是给自身商品取中文名字的同时也取英文名字,注册中英文商标。许多企业聘请专业的设计公司为产品设计艺术化图案作为商标,期望给消费者带来明显的视觉冲击。还有企业将声音注册为商标,希望消费者听到特定声音就能立刻关联到该企业,网络游戏公司或影视公司往往对声音商标兴趣盎然。许多企业试图保护商品的外形,将其注册为立体商标。还有许多企业将多种颜色排列组合,注册颜色组合商标。这些都是企业为创设更加新颖的商标所作出的努力,这些商标形式也都是符合商标法规定的有效形式。

但是,不是所有新颖的美观的商标都能够受到法律保护,这也是为什么许多企业辛苦设计了商标却无法注册成功，屡屡碰壁的原因。所以，企业在注册商标之前，首先应了解什么样的商标能够注册，什么样的商标不能注册。例如，有些企业会在商标中加入省市名称，即使该企业确实位于该省市，也难以注册成功，因为县级以上行政区划名称不得注册为商标。许多企业将公司标语、广告语作为商标申请，虽然朗朗上口，容易记忆，但容易因缺乏显著性而被驳回。还有企业将产品的型号、形状申请注册商标，这在法律上也是属于缺乏显著性的商标，极其容易被驳回……所以说，企业经营者首先应当对商标有一个正确的认知，然后再设计商标申请注册，避免耗费了大量时间成本与人力物力成本，反而导致商标难以注册。

什么是商标，有哪些特点？

根据《中华人民共和国商标法》（以下简称《商标法》）第八条的规定，任何能够将自然人、法人或者其他组织的商品与他人的商品区别开的标志，包括文字、图形、字母、数字、三维标志、颜色组合和声音等，以及上述要素的组合，均可以作为商标申请注册。可以看出，商标需要具备以下特点：

一、由文字、图形、字母、数字、三维标志、颜色组合和声音等，以及上述要素的组合等要素构成。因此商标必须至少包含上述要素之一，而且只能包含上述要素。而目前除了以上要素之外的其他要素，如气味等，还不能作为商标注册。

二、必须与自然人、法人组织的商品/服务相联系。因为商标是指示商品服务与来源的标记，因此必须与商品/服务相联系，具体表现为商标必须使用在相关的商品或者服务上。因此商标注册时是根据商标指示的商品与服务进行分类,并且按相关分类表进行注册并指定相关的商品/服务的。

三、鉴于商标最大的功能就是"区分产源",因此为了实现这一功能,商标必须具备"显著性"的特点,即商标必须要与众不同,不能过分简单,也不能单纯地由通用名称或者产品的形状等构成。同时,鉴于商标本质上是一种商业标志,因此要具备一个标志所具有的鲜明性、简洁性、便于识记性。因此,好的商标一般具备简明、便于识别、显著性较强的特点。如果由图形构成,通常能给人很强的直观视觉印象,如果由文字构成,或者朗朗上口、便于呼叫,或者有比较好的含义或者暗示意义。

> **☞ 实战小贴士**
>
> 一个成功的商标必然是有记忆点的商标,建议企业在创设商标时,选择便于识别与记忆,视觉效果更直观更明显的商标。

❷问 商标有哪些形式?

从构成上看,目前商标注册实践中使用最多的商标为可视性标志构成的商标,包括文字、图形、文字图形组合商标及立体商标。此外,颜色组合商标乃至声音商标也是目前可以接受的商标形式。

下面是几个典型的商标的例子:

纯文字商标	文字图形结合 （文字为主要显著部分）	图形文字结合 （图形为主要显著部分）
注：以上商标是三星电子有限公司的商标	注：以上商标是三星电子有限公司的商标	注：以上商标是艾可尼斯娱乐公司的商标
纯图形商标	纯图形商标	立体商标
注：以上商标是腾讯科技（深圳）有限公司的商标。	注：以上商标是苹果公司的商标	注：以上商标是PARFUMS CHRISTIAN DIOR的商标

商标注册应符合哪些基本要求？

商标是指能将自己的商品或服务与他人的商品或服务相区分的标志，但是，并不是所有的要素都可以作为商标使用。我国商标法规定，以下要素不得作为商标使用：

一、与我国国家名称、国旗、国徽、国歌、军旗、军徽、军歌、勋章等相同或者近似的，以及同中央国家机关的名称、标志、所在地特定地点的名称或者标志性建筑物的名称、图形相同的要素，如"中国""中华""CHN""CHINA""P.R.C""五星红旗""紫光阁""新华门"等均不得使用。

二、与外国的国家名称、国旗、国徽、军旗等相同或者近似的，比如"大韩""FRANCE"等均不得使用。但是，经过该国政府同意的可以注册为商标，此时应当提交该国政府同意的书面证明文件。

三、与政府间国际组织的名称、旗帜、徽记等相同或者近似的，比如"WTO""European Union""UN"等均不得使用。但是，经该政府间国际组织同意的可以注册为商标，同样应当提交书面证明文件。

四、与表明实施控制、予以保证的官方标志、检验印记相同或者近似的标志不得作为商标使用，但是经授权的除外。

五、与"红十字""红新月"的名称、标志相同或者近似的，比如"Red Cross""Red Crescent"等均不得使用。

六、带有民族歧视性的标志不得使用，这是指构成要素与民族名称相同或近似，并丑化或贬低特定民族的标志。比如将"印第安人"字样使用在抽水马桶上，即属于带有民族歧视性的标志。

七、带有欺骗性，容易使公众对商品的质量等特点或者产地产生误认的标志不得使用。例如，"山楂"字样使用在龟苓膏产品上、"枸杞"字样使用在维生素制剂产品上容易使消费者对产品的原料成分产生误认，"纳米"字样使用在服装产品上容易使消费者对产品的工艺产生误认等。

八、有害于社会主义道德风尚或者有其他不良影响的标志不得使用。这是指与一定时期内社会上流行的良好风气和习惯不符的，对我国政治、经济、文化、宗教、民族等社会公共利益和公共秩序产生消极负面形象的标志。如"裸跑弟""屌丝男士""润芝""九一八""雍和宫""全真""太极"等标志，均不得使用。

九、县级以上行政区划的地名或者公众知晓的外国地名，比如"皖""新疆红""加州红""华沙贵族"等标志不得使用。但是，地名具有其他含义且该含义强于地名含义的可以注册为商标，比如"上海滩""London Fog"等。另外，地名作为集体商标、证明商标组成部分的也可以注册为商标，比如绍兴市黄酒行业协会注册"绍兴黄酒"商标。

指定颜色商标就是颜色组合商标吗？

指定颜色商标是指提交的商标图样中有着色图案的，因此指定颜色商标可能包括普通商标中含有文字、字母、图形等要素的带有着色图样的商标、颜色组合商标、立体商标中带有着色图案的商标。因此，可以说颜色组合商标一定是指定颜色商标，但指定颜色商标不一定是颜色组合商标。

根据商标局、商标评审委员会2016年12月共同发布的《商标审查及审理标准》及此前公布的版本，颜色组合商标就是"由两种或两种以上颜色构成的商标"。

与普通指定颜色商标不同的是，颜色组合商标的基本构成要素是颜色，而且是两种或两种以上的颜色。颜色组合商标中颜色的排列组合比例、顺序才是决定商标显著性的主要部分。颜色组合商标对于商标图样本身的形状和显著性并没有要求，通常也不保护其使用的商品的具体形状。

同时，颜色组合商标也可以基于一定的比较具有显著性的形状，基于这种特定形状的颜色组合具有更强的显著性。但是颜色及其组合方式仍然是整个商标中最具显著性的部分，而非形状本身：

注：该商标是麦诺威科技（北京）有限公司的商标

颜色组合商标在填写商标申请书的时候也有比较严格的要求：

（一）申请注册颜色组合商标的，申请人应当在申请书中予以声明。未声明的，即使申请人提交的是彩色图样，也不以颜色组合商标进行审查。

（二）申请人应当提交清晰的彩色图样。商标图样应当是表示颜色组合方式的色块，或是表示颜色使用位置的图形轮廓。该图形轮廓不是商标构成要素，必须以虚线表示，不得以实线表示。

（三）申请人应当在商标说明中列明颜色名称和色号，并描述该颜色组合商标在商业活动中的具体使用方式。

笔者针对以上三点要求具体说明如下：

（一）在现行的商标申请书中，申请颜色组合商标需勾选商标类型中的"以颜色组合申请商标注册"一栏。只有勾选了此选项的商标申请，才会被商标局按照颜色组合商标申请进行审查。否则即使提交着色图样，也按照普通商标进行审查。普通的指定颜色商标申请不需勾选此项，只需要提交着色图样即可。

（二）虽然以色块的方式提交颜色组合商标是通常的提交方式，但在实际操作中简单的色块的组合非常容易被驳回或者下发审查意见。即使经过驳回复审或者诉讼等程序，以上商标最终获得注册，鉴于商标的保护范围通常应以商标公告为准，在授予商标权以后的维权过程中，也容易导致权利人的权利和保护范围不明确。因此，以表示颜色使用位置的图形轮廓的方式提交更有利于商标获得注册，也更有利于注册人确定其权利范围和使用方式。

以颜色使用位置的图形轮廓进行申请的颜色组合商标示例：

商 标

注：以上商标是迪尔公司的商标

指定使用商品：翻斗卡车；拖拉机
商标说明：该颜色组合商标由绿色和黄色两种颜色组合构成。其中绿色为Pantone 364C，黄色为Pantone 109C。绿色用于车身，黄色用于车轮。虚线部分用以表示颜色在该商品上的位置，车辆轮廓和外形不是商标构成要素。

（三）鉴于颜色组合商标以颜色本身及其排列组合方式为保护的客体，考虑到商标局在扫描录入中可能产生的色差等，对于颜色本身的精确的文字描述就显得十分有必要。因此申请颜色组合商标的申请人应当在商标说明中列明颜色名称和色号，并描述该颜色组合商标在商业活动中的具体使用方式。具体描述方式示例见以上第（二）部分的商标的描述示例。

总体而言，由于颜色组合商标不含有文字部分，而且颜色组合商标不依附于具体形状，含有的图形也常常是不显著的图形，在审查实践中其显著性常常很难认定，非常容易在审查时因缺乏显著性被驳回或者下发审查意见书。如果申请人已经大量使用，可以提交使用证据、进行复审甚至通过后期的诉讼程序，证明商标已经通过使用获得显著性，从而获得商标注册。颜色组合商标作为一种特殊的商标保护形式，其保护范围不限于具体的形状，没有固定的边界，也不局限于文字。因此，颜色组合商标申请一旦获得注册，就获得了强大的不同于一般的指定颜色普通商标的特殊的保护，对于商标注册人维护其细心经营的商品/服务等品牌形象，保护其合法权益大有裨益。

声音也可以注册为商标吗？

声音商标是2013年通过的《商标法》修正案新增的商标类型。商标局从2014年5月1日起开始受理和审查声音商标。

那么哪些声音可以注册为商标呢？商标局、商标评审委员会2016年12月共同发布的《商标审查及审理标准》规定，声音商标，是指由用以区别商品或服务来源的声音本身构成的商标。声音商标可以由音乐性质的声音构成，例如一段乐曲；可以由非音乐性质的声音构成，例如自然界的声音、人或动物的声音；也可以由音乐性质与非音乐性质兼有的声音构成。

《商标审查及审理标准》对声音商标的显著特征做出规定：

1、仅直接表示指定商品或服务内容、消费对象、质量、功能、用途及其他特点的声音，缺乏显著特征。例如：

（1）钢琴弹奏声使用在"乐器"上；

（2）儿童嬉笑声使用在"婴儿奶粉"上；

（3）狗吠或猫叫声使用在"宠物饲养"上；

（4）古典音乐使用在"安排和组织音乐会"上；

（5）开启酒瓶的清脆"嗒"声使用在"啤酒"上；

（6）儿童"水开啦，水开啦"的叫声使用在"电热水壶"上。

2、其他缺乏显著特征的声音，例如：

（1）简单、普通的音调或旋律；

（2）一首完整或冗长的歌曲或乐曲；

（3）以平常语调直接唱呼广告用语或普通短语；

（4）行业内通用的音乐或声音。

我国首例声音商标申请"中国国际广播电台广播节目开始曲"经审

查，符合《商标法》相关规定，于2015年2月13日初步审定公告，拟核准注册。截至2016年1月底，商标局已受理声音商标申请450件。①

注：左侧商标为中国国际广播电台的商标

从上面中国国际广播电台的商标描述可以看出，该商标既包含了音乐性质的部分"中国国际广播电台广播节目开始曲"，又包含了非音乐性质的部分"播音员报出'中国国际广播电台'的呼号"。含有音乐性质的商标由于其艺术性较强，有固定的韵律，且有乐谱辅助，便于在提交申请时进行较为清晰的描述，也容易为相关公众所识记，但是指示商品/服务的来源的功能较弱，一般相关公众可能不容易将该音乐与其对应的商品/服务相联系。因此，该商标中加上"中国国际广播电台"的呼号，增强了对服务来源的指向性，使相关公众将美妙的音乐与其服务的提供者"中国国际广播电台"相联系，并进而联想到其提供的服务。因此，该商标属于本身显著性较强的声音商标。但是该商标仍然经历了驳回复审程序之后才获得注册。

同时，我国最近获得注册的典型的声音商标之一是腾讯公司在第38

---

① 以上信息来源：中国工商报（经商标局官网转载），《我国首件声音商标获初步审定 总局商标局已受理450件声音商标申请》，发布时间：2016年2月17日。

类注册的14502527 "声音商标 嘀嘀嘀嘀嘀嘀"。腾讯公司将其QQ提示音——六声短促的"嘀嘀嘀嘀嘀嘀"的声音申请注册为商标。该商标的本身显著性较弱,因此,该申请经历了前期被驳回、驳回复审再次被驳回。最终,由于腾讯公司提交了大量的使用证据,证明该商标已经通过在全国大量用户中的广泛使用获得了很强的显著性,已经与申请人的服务形成了唯一对应的关系,因此该商标在诉讼程序中被法院认定为具有显著性而最终获得核准注册。

由此可见,同颜色组合商标的审查实践类似,声音商标在实质审查阶段除了要满足关于显著性的基本要求之外,一般通常还需要经过长期大量的使用,才能被认定为具有指向其商品/服务的功能。由于其不是经常性的商标的注册和使用形式,偶尔的使用不容易被相关公众将其与指定的商品/服务相联系,因此即便其本身具有一定的显著性,在注册过程中如果不结合使用证据,通常也会被以缺乏显著性为由驳回或者被下发审查意见书。因此,最终能够获得保护的声音商标大都经过广泛使用,获得较强的显著性,且经历比一般商标复杂而漫长的程序。尽管如此,声音商标作为一种全新的商标保护形式被纳入我国商标保护体系,改变了一直以来我国商标法对于商标"可视性"的要求,赋予了商标注册人全新的保护其特定权利的机会,是我国商标保护制度的里程碑。

☞ **实战小贴士**

声音商标是新型的商标形式,但是注册难度较大,企业需谨慎,若想使用并注册声音商标,需要商标本身具有较高显著性或者经大量使用形成较高显著性。

问6 什么是集体商标？

《商标法》第三条第二款规定，本法所称集体商标，是指以团体、协会或者其他组织名义注册，供该组织成员在商事活动中使用，以表明使用者在该组织中的成员资格的标志。

从以上概念可以看出集体商标与普通商标不同的几个特点：

一、商标注册人主体资格要求不同。不同于普通商标可以由任何企业、自然人或者其他组织申请注册，集体商标对于商标申请人/注册人的主体资格有严格的要求，必须是以团体、协会或者其他组织名义注册，一般的企业、个人是不得注册集体商标的。因此，集体商标在申请时需要注意注册人是否符合要求且需要在申请时提交相应的主体资格证明文件证明申请人具有主体资格。同时根据我国目前审查实践中关于商标与注册人相对应的规定，如果集体商标中出现了协会、组织的名称，通常该名称需要与商标申请人/注册人一致，才不致引起混淆误认。

二、商标使用者要求不同。不同于普通商标可以授权任意的其他企业和个人使用，集体商标的被许可人必须是其集体组织成员，不得许可非集体成员使用。这也使得集体商标的使用人/被许可人等相对具有封闭性和稳定性的特点。因此，集体商标的申请人在提交申请时就需要提交材料详细说明该集体组织成员的名称和地址，以保证其组织成员的确定性。

三、功能不同。作为商标，虽然都具有区分产源的功能，但与普通商标直接指向特定的商品和服务的提供者/使用者（通常是注册人或者被许可人）不同，集体商标的功能是表明使用者在该组织中的成员资格的标志。而作为该组织的成员通常意味着能够提供更为规范的、优质的商品和服务。因此提交集体商标申请的申请人需要证明其已经制定了较为规范的使用管理规则,从而能够有效管理其集体组织成员,提供高于普通商标的规范和优质的商品和服务的能力。

根据原国家工商行政管理总局于2003年通过并颁布的《集体商标、证明商标注册和管理办法》第十条规定,集体商标的使用管理规则应当包括以下主要内容:

1. 使用集体商标的宗旨;
2. 使用该集体商标的商品的品质;
3. 使用该集体商标的手续;
4. 使用该集体商标的权利、义务;
5. 成员违反其使用管理规则应当承担的责任;
6. 注册人对使用该集体商标商品的检验监督制度。

集体商标示例:

 注:以上商标是"上海内衣行业协会"的商标

 实战小贴士

企业不能注册集体商标,仅可以作为某组织成员使用该组织享有的集体商标。

7问 什么是证明商标?

《商标法》第三条第三款规定,本法所称证明商标,是指由对某种

商品或者服务具有监督能力的组织所控制，而由该组织以外的单位或者个人使用于其商品或者服务，用以证明该商品或者服务的原产地、原料、制造方法、质量或者其他特定品质的标志。

从以上概念可以看出证明商标的几个特点：

一、商标注册人主体资格要求。与集体商标类似，证明商标对于商标申请人/注册人的主体资格也有特殊的要求，必须是对某种商品或者服务具有监督能力的组织。因此，根据《集体商标、证明商标注册和管理办法》第五条，申请证明商标注册的，应当附送主体资格证明文件并应当详细说明其所具有的或者其委托的机构具有的专业技术人员、专业检测设备等情况，以表明其具有监督该证明商标所证明的特定商品品质的能力。

二、商标使用者要求不同。与普通商标和集体商标不同的是，证明商标的使用者不是商标注册人本身，而是由该组织以外的单位或者个人使用于其商品或者服务。与集体商标相比，证明商标的使用人更开放，不局限于会员，但是其产品或者服务必须满足证明商标使用管理规则的强制性规定。

三、功能不同。与普通商标和集体商标不同的是，证明商标的功能是证明该商品或者服务的原产地、原料、制造方法、质量或者其他特定品质的标志。基于此，申请证明商标的商标申请人需要提交使用管理规则，以证明商标申请人/注册人对于其商标的使用人提供的产品和服务的特定品质具有鉴定、监督和管理能力。

根据《集体商标、证明商标注册和管理办法》第十一条规定，证明商标的使用管理规则应当包括：

1.使用证明商标的宗旨；

2.该证明商标证明的商品的特定品质；

3.使用该证明商标的条件；

4.使用该证明商标的手续；

5.使用该证明商标的权利、义务；

6.使用人违反该使用管理规则应当承担的责任；

7.注册人对使用该证明商标商品的检验监督制度。

证明商标示例：

注：以上商标是"中国绿色食品发展中心"的商标

8问 地理标志可以申请注册为商标吗？

在我国，地理标志可以作为集体商标或证明商标获得注册。根据我国《商标法》第十六条第二款规定，前款所称地理标志，是指标示某商品来源于某地区，该商品的特定质量、信誉或者其他特征，主要由该地区的自然因素或者人文因素所决定的标志。

由以上概念可以看出，地理标志一般具有以下特点：

一、一般包含地理名称或者其他因素能够标志该产品产地来源的标志。该地理名称包括但不局限于行政区划名称（如BORDEAUX波尔多葡萄酒、章丘大葱、郫县豆瓣）或自然地理名称，具有代表性的城市或国家的徽章、标志、国旗、著名历史建筑物的图形以及商品的包装装潢等。

指定使用商品：大葱

（章丘大葱可高达1.5米，葱白长0.5至0.6米，茎粗3至5厘米，重有1斤多，被称为"葱王"。章丘大葱辣味淡，清香润甜，葱白肥大脆嫩，久藏而不变质，嚼之无丝，汁多味甘。）①

二、该商品一般具有特定质量、信誉或者其他特征。

比如，驰名世界的红酒品牌"BORDEAUX波尔多"（指定商品：葡萄酒）。从商标注册人波尔多葡萄酒行业联合委员会官网可以看出，以波尔多法定产区为例，其产品就具有非常明确的特点：

颜色：浅黄色。

香气：优雅、果味和花香、有柠檬、白色鲜花和桃的气味。

味道：干性，平衡性好，圆润和强度优越等。

三、以上特征主要由该地区的自然因素或者人文因素所决定。

仍以BORDEAUX波尔多（葡萄酒）为例，影响葡萄酒品质的因素包括土壤和底土类型、当地气候、葡萄种植方法、酿酒技术等多方面。其中土壤和底土类型以及当地气候就属于其中的自然因素，而当地独特而精湛的葡萄种植方法以及酿酒技术则属于人文因素。这两个因素缺一不可，自然因素结合独特的人文因素两者相辅相成才能铸就这一独特的地理标志。

而对于章丘大葱来说，自然因素则是主要决定其产品特点的因素。

因此，鉴于地理标志的以上特点，根据《集体商标、证明商标注册和管理办法》及《商标审查及审理标准》的规定，地理标志作为集体商标或证明商标获得注册，除集体商标、证明商标需要提交的文件外，还需要提交以下材料：

《集体商标、证明商标注册和管理办法》第四条第一款第二部分规定，以地理标志作为集体商标申请注册的，应当附送主体资格证明文件并应当详细说明其所具有的或者其委托的机构具有的专业技术人员、

---

① 见商标局、商标评审委员会2016年12月共同发布的《商标审查及审理标准》，P132

专业检测设备等情况,以表明其具有监督使用该地理标志商品的特定品质的能力。

申请以地理标志作为集体商标注册的团体、协会或者其他组织,应当由来自该地理标志标示的地区范围内的成员组成。

第六条 申请以地理标志作为集体商标、证明商标注册的,还应当附送管辖该地理标志所标示地区的人民政府或者行业主管部门的批准文件。

第七条 以地理标志作为集体商标、证明商标注册的,应当在申请书件中说明下列内容:

(一)该地理标志所标示的商品的特定质量、信誉或者其他特征;

(二)该商品的特定质量、信誉或者其他特征与该地理标志所标示的地区的自然因素和人文因素的关系;

(三)该地理标志所标示的地区的范围。

地理标志作为集体商标或者证明商标注册示例:

集体商标　　　　　　　　　证明商标

BORDEAUX
波尔多

商品:葡萄酒　　　　　　　商品:豆瓣

注:以上商标是"波尔多葡萄酒行业联合委员会"的商标。　　注:以上商标是"成都市郫县食品工业协会"的商标。

商品的通用名称、图形、型号可以注册为商标吗？

《商标法》第十一条第一款第（一）项规定，仅有本商品的通用名称、图形、型号的，不得作为商标注册。商标的功能在于区分商品的来源，这就要求商标应当具备一定的显著特征，具有可识别性，所以不加任何修饰的本商品的通用名称、图形、型号因不具备区分功能而不得作为商标注册。

这里所指的通用名称、图形、型号既包括国家标准、行业标准规定的名称、图形、型号，又包括约定俗成的名称、图形、型号。其中，名称又包括商品的全称、简称、缩写、俗称。

比如，"高丽白"作为一种人参的通用名称，不得注册在人参商品上；"muller"中文含义为研磨机，不得注册在磨具等商品上；"502"作为粘合剂的通用型号，不得注册在工业用粘合剂等商品上；"XL"作为服装的通用型号，不得注册在上衣、裤子等服装类商品上。

比如，苹果图案不得注册在水果类商品上；照相机图案不得注册在相机类商品上。

如果在商品的通用名称、图形、型号上加入其他显著识别要素，使商标具备区分功能，那么该商标具备可注册性。比如，"酒店"二字显然不得作为商标注册在宾馆、酒店等服务项目上，但是"水晶酒店"因加入了显著识别的"水晶"二字，使用在宾馆、酒店等服务项目上具备来源区分功能，故能够注册为商标。

另外，商品的通用名称、图形、型号使用在其他类别商品上亦具备来源识别功能，因而具有可注册性。比如，"锤子"二字使用在五金器具上因缺乏商标显著性而不得注册，但可以注册在手机等商品上；"珍珠牌"使用在珠宝首饰类商品上因缺乏商标显著性而不得注册,但可以注册在厨房洁具类商品上。

> ☞ **实战小贴士**
>
> 商品的通用名称、图形、型号这些要素难以被消费者作为商标来识别,且对于这些要素,同行业者均有使用权,不能被一家独占,所以不可以注册为商标。

10问 描述性商标能否获得注册?

描述性商标是指商标的内容或含义直接表述了该商标指定使用商品的原料、性质、用途、功能、质量、重量、数量或其他的特点的商标。《商标法》第十一条第一款第(二)项规定,仅直接表示商品的质量、主要原料、功能、用途、重量、数量及其他特点的,不得作为商标注册。例如,仅直接表示指定使用商品质量特点的商标,如"纯净"商标使用在食用油商品上,"好香"商标使用在大米商品上;仅直接表示指定使用商品主要原料的商标,如"田七"商标使用在人用药商品上,"龙眼"商标使用在糖果商品上,"彩棉"商标使用在服装商品上;仅直接表示指定使用商品功能用途的商标,如"载重王"商标使用在车辆轮胎商品上,"脑基因"商标使用在医用营养饮料商品上,"纯净气"商标使用在气体净化装置商品上;仅直接表示指定使用商品的重量或数量特点的商标,如"50kg"商标使用在米面商品上,"50支"商标使用在香烟商品上,"四菜一汤"商标使用在饭店服务项目上;仅直接表示指定使用商品消费对象的商标,如"女过四十"商标使用在医用营养品商品上；仅直接表示指定使用服务价格特点的商标，如"九块九"商标使用在替他人推销等服务上；仅直接表示指定使用服务内容特点的商标，如"炭烤鱼"商标使用在餐馆等服务上；仅直接表示指定使用商品使用方法的商标，如"冲泡"商标使用在方便面等商品上；仅直接表示指定使用商品生产工艺的商标，如"湘绣"商标使用在服装等商品上；仅直接表示指定使用服务项目的服务时间特点的商标，如"24小时"商标使用在银行服务项目上；仅直接表示指定使用服务的经营场所的商标，如"大食堂"商标使用在餐馆服务项目上；仅直接表示指定使用商品技术特点的商标，如"蓝牙"商标使用在电话机商品上，"纳米"商标使用在浴室装置商品上。

如果在商品的描述性文字上加入其他显著识别要素，使商标具备区分功能，那么该商标具备可注册性。如"纯净"作为商品的质量特点不得单独使用在食用油等商品上，但是"纯净山谷"因加入了其他显著识别文字，产生了区别于"纯净"二字的特殊含义，具有区别商品来源的作用，因而可以注册为商标。

> **☞ 实战小贴士**
>
> 企业经营者习惯于选择描述性文字注册商标，这类文字虽然朗朗上口，但是显著性较差，因此在选择商标时应尽量避免这类文字。

11问 暗示性商标能否获得注册？

暗示性商标是指以隐喻的手法暗示了商品的某一属性或特点的商

标。与描述性商标不同，暗示性商标的组成要素不得直接描述商品的原料、性质、用途、功能、质量、重量、数量等特点。《最高人民法院关于审理商标授权确权行政案件若干问题的规定》第十一条规定，商标标志或者其构成要素暗示商品的特点，但不影响其识别商品来源功能的，不属于《商标法》第十一条第一款第（二）项所规定的情形。所以，暗示性商标虽然显著性较弱，但仍属于可注册的商标。

江西某科技公司在第5类眼药水、眼罩等商品上申请注册"视力健"商标，经商标局、商标评审委员会审查后予以驳回，理由为"视力健"直接表述了指定商品的功能特点，违反了《商标法》第十一条第一款第（二）项的规定。该科技公司不服，向北京知识产权法院提起行政诉讼。

法院认为，判断诉争商标是否具备显著性，关键在于确定诉争商标系直接描述性标志还是暗示性的标志。如果诉争商标属于直接描述性标志，则不具有显著性；但如果诉争商标属于暗示性标志，则虽然显著性相对较弱，但仍属于具有显著性的情形。

直接描述性标志与暗示性标志对于商品或服务的特点均具有描述作用，两类标志的区别并不在于相关公众是否可以根据该标志理解出相应含义，而在于是否采用了常规表达方式。通常情况下，如果该标志系对某一含义的"常规表达"，则可以认定其属于直接描述性标志。对于某一含义，如果相关公众或同业经营者针对该含义会给出各不相同的表达，则可以认定并非常规表达，属于暗示性标志。具体到本案，诉争商标为"视力健"，相关公众虽可以理解出该商标的含义，但不同人对该含义会有不同的表达方式，故诉争商标属于暗示性标志，具备商标显著性，应准予注册。

类似的案例如"灭害灵"商标使用在杀虫剂商品上；"酿艺"商

标使用在烧酒、葡萄酒等商品上;"易用"商标使用在地板、建筑石料等商品上;"玉米乐"商标使用在杀害虫剂等商品上。以上商标均属于对商品特点的非常规表达,因而属于暗示性商标,能够获得注册。

12问 日常用口号能否注册为商标?

《商标法》第十一条第一款规定,下列标志不得作为商标注册:(一)仅有本商品的通用名称、图形、型号的;(二)仅仅直接表示商品的质量、主要原料、功能、用途、重量、数量及其他特点的;(三)其他缺乏显著特征的。《商标审查及审理标准》对"其他缺乏显著特征"的情形做出了解释,其中"表示商品或者服务特点的短语或者句子,普通广告宣传用语"属于其他缺乏显著特征的情形。例如,"一旦拥有,别无所求""让养殖业充满生机"等广告语均不得注册。

青岛某投资公司为计算机出租、提供互联网搜索引擎、无形资产评估等业务申请了"投资有道"商标,被商标局、商标评审委员会驳回注册,该公司不服向北京市第一中级人民法院提起行政诉讼。法院认为,"融资有道"是普通广告用语,指定使用于计算机出租、提供互联网搜索引擎、无形资产评估等服务项目上,不易使相关公众认为系指代服务来源,亦容易使相关公众认为系对服务内容、服务特点的描述,从而不具备区分服务来源的功能。

但是,并非所有的日常用口号都不能作为商标注册。

武汉某网络公司为在线游戏等服务申请了"开晒啦"商标,被商标局、商标评审委员会驳回注册。该公司不服提起行政诉讼,案件经过一审、二审程序,由北京市高级人民法院作出终审判决。法院认为,

"晒"是网络的新兴词汇，具有"炫耀"的含义，而"开晒啦"是祈使句式的短句子，与日常生活中的口号的表达方式更为接近，具有"炫耀一下"的含义。诉争商标指定使用在计算机网络上，用于在线游戏、筹划聚会（娱乐）、游戏器具出租、组织教育或娱乐竞赛、娱乐信息、在线电子书籍和杂志的出版等服务上，"开晒啦"并非这些服务提供者经常使用的口号，因此，将诉争商标使用在上述服务上，能够发挥区分服务来源的作用，诉争商标指定使用在上述服务上具有显著特征。

根据以上判例可知，法院在判断日常用口号能否注册为商标时，应以相关公众能否通过该口号区分商品或服务来源为标准。这就需要考察该口号是否是诉争商标指定使用商品或者服务的常用口号。如果基于该领域的经营内容、经营方式等特点，此类口号可能常见于经营活动中，则相关公众更容易将其作为倡导口号对待，而并不会将其作为识别商品或服务来源的方式。相反，如果此类口号鲜见于该领域的经营活动，或者经过特定主体长期大量使用能够与该主体建立稳定对应关系时，虽然此类标志具有口号的宣传倡导的效应，但相关公众也能通过该特定的口号识别商品或者服务的来源。

另外，若日常用口号与其他要素组合使得整体具备显著特征，则亦可以获得注册。例如"世纪行 一旦拥有全程无忧""L'OREAL BECAUSE I'M WORTH IT"等。

☞ **实战小贴士**

广告宣传语是很难注册成商标的，尤其是不能将他人使用的广告宣传语当作商标使用，否则还会存在侵权风险。

商标的申请与注册

对于普通中国企业来说，首要需求是在国内申请注册商标，然后再扩展到国外，但是应该如何提交申请、在何处申请、耗时多长却知之甚少。

首先，一般情况下商标是越早申请越好，因为我国商标法采取的是注册在先原则，而非使用在先原则。也就是即使某公司在先使用了某商标，但另一家公司在先申请了该商标，那么在先使用者有很大可能是丧失该商标的专用权。所以，企业在将商品投放市场之前，最好先提交商标申请，抢占时间优势。

其次，建议企业在商标注册之前进行商标检索，而不是盲目注册。因为在相同或类似的商品上无法核准不同主体之间相同或近似的商标，在后申请的商标必然被驳回。申请前的检索工作则能够筛查是否有相同或近似的商标已被他人注册，如果是，那么企业就没有必要再提交申请，而是应当另想办法，或者替换商标，或者加入其他商标元素，或者与在先的商标权人协商共存等等，排除在先商标障碍，从而提高商标注册成功率。

再次，商标一定是与商品或者服务相关联的，企业在申请注册商标之前应合理选择商品或服务项目，做好商标布局。企业最直接的做法是选择主营业务范围内的商品或服务，例如餐饮公司将商标注册在餐馆服务上，服饰公司将商标注册在服装上，游戏公司将商标注册在计算机游戏软件上。但是企业如果想对商标有更全面的保护，在主营业务周边产品或服务上一并注册商标也十分必要，例如餐饮公司同时将商标注册在食品或饮料商品上，服饰公司同时将商标注册在首饰或配饰上，游戏公司同时将商标注册在游戏机、文具、摆件等周边产品上。这种操作在一定程度上能够避免恶意市场主体在周边产品上抢注商标，抢占企业市场份额，影响企业商誉。

最后，商标注册的流程也是企业有必要知悉的知识点，例如商标注册可以网上提交申请，一般情况下提交申请后半年内会审查结束，要么初步审定，要么被驳回，对于被驳回的商标企业有权提起复审。再如，2020年1月1日起提交商标申请后不再立即缴费，而是等待收到缴费通知书后才能缴费，因此，企业在提交申请后需要留意接收官方文件，避免错过缴费时间。再如，商标申请时需要提交清晰的图样，如果是申请指定颜色、颜色组合、声音、立体等较为特殊的商标，必须进行商标说明。由此可见，商标申请中存在许多细节，稍有不慎容易造成不予受理的后果，需要企业经营者或者法务人员特别注意。如有必要，聘请专业的代理人协助提交申请是一个不错的选择。

13问 企业为什么要重视商标？

商标作为识别商品与服务来源的标志，是企业最重要的核心资产之一。

对于绝大多数普通消费者而言，认识一个企业的产品与服务是从认识其商标开始。从衣食住行到电子产品，品牌的力量无处不在。如果企业是一个皇冠，商标就是其中最为璀璨的钻石。同时，商标申请/注册或者商标申请人/注册人的授权也是企业的产品进驻很多大型商场超市以及入驻知名电商的必要条件。随着企业经营的不断扩大和品牌知名度的不断累积，其作为企业无形资产的价值就体现得更加明显。

从国际上来看，根据世界知名的品牌评估机构《Brand Finance Brand Directory》发布的2014年世界最具价值的品牌前五百名的排行榜,美国苹果公司的"苹果图形商标"以一千多亿(104,680,000,000)美元的品牌价值荣登该品牌排行榜榜首,之后依次是韩国三星公司的"SAMSUNG"商标,谷歌公司的"Google"商标,微软公司的"Mircosoft"及图商标,品牌价值都在500万美元以上。

就国内来看,随着我国改革开放和商品经济的发展,品牌的价值也越来越凸显。由世界品牌实验室(World Brand Lab)主办的第十五届"世界品牌大会"发布了2018年《中国500最具价值品牌》分析报告。在这份基于财务数据、品牌强度和消费者行为分析的年度报告中,国家电网以4065.69亿元的品牌价值荣登2018年度最具价值品牌榜首。占据榜单前五名的还有腾讯(4028.45亿元)、海尔(3502.78亿元)、工商银行(3345.61亿元)、中国人寿(3253.72亿元),这些品牌已经迈进世界级品牌阵营。由此可见,商标已经不仅仅是一个单纯的标志,而是凝结了一个企业及其商品和服务长期以来在消费者中形成的美誉度、知名度和影响力的重要的无形资产,拥有巨大的商业价值。

14问 企业为什么要提交商标注册申请?

因为中国目前商标确权及管理体系均是以"注册原则"为主。注册原则包含两层含义:

一、通常情况下,谁先注册,谁获得商标权。《商标法》第三十一条规定,两个或者两个以上的商标注册申请人,在同一种商品或者类似商品上,以相同或者近似的商标申请注册的,初步审定并公告申请在先的商标;同一天申请的,初步审定并公告使用在先的商标,驳回其他人的申请,不予公告。由此可见,除非出现同日申请的情况或者根据商标法规定的其他排除情形,通常情况下商标权均会授予在先申请的商标。

二、只有注册商标享有商标专用权。《商标法》第五十六、五十七条规定，通常情况下，只有注册商标才能在其核定注册的商品范围内享有商标专用权，只有享有商标专用权的注册商标才能够制止他人在相同/近似的商品上使用与其相同/近似的商标。

《商标法》第五十六条 注册商标的专用权，以核准注册的商标和核定使用的商品为限。

《商标法》第五十七条 有下列行为之一的，均属侵犯注册商标专用权：

（一）未经商标注册人的许可，在同一种商品上使用与其注册商标相同的商标的；

（二）未经商标注册人的许可，在同一种商品上使用与其注册商标近似的商标，或者在类似商品上使用与其注册商标相同或者近似的商标，容易导致混淆的；

（三）销售侵犯注册商标专用权的商品的；

（四）伪造、擅自制造他人注册商标标识或者销售伪造、擅自制造的注册商标标识的；

（五）未经商标注册人同意，更换其注册商标并将该更换商标的商品又投入市场的；

（六）故意为侵犯他人商标专用权行为提供便利条件，帮助他人实施侵犯商标专用权行为的；

（七）给他人的注册商标专用权造成其他损害的。

同时，注册商标是市场监督管理局、知识产权局、质检、海关、公安等部门进行商标侵权行政查处和执法时的最基本、最直接的权利依据。

> **实战小贴士**
>
> 商标只有在注册后才享有专用权，才能受到法律保护，未经注册的商标不得限制他人使用，因此建议企业提早注册商标。

15问 没有注册的商标也可以使用吗？

我国现行体系下对于未注册商标的保护极其有限。

虽然为了兼顾在先使用人的利益，防止单纯注册原则的僵硬性，保护未注册驰名商标以及防止恶意抢注带来的不公平，《商标法》对于未注册商标提供了一定的保护。但是这种保护极其有限，而且通常需要附加很多条件证明：

一、在没有他人注册且没有其他权利冲突的情况下，未注册商标的使用人可以使用其商标；

二、如果有他人在与在先商标使用人相同或者类似的商品上申请了与其相同或者近似的商标，在先商标使用人可以在其公告后提出异议申请或者在其注册五年内提交无效宣告申请。但前提是在先商标使用人需要提供充分的证据证明其商标已经在先使用并具有一定的知名度和影响力。在实践案件审查中，对于"这种在先使用并具有一定的知名度和影响力"的证据要求通常都比较高，从而导致这种在先使用通常要具备达到较高的知名度和影响力的情况下才会被商标局或者商标评审委员会所认可。

三、一旦有他人的商标获得注册，如果未注册商标的使用人已经在同一种商品或者类似商品上先于商标注册人使用与注册商标相同或者近似并有一定影响的商标的,仅可以在原注册范围内使用其商标。这里的原注册范围既包含原商标的使用形式、使用商品、同时也包含原商标使用的地域范围。同时,商标注册人可以要求其附加适当区别标识。

虽然法律有规定,但实践中不乏商标注册人对于他人已经在先使用并具有一定影响的商标的使用提出异议,向国家市场监督管理局投诉甚至向法院提起诉讼,要求其停止使用并赔偿损失等现象。在这种情况下,在先使用人就面临着风险。一方面在先使用人需要提供证据证明其商标已经在先使用并具有一定的知名度,另一方面还需要证明其使用没有超出原使用范围,否则就存在侵权的风险,可能被处罚或者被判处赔偿。

四、虽然法律对于未注册的驰名商标也提供一定的保护,但鉴于驰名商标的认定需要提供的证据极其繁杂,且需要相当的程序,操作起来也十分困难。

综上,商标作为企业重要的无形资产,在企业经营中具有较高的价值。同时,鉴于我国的《商标法》以注册原则为主要原则,在申请顺位中倾向于以授权先申请的商标,在确权程序中也以注册为主要依据,同时在商标使用和管理过程中,也以注册商标为主要的权利范围和依据,对于未注册商标的保护十分有限,所以,注册商标对于企业有效保护其无形资产就显得尤为重要,是企业必须重视的环节之一。

16问 什么是商品与服务分类?

鉴于商标是区分商品与服务来源的标记,因此,除了作为标记本身,商标同时还指示着某种商品或者服务。而商品和服务本身多种多样,不胜枚举,因此,根据商标指示的内容不同,商标主管机关相应地将其指向的商品和服务划分为不同的商品和服务类别,从而便于在申请和注册时区分和管理。这就是商标的商品和服务类别的起源。

目前国际上通用的商品与服务分类是《商标注册用商品和服务国际分类》（即尼斯分类）。《商标注册用商品和服务国际分类》（尼斯分类）是根据1957年6月15日在尼斯外交会议上达成的一项协定（尼斯协定）制定的。尼斯协定的每个成员国有义务在商标注册中使用尼斯分类，并须在与商标注册有关的官方文件和出版物中标明注册商标所及的商品或服务所在的国际分类的类别号。我国于1994年加入尼斯协定。鉴于我国是尼斯联盟成员国，我国原则上也采用该分类表划分类似商品与服务。但同时，商标局还结合我国实际情况增加我国常用商品和服务项目名称，制定《类似商品和服务区分表》（以下简称《区分表》），为申请人申报商标注册时使用。尼斯分类每年修订一次，《区分表》随之予以调整。

现行尼斯分类将商品和服务分成45个大类，其中商品为1~34类，服务为35~45类。我国现行的《类似商品与服务区分表》基本采用尼斯分类的体例，同样设置了1~34类为商品类别和35~45类为服务类别。《区分表》中45个类别每个大类项下含有类别标题、注释、商品和服务项目名称。类别标题指出了归入本类的商品或服务项目范围，注释对本类主要包括及不包括哪些商品或服务项目作了说明。《区分表》中所列出的商品和服务项目名称为标准名称。

每个类别下面根据具体的功能、用途的不同设置了若干类似群组。每个群组下面设置若干自然段，每个自然段中包含若干具体的商品和服务项目。通常情况下，同一类似群组的商品构成类似商品。如果不属于这种情况，即存在跨类似群组甚至跨类别近似的情况，以及同一类似群组的每个自然段之间互相不近似，甚至是存在群组内每个单一商品互相都不近似的情况，《区分表》中一般都会相应注明。

实战小贴士

　　企业在注册商标之前应先对《类似商品和服务区分表》有所了解，从中选定在自身经营范围之内的商品或者服务进行注册，为了进一步保护商标，建议在与自身经营范围相关联的周边商品或者服务上也注册商标。

17问 企业在申请时应当如何选择分类及商品/服务项目？

　　一般情况下，申请人在申请商标时应当根据《区分表》中规定的规范商品进行申报。对于未列入《区分表》中的商品和服务项目名称，目前可以通过商标局网上申请系统查询到《区分表》以外的可以接受的商品。根据目前的商标审查实践，除了部分国际申请的商品外，商标局对于以上《区分表》和《区分表》以外的可以接受的商品以外的商品，通常不予接受。建议企业在申请时尽量按照《区分表》和《区分表》以外的可以接受的商品进行申请。

　　企业在申请商标时可以首先根据自身的主营业务范围及以上每个大类的类别标题确定主要选择的大类。同时根据每个类似群组项下具体的商品名称选择具体申请的商品和服务。通常情况下由于一个商标在一个类别10个以内的商品和服务项目以内收取固定的费用，基于成本效益原则，大部分申请人在一个商标一个类别的申请中选择10个商品或者服务项目。在选择商品和服务项目时除了考虑实际使用的具体的商品和服务以外，还应结合商品所属的类别是否有比较宽泛的词汇以尽可能扩大保护范围。同时，鉴于注册商标专用权可以及于相同和类似的商品，所以在保护主要商品的同时也可考虑尽可能扩大类似群组以扩大保护范围。

提交商标申请有哪些途径？

目前国内申请人可以自行提交商标申请，也可以通过委托在商标局备案的代理机构提交。申请人自行提交申请可以到国家知识产权商标局的收文大厅、商标局驻中关村国家自主创新示范区办事处、商标局在各地方设立的商标审查协作中心，或者商标局委托地方市场监管部门设立的商标受理窗口办理。申请人也可以通过网上申请。国外的申请人如果在国内没有经常居所或者营业所，只能通过委托依法设立的商标代理组织的方式提交申请。

代理机构可以直接向国家知识产权商标局递交、邮寄递交或通过快递企业向商标局递交申请，也可以通过网上申请系统提交。

委托代理组织进行商标申请有什么好处？

如前所述，国外的申请人如果在国内没有经常居所或者营业所，只能通过委托依法设立的商标代理组织提交申请。在中国有经常居所或者营业所的外国人或外国企业可以自行办理或者提交网上申请。但是实践中只有持有合法居留证件的外国自然人可以凭借其居留证在中国进行申请。鉴于企业的地址需要与身份证明文件上登记的营业所一致，外国企业及法人的登记地址在国外，实践中无法证明其国内的居所或营业所，因此需要委托代理机构申请。外国企业在国内设立的代表处虽然具有中国地址，但由于其不具有法人资格，不能代表外国企业在中国进行申请。外国企业在国内设立的子公司、分公司与外国企业属于不同的主体，也不能代表外国企业在中国进行申请。因此，目前国外申请人在中国提交申请基本上都是通过代理机构提交。

专业的商标代理机构除了代为提交申请手续、代缴费用、代为收发和转达官文以外，最重要的是能够根据国内商标相关的法律法规、审查标准和商标审查的实践给予申请前的查询和建议，了解并告知申请人挑选设计的商标是容易获得注册，还是容易被驳回，应当如何规避相关的驳回风险，如何进行商标申请，如何挑选商品和服务类别及具体项目，才能尽可能地规避风险和最大程度地保护申请人的利益。

如果企业确实出于保护其自身品牌的角度出发而申请注册，建议企业委托专业的代理机构进行咨询和安排提交。

20问 提交商标申请需要准备哪些材料？

一、对于国内申请人而言，如果申请人委托代理机构采用纸质方式提交普通商标申请，需要提交的材料如下：

（1）申请人盖章/签字的申请书；

（2）申请人盖章/签字的委托书；

（3）申请人身份证明材料：国内企业营业执照复印件加盖申请人章戳/申请人身份证复印件签字+个体工商户营业执照副本复印件；

（4）农村承包经营户可以以其承包合同签约人的名义提出商标注册申请，商品和服务范围以其自营的农副产品为限，申请时应提交承包合同复印件；

如果申请人亲自提交申请，则不需要委托书，但是需要提供提交人的身份证明原件用于核验；

如果采用网上申请方式，则不需提交申请书，只需按要求填写网上申请文件并上传委托书和证明文件的扫描件。

二、对于国外申请人而言，委托代理组织采用纸质方式提交申请通常需要以下文件：

（1）申请人申请书（实践中外国申请人可以不用签字）；

（2）申请人盖章/签字的委托书（可以提交复印件/扫描件）；

（3）国外公司或者组织的注册证明、存续证明、工商登记簿副本复印件/国外个人护照复印件及中文翻译。

如果代理组织采用网上提交的方式，只需要按要求填写申请书并上传以上委托书、证明文件及中文翻译的扫描件。

21问 商标申请费用是多少？

在委托代理机构的情况下，商标申请费分为官方费用和代理费用两部分。具体如下：

一、官方费用。根据商标局最新的官方费用表，一个商标在一个类别（10个商品/服务项目以内）提交普通商标申请的官方费用是人民币300元。一个商标一个类别超过10个商品/服务项目的部分，每超过一个项目增加30元人民币。前述商标申请注册的费用已经包含了顺利注册的情形下从申请到注册，乃至注册以后直至商标有效期内十年的费用，商标局不会再单独收取商标注册费。但是新申请一旦提交，除非商标局不予受理的情形，其费用商标局都不予退还。因此，如果申请人商标在遇到补正、驳回、甚至异议等情形导致商标最终未获得注册时，商标局并不会退还已经提交的费用。

以上费用全国均是统一价格，网上申请官费为纸质申请官费的九折。

此外，如果涉及到特殊的商标形式，如集体商标、证明商标等则费用较高（1500元/一标一类）。

一般情况下如果申请商标的补正不涉及到超项等情况，答复补正不需单独收取费用。

如果商标申请遭遇驳回、异议等程序，申请人要进行驳回复审，或者不予注册复审等需要单独提交评审费用（750元/一标一类）。

另外，商标有效期满后如果希望继续保持其有效性，需要提交续展申请，商标申请人如果变更了名称、地址或者转让给他人等，也需要单独提交申请。

下面是商标申请的相关费用表及后续事项官方费用列表，供参考。以下列表中费用均指一个商标在一个类别提交一个相关申请的费用。

收费项目	纸质申请收费标准（按类别）	接受电子发文的网上申请收费标准（按类别）
受理商标注册费	300元（限定本类10个商品。10个以上商品，每超过1个商品，每个商品加收30元）	270元（限定本类10个商品。10个以上商品，每超过1个商品，每个商品加收27元）
补发商标注册证费	500元	450元
受理转让注册商标费	500元	450元
受理商标续展注册费	500元	450元
受理续展注册迟延费	250元	225元
受理商标评审费	750元	675元
变更费	150元	0元
出具商标证明费	50元	45元
受理集体商标注册费	1500元	1350元
受理证明商标注册费	1500元	1350元
商标异议费	500元	450元（待开通）
撤销商标费	500元	450元（待开通）
商标使用许可合同备案费	150元	135元

二、代理费。商标代理服务费根据代理机构的规模、专业程度、所处位置、每个代理机构提供的服务的具体内容、代理人的资历等不同而有所不同。一般而言，单纯提交的费用较低，如果涉及到专业分析及意见、复杂疑难事项，如集体商标、证明商标、声音商标、颜色组合商标、商标评审、异议、撤销等，则费用较高。

> **实战小贴士**
>
> 目前，大多数商标申请基本采用网上申请的方式，只需填写并上传申请文件即可，网上申请出错率低且费用优惠，建议企业进行网上申请。

22问 什么是优先权？

前面讲过，根据商标的注册原则，即先申请原则，一般情况下，谁先申请商标，谁获得注册。因此，商标申请的先后顺序，即申请日的确定尤其重要。优先权就是根据某些特殊情形的规定，赋予后申请的商标一种优先权，即视同其与在一个较早的申请日提交商标申请，以弥补在先注册原则的不足和可能导致的明显不公平。

我国《商标法》规定了两种形式的优先权：

一、国外申请优先权

《商标法》第二十五条规定，商标注册申请人自其商标在外国第一次提出商标注册申请之日起六个月内，又在中国就相同商品以同一商标提出商标注册申请的，依照该外国同中国签订的协议或者共同参加的国际条约，或者按照相互承认优先权的原则，可以享有优先权。

依照前款要求优先权的，应当在提出商标注册申请的时候提出书面声明，并且在三个月内提交第一次提出的商标注册申请文件的副本；未提出书面声明或者逾期未提交商标注册申请文件副本的，视为未要求优先权。

我国已经加入《保护工业产权巴黎公约》，该公约是我国商标申请优先权主要依据的国际公约。公约规定了优先权原则：凡在一个缔约国申请注册的商标，可以享受自初次申请之日起为期六个月的优先权，即在这6个月的优先权期限内，如申请人再向其他成员国提出同样的申请，其后来申请的日期可视同首次申请的日期。

优先权的作用在于保护首次申请人，使他在向其他成员国提出同样的注册申请时，不致由于两次申请日期的差异而被第三者钻空子抢先申请注册。

享受基于国外申请的优先权需要基于以下三点：

（1）申请人必须在中国以外的巴黎公约的缔约国或者其他中国加入的国际公约的成员国或者地区首次申请注册了商标；因此该申请人不限于巴黎公约的成员国国民及组织，还包括在巴黎公约的成员国有资格申请商标的其他国家的国民及组织；

（2）申请人必须在六个月内在中国商标局就相同商标在相同商品/服务项目上提出商标注册申请，申请人不得修改商品/服务项目，但可以删减商品/服务项目；

（3）申请人必须在申请时声明优先权并在申请后3个月内提交第一次提出的商标注册申请文件的副本。

二、展会优先权

《商标法》第二十六条规定，商标在中国政府主办的或者承认的国际展览会展出的商品上首次使用的，自该商品展出之日起6个月内，该商标的注册申请人可以享有优先权。

依照前款要求优先权的,应当在提出商标注册申请的时候提出书面声明,并且在3个月内提交展出其商品的展览会名称、在展出商品上使用该商标的证据、展出日期等证明文件;未提出书面声明或者逾期未提交证明文件的,视为未要求优先权。

展会优先权同样是《巴黎公约》所规定的基本原则,其目的是给予国际展览会上展出的商标予以临时保护。

享受基于展会的优先权需要基于以下三点:

(1)申请人必须在中国政府主办的或者承认的国际展览会展出的商品上首次使用商标;

(2)申请人必须在六个月内在中国商标局就相同商标在相同商品上提出商标注册申请;

(3)申请人必须在申请时声明优先权并在申请后三个月内提交展出其商品的相关证明文件。

23问 国际注册商标有哪些途径?

国际注册是指申请人到本国以外的其他国家或地区注册商标,获得商标专用权。商标权的保护具有地域性限制,在中国注册的商标仅能在中国获得保护,不能在其他国家或地区自动获得保护。国内的"青岛啤酒""大宝""大白兔""格力"等知名商标均出现了在国外被抢注的情形,因此,了解商标国际注册途径,尽早做好商标海外布局非常重要。

国际注册一般有三种途径,分别是:单一国家注册、地区注册、马德里国际注册。

单一国家注册是指申请人可以依据各国法律分别向各国的商标主管机关提交商标注册申请文件。这种形式的国际注册优点是适用范围广，申请人可以随意选择任何一个国家进行商标注册申请。其缺点在于注册成本高，申请人需要选择当地律师处理商标注册事宜，根据每个国家的规定提交相应材料和注册费用，手续较为烦琐，商标注册周期长。

地区注册是指申请人可以向一个区域的商标主管机关申请注册商标，获准注册后，申请人在本区域内所有成员国享有商标专用权。常见的区域商标主管机关如欧盟知识产权局、比荷卢知识产权局、非洲知识产权组织、非洲地区工业产权组织等。地区注册的优点是对于一次商标申请可以覆盖该区域的多个国家，手续简便；其缺点是如果该申请被驳回，在该区域的所有成员国都不能注册。

马德里国际注册是指申请人根据《商标国际注册马德里协定》或《商标国际注册马德里协定有关议定书》的规定，在马德里联盟成员国之间进行商标注册。目前，马德里国际注册覆盖118个国家，我国在1989年加入了马德里协定，在1995年加入马德里议定书，成为第一批缔约国。马德里国际注册的优点如下：其一，费用低廉，马德里协定要求缔约方的注册费用不得高于国内注册费用，所有的变更、转让、商品或服务项目删减，只需要在国际局办理一项程序收取一笔费用即可完成。其二，手续简单，它具备一整套完备的、可以适用所有成员国的商标注册申请流程，申请人只需要通过一种语言，向本国商标局提交一份申请并缴费即可，本国商标局会负责将申请材料移交国际局办理相关事宜。其三，商标注册周期短，各成员国的主管局必须在国际注册通知之日起12个月或18个月之内做出决定，否则根据默许原则，该商标将自动获得保护。马德里国际注册的缺点在于：第一，绝大多数成员国不颁发商标注册证，仅发核准保护通知；第二，商标注册的后续程序尚需完善，如商标在被指定成员国被驳回或者被提出异议后，无法通过本国商标局提交复审申请或异议答辩，必须委托当地代理机构处理后续事宜。

若商标在国外被抢注，企业开拓海外市场有诸多不便，只能通过重新设计商标、海外诉讼、支付高额赎金等方式解决困境。因此，提前进行海外商标布局十分必要，企业可以根据自身经营需求，选择合适的途径进行商标国际注册。

 如何办理马德里国际注册？

马德里国际注册又称领域延伸申请，也就是申请人请求将在本国注册的或者申请的商标通过国际局延伸保护到其他缔约国。

一、申请条件

1、申请人必须在中国设有真实有效的工商营业场所，或者在中国设有住所，或者具有中国国籍；

2、申请人具有基础商标，即请求延伸保护的商标已经在中国商标局获得注册或者在中国商标局提出了注册申请。

二、需提交的材料

1、马德里商标国际注册申请书；

2、外文申请书；

3、申请人主体资格证明文件，如营业执照副本复印件、身份证件复印件、居住证明复印件等；

4、委托代理机构办理的，还需要提交代理委托书。

三、流程介绍

1、提交材料。申请人可以选择商标局网站提交、窗口提交或者邮寄提交，受理机构为国家知识产权局商标局国际注册处。

2、收文初审。商标局国际注册处收到申请材料后，会核对商标信息并进行登记，录入系统。

3、形式审查。此流程主要进行书式审查和费用审查，规定期间内未缴费的视为放弃，核对材料有误的，商标局国际注册处会及时通知申请人或其代理人进行补正。

4、递交国际局。形式审查通过后，商标局国际注册处会通过邮寄方式提交国际局。

5、国际局形式审查。国际局收文后进行形式审查，认为申请材料有误的，发送不规范通知，通知商标局和申请人或其代理人进行补正，补正期限为3个月。

6、发放国际注册证。国际局形式审查无误的，向商标局邮寄国际注册证，并向指定缔约国转交申请，进行公告。

7、实质审查。被指定缔约国的商标主管部门收到审查材料后，会在12个月或者18个月的审查期限内进行实质审查，并将审查结果通知国际局，再由国际局转交给商标局。

四、费用收取

有些马德里成员国要求单独规费，若申请人指定领土延伸国家为单独规费国家，则申请费包括基础注册费、单独规费。若申请人指定领土延伸国家为非单独规费国家，则申请费包括基础注册费、补充注册费、附加注册费。

25问 国际注册指定中国的商标与国内注册是否具有相同的效力？

国际注册指定中国的商标经审查通过后与国内注册具有相同的效力。但是中国商标局不会就国际注册商标单独下发中国注册证。由于商标网打印结果与国际注册证、国际注册档案都不具有国内注册证的效力，因此国际注册指定中国的商标在国内维权相关程序中，比如工商投诉、海关、公安以及诉讼等，证明自身权利比较困难，通常需要单独申请国内的商标注册证明以代替注册证的效力。

26问 申请商标之后还可以修改申请吗？

商标申请提交之后不得就商标、商品、申请人等关键事项要求修改。但是如果商标局就商标说明、商品等下发补正通知要求更正时可以进行相应的修改。申请人可以就申请人名称、地址中的明显打字错误进行更正，但是需要单独提起更正程序并缴纳相关费用。

27问 商标申请被要求补正怎么办？

商标申请被要求补正需要按照相关规定及时进行答复，否则很可能导致商标申请失效，申请日不予保留。其中要注意以下几点：

一、补正时限的计算。答复补正的时限通常是收到通知后30日内。如果申请是以数据电文方式提交的，则收到日按发出日加15天计算；如果补正通知是邮寄的，则按收到的邮戳日为准；如果通知是当场取回的，则将取回日期视为收到日。

二、补正应该如何答复。补正通知书中已列出要求补正的事项。申请人应当按照补正要求和说明进行填写，纸质送达的，需将补正通知原件及信封寄回商标局；通过网上申请送达的，通过网上申请回文即可。

（1）补正类型中最为常见的是商品项目的补正。补正通知书背面有详细的"关于商品/服务项目补正的说明"。

根据商标局目前的实践，申请人应尽量使用《商标注册用商品和服务分类表》中现有的商品或服务项目名称，或者这之外可接受的商品项目。使用非规范项目一般都会被下发补正。

因此，目前国内通过代理机构提交的申请和网报的商品/服务基本上都是规范项目，很少会下发补正。但同时由于分类表变更频繁，也不排除当时建议的商品是前版本的规范商品，后期被要求补正的情况。

某些国外的商品/服务项目在有优先权的情况下通常会使用非规范商品提交或者补正。在补正时一般都会建议使用规范名称，否则有不予受理的风险。如坚持不使用现有名称，应按照分类原则、使用具体、准确、规范的名称进行填写，要避免使用含混不清、过于宽泛且不足以划分其类别或类似群的商品或服务项目的名称。

（2）如果补正的事项是需要提交商标图样的，应当按要求补正商标图样，在补正通知书背面指定位置打印或粘贴商标图样1份。以颜色组合或者着色图样申请商标注册的，应当提交着色图样；不指定颜色的，应当提交黑白图样。

（3）补正要求报送图中文字书写方法出处的复印件的，应当报送该文字在各类字典、字帖等正规出版物的所在页的复印件，复印件上文字的写法应与商标图样中文字的写法一致。如果该文字是申请人自行设计、无出处的，应当注明。

28问 有商标共存协议就一定会注册成功吗？

共存协议通常指存在冲突的商标的权利人之间签订的允许在后商标获得注册的协议。实践中通常以双方签订的共存协议书或在先商标权利人单方出具的注册同意书的形式出现。

尽管《商标法》并未规定商标共存协议在商标近似性判断中的效力，但在实务操作中，商标评审委员会与法院已普遍接受商标共存协议作为商标近似性判断的考量因素。然而，商标共存协议是否必然能使商标核准注册呢？

在"苏宁"商标的驳回复审案件中，苏宁公司向商标评审委员会提交了与"苏宁环球"商标权利人签署的《商标共存协议书》，商标评审委员会对该共存协议书予以认可，对"苏宁"商标予以初步审定。

在"新莱特"商标驳回复审行政诉讼二审中，新莱特公司虽提交了其与"莱特"商标权利人光明乳业公司签订的《商标共存协议书》，但北京高院认为虽然光明乳业公司在《商标共存协议书》中认可新莱特公司的相关公众与光明乳业公司的相关公众完全不同，但根据新莱特公司提交的在案证据可知，新莱特公司是光明乳业公司的子公司，光明乳业公司通过新莱特公司控制海外奶源（2010年10月28日《青年周末》），并进军高端婴儿奶粉市场（2010年10月28日《21世纪经济报道》），可见，新莱特公司与光明乳业公司的经营范围存在重合，在《商标共存协议书》未对两者的经营范围以及市场划分进行充分说明及明确约定的情况下，仅有上述同意书不足以排除上述商标共存产生混淆的可能性，从而认定构成近似商标，"新莱特"不予注册。

因此可以发现，商标共存协议可以减轻商标之间混淆的可能性，但并不能当然取代混淆可能性审查，成为在后商标获准注册的充分理由。在实践中，商标评审委员会和法院对共存协议的采信通常持较为宽松的态度，如果在商标标志高度近似（即明显相近）甚至基本相同，商品或者服务相同或者明显类似的情况下，商标评审委员会与法院很难仅以商标共存协议而核准在后商标注册。如果商标标志存在一定的区别，共存不会造成公众的混淆误认，一般会认可共存协议，对在后商标予以核准注册。

> **实战小贴士**
>
> 如果在先近似商标的存在导致商标注册申请被驳回，企业可以考虑与在先商标权利人协商出具共存同意书，这样很有可能在驳回复审阶段，商标可以获得初步审定了。

29问 为扩大商标保护范围，是选择全类注册还是申请认定驰名商标？

顾名思义，商标全类注册就是将一件商标申请注册在《区分表》的45个类别商品和服务上，从而在全部类别上获得专用权。驰名商标认定是申请将核心商品或服务上的核心商标认定为驰名商标，以实现在该类别及其部分关联类别上的保护。

全类注册有其特定的优缺点。

其优点在于：第一，我国《商标法》还是以申请注册为原则，《商标法》第五十六条规定，注册商标的专用权，以核准注册的商标和核定使用的商品为限。由此规定可以发现，注册商标的保护以核定使用的类别为界限。将商标全类注册就可以很好地解决跨类别无法保护的问题，更好地打击抢注人的抢注行为，防止他人"傍名牌"。第二，商标全类注册还可以获得比"驰名商标"更大的保护范围，因为驰名商标也只是根据驰名程度的大小而获得不同程度的跨类别保护，而商标全类注册可以进行全类别保护。第三，商标全类注册可以提升品牌辨识度，防止品牌被他人贬损、破坏。比如百度公司作为国内第一大搜索引擎公司，其核心商标"百度"曾被某保健品公司在"避孕套"等商品上核准注册，这造成了对百度品牌的贬损。百度公司不得不通过诉讼维护自身声誉。

其弊端在于：如果商标在申请注册过程中碰到驳回复审、异议、不予注册复审等情形，则需要花费较多的物力和财力；即使商标顺利注册下来，后期的维护成本也不低，因为企业在正常经营过程中，大多也只会涉及几个类别，很难涉及全部类别，在未涉及的类别上，如果商标超三年未使用，而在相关类别上他人想申请注册，则很容易被他人提起撤销，那么该类别上的商标极可能被撤销，被别人注册成功。

通过认定驰名商标的方式扩大商标保护范围也存在一定的优缺点。

其优点在于：第一，驰名商标并不强制要求已注册，对于在我国国内未注册商标，如果达到驰名程度，亦可以在相同或类似商品、服务上予以保护。第二，如果在国内已注册的驰名商标，则可以跨类别保护。第三，驰名商标权利人在依照《商标法》第十三条第二款和第三款、第十五条、第十六条第一款、第三十条、第三十一条、第三十二条规定对他人提起无效宣告和对恶意将他人驰名商标注册为企业名称的情形，都不受五年期限限制。

其缺点在于：驰名商标认定要求比较高，需要企业花费巨大的精力、财力、物力对商标进行大力宣传、使用，需要在时间和地域两个维度都达到极高的知名度。

商标全类注册和驰名商标保护是对企业在发展到不同时期的不同保护手段，对于初创型企业或者企业初创某个产品品牌时，如果短期内会受到极大的关注，或商标独创性强、具有极强的显著性，可以进行全类注册予以保护。在企业发展到后期，在业内有一定影响力，则可以考虑采取驰名商标认定予以保护，比如腾讯公司的"微信"商标，在发展到后期已成为国民级别的应用，其通过驰名商标认定予以保护。

第30问 申请认定驰名商标应从哪些方面提供证据？

一般情况下，对商标权的保护范围仅限于相同群组商品或服务，比如注册在第25类服装商品上的商标不能阻止他人将该商标使用在第18类手提包商品上。《商标法》第十三条第三款规定，就不相同或者不相类似商品申请注册的商标是复制、摹仿或者翻译他人已经在中国注册的驰名商标，误导公众，致使该驰名商标注册人的利益可能受到损害的，不予注册并禁止使用。有些企业为了扩大自己主商标的保护范围，依据以上条款将主商标认定为驰名商标。然而，认定驰名商标具有严格的法律要求，需要企业出具大量的证据材料证明商标已经达到了驰名程度。

一、应当证明该商标的最先使用和持续使用情况。

二、应当证明该商标所使用的商品/服务销售范围广、销售量大、市场占有率高等经营情况，如该商标所使用的商品/服务的合同、发票、提货单、银行进账单、进出口凭据等；该商标所使用的商品/服务的销售区域范围、销售网点分布及销售渠道、方式的相关材料；具有资质的会计师事务所出具的、具有公信力的权威机构公布的涉及该商标所使用的商品/服务的销售额、利税额、产值的统计及市场占有率等；国家行业主管部门的证明、国家行业主管部门官方公开数据、在民政部登记的全国性行业协会公开或半公开的数据及出具的证明、权威评价机构的评价等能够证明行业排名或市场占有率的材料等。

三、应当证明该商标的广告宣传覆盖范围广、形式多样、持续时间长等推广情况，如涉及该商标的广播、电影、电视、报纸、期刊、网络、户外等媒体广告、媒体评论及其他宣传活动材料；该商标所使用的商品/服务参加的展览会、博览会的相关材料；使用该商标的广告合同及发票，具有资质的会计师事务所出具的、具有公信力的权威机构公布的涉及该商标所使用的商品/服务的广告额统计等。

四、应当证明与该商标有关的获奖情况，如使用该商标的商品或服务获得国家发明专利；使用该商标的商品或服务的技术作为国家标准、行业标准等。

五、应当证明该商标受法律保护的记录，如该商标在中国及其他国家、地区的注册证明；该商标被认定为驰名商标并给予保护的相关法律文件；该商标被侵权或者假冒及其维权情况。

> **实战小贴士**
>
> 许多企业在商标获得较高的知名度后，期望将其认定为驰名商标，但是知识产权局及法院认定驰名商标的标准相当严格，建议企业寻求专业代理人的协助，有的放矢地收集并提交证据。

31问 法律规定驰名商标不得进行广告宣传，企业网站上出现"驰名商标"字样是否属于广告宣传？

许多企业在经营过程中努力培养自己的主要商标，形成市场认可的知名品牌,并申请认定驰名商标。在2013版《商标法》实施以前,法律并未禁止用"驰名商标"字样进行宣传,然而,2013版《商标法》第十四条第五款规定,生产、经营者不得将'驰名商标'字样用于商品、商品包装或者容器上,或者用于广告宣传、展览以及其他商业活动中。这就意味着法律将驰名商标认定制度定位为保护商标,而非宣传商标。那么,认定驰名后,将"驰名商标"字样使用在企业网站上是否属于违法的广告宣传行为呢,这是企业需要厘清的一项关键问题。

2014年,国内某文具公司接到当地工商行政管理部门的通知,指出其在企业官方网站上关于公司"snowwhite 白雪"商标"2004年被认定为中国驰名商标"的表述涉嫌违反《商标法》第十四条第五款的规定,构成违法宣传驰名商标的行为,拟对该文具公司做出行政处罚,责令改正,罚款10万元。该文具公司对工商行政管理部门的处罚决定不服,提出行政复议。文具公司主张在官方网站的"企业简介"和"品牌标志"中提起"snowwhite 白雪"商标被认定为驰名商标的事实属于对企业历史的回顾和记录,是企业大事记的一部分,这与那种以醒目突出的方式、滚动式在网站首页打出"驰名商标"字样的宣传行为有本质区别,因此,公司官网上虽然出现"驰名商标"字样,但不属于广告宣传、商业活动行为,未违反法律规定。

经过行政复议、法院一审、二审程序,法院最终驳回了文具公司的主张,维持行政处罚决定。终审判决的观点是该文具公司在官方网站首页"公司简介"一栏记载"'snowwhite 白雪'商标作为公司主要品牌标志,已为众多消费者接受和认可,2004年被认定为中国驰名商标",在"品牌标志"一栏记载"我公司'snowwhite 白雪'商标2004年4月被认定为驰名商标"。行政机关对企业做出行政处罚的关键在于企业在网站上的上述记载是否构成将"驰名商标"字样用于广告宣传、展览以及其他商业活动中，作为消费者和商业交易对象了解企业的重要渠道，企业官方外网网站宣传企业形象、推介企业产品的功能，该文具公司在企业官方外网网站上对"snowwhite 白雪"商标做出"驰名商标"的表述，目的并不仅仅是介绍企业的历史和荣誉，更是为了提高企业的知名度和外界认可度，以获得更多更好的交易机会。因此，文具公司的行为属于《商标法》第十四条第五款所规定的禁止性行为。

以上案例足以对各企业构成警示，提醒各企业在网站使用"驰名商标"字样时要保持谨慎。

怎样使用"驰名商标"属于违法使用？2016年9月9日，《国家工商总局商标局关于企业在自建网站上使用驰名商标字样等有关问题的批复》中指出，《商标法》第十四条第五款的立法目的在于厘清驰名商标保护制度，明确驰名商标认定系对相关公众熟知商标给予扩大保护的立法本意，纠正将驰名商标认定等同于荣誉评比的错误认识倾向。如企业在网站上或其他经营活动中，有意淡化驰名商标认定与保护的法律性质，将"驰名商标"字样视为荣誉称号并突出使用，用以宣传企业或推销企业经营的商品或服务，则不属于合理使用的范畴，构成《商标法》第十四条第五款所规定的违法行为。

| 商标的使用与保护 |

鉴于我国商标制度的基础是注册制，在商标保护上也以保护注册商标为主，对于未注册商标保护比较有限，如果一些企业前期商标注册意识不足，或者其商标布局没有前瞻性，其商标就有可能被合作者或其他可能接触其商标的人抢先注册，导致企业无商标可用或者发展受阻。此外，还有一些专门以抢注他人商标为业的恶意抢注者，这些人专门以抢注各种知名人物、影视剧或卡通形象的人物形象名称、网络热词、知名企业名称、知名企业商标以及各种地理标志、通用名称等以谋取利润。商标异议和无效宣告程序制度的设计正是为了弥补商标注册制的僵硬性可能造成的不公平，使权利人或者相关公众有机会阻止或者撤销这些恶意抢注的商标注册。企业善用这些程序，可以在产生纠纷时有效维护自身合法权益，减少商标权利冲突给自身带来的损失。

商标获得注册以后商标注册人应尽快将其使用在已注册的商品上，同时需要注意保存使用证据。商标使用的形式可以很多样，包括使用在产品及包装等本身，以及使用在相关合同发票或者宣传资料等。如果注册以后满三年没有使用的，任何第三人可能对其提出撤销三年不使用注册商标申请。如果商标注册人不能提出有效的使用证据，辛辛苦苦注册的商标可能会被撤销，因此应特别予以重视。

商标作为企业重要的无形资产，在注册成功以后除了可以自己使用，也可以作为一种融资手段。许多科技创新型企业尤其是中小微企业在初创时期往往面临资金不足的问题，这限制了企业的发展。为了鼓励科技创新型企业的发展，国家大力倡导通过知识产权质押的方式进行融资，解决企业资金困境。

除了自身使用以外，防止竞争对手及其他恶意搭便车者滥用商标注册人的商标也是商标保护的内容之一。基于商标专用权与企业字号的紧密联系，两者经常存在交叉，但由于商标注册和企业名称注册体系之间并不联通，无法互查。一些企业经常利用这些制度之间的漏洞，将他人知名商标注册为企业名称使用，在消费者中造成混淆，对商标注册人造成很大损失。此外，除了传统的商标侵权形式以外，随着媒体的日益发达、互联网及网络平台的兴起和日益普及，各种新的侵权形式层出不穷。比如，将他人注册商标作为电视节目名称使用，或者将他人商标作为域名注册或作为网络搜索的关键字等。了解企业如何利用注册商标及相关权益防止他人恶意滥用其商标，对于企业商标保护也具有比较重要的价值。

对于进出口企业来说，我国有比较完备的知识产权海关保护制度，可以在进出口环节就有效阻止侵权产品的流通。尤其，如果权利人妥善利用知识产权海关备案制度和海关的主动保护体制，只需要较低的成本，就能够获得相对完善的保护，对企业发展大有裨益。

 如何办理商标质押登记？

许多科技创新型企业尤其是中小微企业在初创时期往往面临资金不足的问题，这限制了企业的发展。为了鼓励科技创新型企业的发展，国家大力倡导通过知识产权质押的方式进行融资，解决企业资金困境。商标作为知识产权的一种，同样可以进行质押。

依据国家知识产权局关于《注册商标专用权质押登记程序规定》的公告第二条规定，自然人、法人或者其他组织以其注册商标专用权出质的，出质人与质权人应当订立书面合同，并共同向国家知识产权局办理质权登记。也就是说，办理商标质押时必须进行登记，质权自国家知识产权局办理质押登记时起成立。

一、商标：能够在中国办理质押登记的商标包括在中国大陆注册的商标或者延伸至中国的国际注册商标。

二、申请人：办理质押登记的申请人必须是双方当事人，质权人和出质人共同作为申请人。

三、途径：办理质押登记的途径有两种。一种是申请人自行到商标局受理窗口或者商标局委托的各地商标质押受理点办理，一种是质权人和出质人共同委托同一个人或同一个代理机构办理。

四、期限：办理质押登记的周期为5个工作日，即申请人提交申请书后5个工作日内，商标局作出是否予以登记的决定。

予以登记的，商标局向双方当事人发放《商标专用权质权登记证》，该登记证载明：出质人和质权人的名称（姓名）、出质商标注册号、被担保的债权数额、质权登记期限、质权登记日期。

五、申请书件：

1、由申请人签字或者盖章的《商标专用权质权登记申请书》；

2、出质人和质权人的身份证明文件复印件，比如企业的营业执照副本、自然人的身份证、港澳居民居住证、台湾居民居住证、护照等；

3、主合同和注册商标专用权质权合同原件或者经双方盖章确认的复印件，两份合同必须有法定代表人的签字，非法定代表人签字的，需要附送该人员签署合同的特别授权文件，如果是外文文本还需附中文译本一份；

4、委托自然人办理的，应当提交授权委托书以及被委托人的身份证明文件；委托商标代理机构办理的，应当提交商标代理委托书；

5、出质商标专用权的价值评估报告，如果质权人和出质人双方已就出质商标专用权的价值达成一致意见并提交了相关书面认可文件，可不再提交出质商标专用权的价值评估报告。

六、质权合同一般应当包括以下内容：

1、出质人和质权人的名称或姓名及住址；

2、被担保的债权种类、数额；

3、债务人履行债务的期限；

4、出质注册商标的清单，应当列明注册商标的注册号、类别及专用期；

5、担保的范围；

6、当事人约定的其他事项。

> **实战小贴士**
>
> 办理商标质押时必须进行登记，质权自国家知识产权局办理质押登记时起成立。

33 如何提起商标异议？

商标异议是指申请人对初步审定并公告的商标，在法定期间内，向商标局主张该商标不应核准注册的法律程序。商标异议程序的设置，目的在于加强公众对商标审查工作的监督，在商标注册过程中给予公众维护自身合法权益的机会，减少商标权利冲突。

《商标法》第三十三条规定，对初步审定公告的商标，自公告之日起三个月内，在先权利人、利害关系人认为违反本法第十三条第二款和第三款、第十五条、第十六条第一款、第三十条、第三十一条、第三十二条规定的，或者任何人认为违反本法第九条、第十条、第十一条、第十二条、第十九条规定的，可以向商标局提出异议。

一、异议期间

商标异议期间为三个月，自商标初步审定公告的次日起算。异议期间的最后一天是法定节假日的，可以顺延至节假日后的第一个工作日。

二、主管机关

审理商标异议案件的机关为商标局，申请人可以通过大厅办理、邮寄办理、委托代理机构办理等方式向商标局递交申请材料。

三、审理期限

商标异议案件审理期限为十二个月，自初步审定公告期满之日起算。有特殊情况需要延长的，经国务院工商行政管理部门批准，可以延长六个月。

四、申请材料

1、商标异议申请书。

2、申请人的身份证明文件。申请人为自然人的，应提交身份证、护照等有效证件复印件；申请人为法人或者其他组织的，应提交营业执照或《事业单位法人证书》《社会团体法人登记证书》《民办非企业单位登记证书》《基金会法人登记证书》《律师事务所执业许可证》或成立证明等相应文件复印件。

3、异议理由、事实依据、法律依据、证据材料。

4、以违反《商标法》第十三条第二款和第三款、第十五条、第十六条第一款、第三十条、第三十一条、第三十二条规定为由提出异议的，申请人应提交在先权利人或者利害关系人证明文件。例如，基于在先申请或在先注册的商标提出异议的，应提交在先申请或在先注册的商标信息；基于在先使用商标提出异议的，应提交显示商标、商品或服务、日期、使用人的在先使用证据；主张代理人或代表人或特定关系人抢注商标的，应证明被申请人与申请人之间存在代理关系或代表关系或其他特定关系；主张侵犯商标权以外的其他在先权利的，应当证明在先权利的存在，如通过工商登记信息证明在先商号权，通过著作权登记证或者作品发表信息证明在先著作权，通过身份证或护照信息、自然人知名度证据证明在先姓名权。

5、委托商标代理机构办理异议申请的，应提交商标代理委托书。

> **☞ 实战小贴士**
>
> 提交异议注意事项：一、必须在规定的异议期内提出异议；二、注意当时人主体资格是否符合法律要求；三、首次提交就需要提交全部规定的文件和初步证据。

第34问 如果商标被提出连续三年不使用撤销申请，应如何应对？

商标注册人在拿到注册证后，注册满三年的商标，存在被他人提起连续三年不使用撤销申请的风险。若注册商标被他人提起撤销，商标局会要求注册人提供近三年的商标使用证据，若注册人无法提供证据或者证据不符合法律要求，则商标被撤销，注册人丧失商标专用权。

《商标法》第四十八条规定，本法所称商标的使用，是指将商标用于商品、商品包装或者容器以及商品交易文书上，或者将商标用于广告宣传、展览以及其他商业活动中，用于识别商品来源的行为。《商标法实施条例》第六十六条第二款规定，前款所称使用的证据材料，包括商标注册人使用注册商标的证据材料和商标注册人许可他人使用注册商标的证据材料。

因此，注册人在商标注册后的使用过程中，应根据以上法律规定有意识地保存商标使用证据，避免在连续三年不使用撤销程序中因提交证据不力而丧失商标专用权。

商标使用证据的具体表现方式包括：

1、直接使用于商品服务，包括使用于商品介绍手册、商品场所装饰、招贴、菜单、登记证、价目表、入住表格、挂号卡、奖券、贸易标志、汇款单据、文具、信笺及其他配套用具用品等；

2、使用于与商品有联系的文件资料，包括发票、发货单、纪念品、提供商品协议等；

3、在广播、电视、杂志、报纸及广告牌、邮寄广告等媒体或广告方式中为实际使用商标的商品或服务进行的广告宣传；

4、在展览会、展示会使用商标，包括在展览会、展示会上提供使用商标的印刷品以及其他资料、照片等。

另外，商标注册的目的是商业使用，因此，在商标公告，法律文书，商标的变更、转让和续展注册以及其他不具有商业意义的使用都不能视为实际意义上的商标使用。

商标注册人提供的商标使用证据应当符合以下要求：

1、能鉴别出有关商品或服务的提供者；

2、能鉴别出所使用的商品或服务；

3、能鉴别出许可、监控使用关系；

4、能鉴别出商标使用的确切时间；

5、纸质证据为原件或经公证的复印件；

6、真实、有效、合法。

☞ **实战小贴士**

为了防止被他人申请撤销，企业一定要及时规范地使用商标，并注意保存相关使用证据。

商标被公司内部人员或者合作对象抢先注册了怎么办？

商标抢注现象屡禁不止，其中，企业商标被公司内部员工、代表人、代理人、合作伙伴抢注的现象非常普遍，这给企业的市场运营造成了很大困扰。《商标法》第十五条规定，未经授权，代理人或者代表人以自己的名义将被代理人或者被代表人的商标进行注册，被代理人或者被代表人提出异议的，不予注册并禁止使用。就同一种商品或者类似商品申请注册的商标与他人在先使用的未注册商标相同或者近似，申请人与该他人具有前款规定以外的合同、业务往来关系或者其他关系而明知该他人商标存在，该他人提出异议的，不予注册。

2013年4月，泛美公司在防冻剂、传动液等商品上注册了"LUK"商标。2013年5月，该商标转让至中鲁公司，2015年10月，该商标再次转让至鲁克公司。俄罗斯卢克公司对该商标提出无效宣告，主张鲁克公司为其经销商，基于代理关系知悉并抢注了"LUK"商标，侵犯了俄罗斯卢克公司的商标权。商标评审委员会经审理，驳回了俄罗斯卢克公司的申请，后俄罗斯卢克公司不服，向北京知识产权法院提起行政诉讼。

北京知识产权法院查明，泛美公司由林某原、林某青于2011年5月5日共同出资设立。中鲁公司于2011年7月20日成立，林某春为其创始股东之一，2015年2月28日，林某原也成为该公司股东。鲁克公司于2014年5月27日成立，林某原为该公司的法定代表人。另外，林某原、林某青、林某春身份证上登记的住址相同。以上事实证明，其三公司为关联公司。2012年2月24日，也就是诉争商标申请日前，原告俄罗斯卢克公司的子公司与南安公司签订交货合同，合同约定销售产品为包装油、机油等，销售发票显示"LUK"商标。之后，南安公司指定中鲁公司为国内总经销商。因此，泛美公司、中鲁公司、鲁克公司对于原告在包装油、机油、传动油等商品上使用"LUK"标识是明知或者理应知晓的。但是，泛美公司仍然在"防冻剂、传动液"等商品上申请注册相同的诉争商标"LUK"，构成2013年《商标法》第十五条第二款禁止注册的情形。最终，北京知识产权法院撤销了该商标的注册。

本案是典型的代理人抢注商标案件，与之类似的还包括代表人抢注、特定关系人抢注。其中，代理人不仅包括民法意义上的代理人，还包括基于商事业务往来而可以知悉被代理人商标的经销商。代表人包括公司法定代表人、董事、监事、经理、合伙事务执行人等。特定关系人可以是买卖关系、委托加工关系、加盟关系、投资关系、赞助关系、联合举办活动关系、业务考察关系、业务磋商关系、广告代理关系、亲属关系、员工隶属关系等。

此类案件中，被抢注人需要证明的事实包括：

1、系争商标注册人与被抢注人存在代理关系或代表关系或其他特定关系，用以证明此类关系的证据包括但不限于代理合同、经销合同、交易凭证、采购资料、业务往来函、劳动合同、工资表、任职文件、社保证明、户口登记证明等；

2、系争商标与被抢注人的商标相同或者近似；

3、系争商标指定使用的商品或服务与被抢注人商标所使用的商品或服务相类似；

4、系争商标的注册未经被抢注人的同意；

5、早在系争商标申请日前，被抢注人已经使用了该商标。

符合以上条件的，被抢注人可以在系争商标初步审定公告期内向商标局提起异议申请，或者在系争商标注册之日起五年内向商标评审委员会提起无效宣告申请，保障自身合法商标权益。

> **☞ 实战小贴士**
>
> 为了防止内部员工或者合作伙伴抢注，企业应注意：一、企业在与其员工签订的劳动合同以及与合作伙伴签订的各种合作合同及协议中最好明确约定知识产权归属及不得抢注的条款；二、应尽量保留好与合作相关的协议、文件、邮件等；三、注意保存商标的使用证据。

36问 商品化权益是否能够作为"在先权利"受到商标法保护？

《商标法》第三十二条规定，申请商标注册不得损害他人现有的在先权利，也不得以不正当手段抢先注册他人已经使用并有一定影响的商标。《商标审查及审理标准》对"在先权利"的解释为：在系争商标申请注册日之前已经取得的，除商标权以外的其他权利，包括字号权、著作权、外观设计专利权、姓名权、肖像权以及应予保护的其他合法在先权益。那么，商品化权益是否属于"在先权利"的一种而获得商标法的保护呢？

2017年1月10日公布的《最高人民法院关于审理商标授权确权行政案件若干问题的规定》第二十二条规定，对于著作权保护期限内的作品，如果作品名称、作品中的角色名称等具有较高知名度，将其作为商标使用在相关商品上容易导致相关公众误认为其经过权利人的许可或者与权利人存在特定联系，当事人以此主张构成在先权益的，人民法院予以支持。这说明受著作权保护的作品诸如影视作品、文学艺术作品、音乐作品等的知名作品名称、作品中知名角色名称均可以作为商品化权益获得保护。

2008年，自然人胡某在方向盘罩等商品上申请注册"KUNG FU PANDA"商标，美国梦工厂动画影视公司对该商标提出异议，主张"KUNG FU PANDA"属于其知名美术作品名称，该商标的注册将损害美术作品的商品化权益，应当不予注册。该案件持续七年，经过商标评审委员会异议复审、北京市第一中级人民法院一审、北京市高级人民法院二审，最终判决诉争商标不予注册。二审法院认为，美国梦工厂动画影视公司主张的对"功夫熊猫KUNG FU PANDA"影片名称享有的商品化权确非我国现行法律所明确规定的民事权利或法定民事权益类型，但当电影名称或电影人物形象及其名称因具有一定知名度而不再单纯局限于电影作品本身，与特定商品或服务的商业主体或商业行为相结合，电影相关公众将其对于电影作品的认知与情感投射于电影名称或电影人物名称之上，并对与其结合的商品或服务产生移情作用，使权利人据此获得电影发行以外的商业价值与交易机会时，则该电影名称或电影人物形象及其名称可构成商品化权并成为商标注册中的"在先权利"。如将上述知名电影名称或电影人物形象及其名称排斥在受法律保护的民事权益之外，允许其他经营者随意将他人知名电影名称或电影人物形象及其名称作为自己商品或服务的标识注册为商标，借此快速占领市场，获得消费者认可，不仅助长其他经营者搭便车抢注商标的行为，而且会损害正常的市场竞争秩序。"功夫熊猫KUNG FU PANDA"作为在先知名电影作品名称及其中的人物形象名称应当作为在先商品化权益得到保护。类似的案例如"驯龙高手"案、"邦德007BOND"案，法院均对商品化权益做出了认可。

并非所有的作品名称和角色名称均能作为商品化权益得到保护，

应当符合的基本法律要件是：1、该作品名称或角色名称应当具有较高知名度，存在商业价值；2、诉争商标与该作品名称或角色名称十分相近，导致消费者混淆误认；3、诉争商标的注册与使用会损害作品权利人的合法权益，比如挤占了作品权利人的市场，使其丧失或减少了交易机会。

> **实战小贴士**
>
> "商品化权"作为的保护的认定标准比较高，其中知名度的证据、证明混淆、证明损失的证据都比较关键。因此，实践中应注意保存相关的证据。

37问 当注册商标与企业字号发生冲突时应如何处理？

当注册商标与企业字号发生冲突时，需要综合考虑多方面的因素。主要可以从商标侵权和不正当竞争两个角度去分析。

一、是否构成商标侵权

《最高人民法院关于审理商标民事纠纷案件适用法律若干问题的解释》第一条第（一）项，下列行为属于商标法第五十二条第（五）项规定的给他人注册商标专用权造成其他损害的行为：

（一）将与他人注册商标相同或者相近似的文字作为企业的字号在相同或者类似商品上突出使用，容易使相关公众产生误认的；

以下因素构成判定该字号使用是否侵犯商标权的主要依据：

（1）注册商标与字号构成近似。首先需要注册商标的中文文字部分与字号的主要部分构成近似。因为商标可能由多种要素组成，包括中文、英文、数字、图形等。而企业名称只能注册文字，而且企业名称中含有地名、行业、法人性质的部分都不能予以保护，因此，企业名称只保护其区别于他人的关键部分，即俗称的"字号"。关于商标近似的判断标准详见本文关于商标审查部分。

（2）注册商标的指定使用商品/服务与他人使用的主要商品/服务相同/类似，如具有相同的功能、用途、材质，具有类似的消费渠道、销售群体等，则通常情况下导致混淆的可能性较高。

（3）企业字号突出使用，比如字体或者颜色显著突出，且版式上与名称的其他部分分离，且没有足以区分该字号和商标的标志，则该种使用可能被认定为是商标性的使用，从而容易导致相关公众将该字号与商标相混淆。

因此，在字号与商标相同/近似的基础上，如果再满足商品近似、突出使用条件，基本就可以判定对该字号的使用构成侵犯注册商标专用权的情形。如果法院认定字号使用人构成商标侵权，可以判定侵权人停止以该种突出使用的形式使用其字号并承担损害赔偿责任。

二、是否构成不正当竞争

《商标法》第五十八条规定，将他人注册商标、未注册的驰名商标作为企业名称中的字号使用，误导公众，构成不正当竞争行为的，依照《中华人民共和国反不正当竞争法》（以下简称《反不正当竞争法》）处理。

《反不正当竞争法》第二条第一款　经营者在生产经营活动中，应当遵循自愿、平等、公平、诚实的原则，遵守法律和商业道德。

《最高人民法院关于审理注册商标、企业名称与在先权利冲突的民事纠纷案件若干问题的规定》第四条规定，被诉企业名称侵犯注册商标专用权或者构成不正当竞争的，人民法院可以根据原告的诉讼请求和案件具体情况，确定被告承担停止使用、规范使用等民事责任。

判定是否构成不正当竞争应参考以下因素：

（1）注册商标与字号是否构成近似。首先需要注册商标的中文文字部分与字号的主要部分构成近似。因为商标可能由多种要素组成，包括中文、英文、数字、图形等。而企业名称只能注册文字，企业名称中含有地名、行业、法人性质的部分都不能予以保护，因此，企业名称只保护其区别于他人的关键部分，即俗称的"字号"。关于商标近似的判断标准详见本文关于商标审查部分。

（2）注册商标的知名度如何。如果注册商标具有很高的知名度，则容易推断字号使用方的恶意，也容易证明混淆。如果商标知名度较高，即使对方没有突出使用，而是正常使用其商号，也可能认定对方具有利用他人商誉搭便车的故意，以及该使用具有造成混淆的可能性，从而认定构成不正当竞争行为。

（3）字号注册及使用是否有恶意。如果字号注册时间较晚，且其主要经营范围与注册商标商品相类似，且注册商标具有很高的知名度，则也可以推断对方在注册时的恶意比较明显，因而对方使用注册企业名称本身具有不正当性，即使不突出使用字号，亦足以使消费者对商品或者服务的来源以及不同经营者之间具有关联关系产生混淆误认。

因此，在字号与商标相同/近似的基础上，如果能够证明注册商标的知名度、对方在注册及使用时的恶意，基本就可以判定对该字号的使用构成不正当竞争行为。如果法院认定字号使用人构成不正当竞争，可以判定侵权人限制使用其字号，甚至变更其字号并承担损害赔偿责任。

在上海知识产权法院办理的"上诉人慧智林知识产权代理（上海）有限公司（以下至判决主文前简称上海慧智林公司）、慧智林知识产权代理（大连）有限公司（以下至判决主文前简称大连慧智林公司）因侵害商标权、擅自使用他人企业名称、其他不正当竞争纠纷一案"，上诉人就因为其注册和使用了含有与被上诉人知名商标相同的字号"慧智林"作为企业名称，从而侵害了被上诉人慧智林欧洲专利商标代理事务所（HASELTINELAKELLP）的商标权及构成不正当竞争，而被法院判决停止侵害商标权、停止使用含有"慧智林"字样的企业名称；刊登声明消除影响，并赔偿慧智林欧洲事务所的经济损失及合理费用。

> **☞ 实战小贴士**
>
> 判断企业字号是否侵权时，是否"突出使用"、商标的知名度、商品/服务是否近似等都是重要的考量因素。因此，企业注意保存其商标知名度的证据仍然比较关键。

38问 他人将已注册商标或者与之近似的标识作为其域名或者搜索关键字，应如何处理？

当与注册商标相同/近似的文字被注册为域名/关键字时，主要可以从商标侵权和不正当竞争两个角度去分析。

一、是否构成商标侵权

《商标法》第五十七条第一款规定，有下列行为之一的，均属侵犯注册商标专用权：……（二）未经商标注册人的许可，在同一种商品上使用与其注册商标近似的商标，或者在类似商品上使用与其注册商标相同或者近似的商标，容易导致混淆的……（七）给他人的注册商标专用

权造成其他损害的

《最高人民法院关于审理商标民事纠纷案件适用法律若干问题的解释》第一条第（三）项规定，将与他人注册商标相同或者近似的文字注册为域名，并且通过该域名进行相关商品交易的电子商务，容易使相关公众产生误认的，属于商标法规定的给他人注册商标专用权造成其他损害的行为。

由上可见，根据相关法律与司法解释的规定，判断是否构成商标侵权需要考虑以下几个因素：

1.注册商标与域名/关键字近似。首先需要注册商标的文字部分与域名的主要部分构成近似。

2.注册商标的商品与域名所在的网站以及关键字所指向的网站使用的商品是否构成近似/容易导致混淆误认。如果两者商品/服务类似，如具有相同的功能、用途、材质，具有类似的消费渠道、销售群体等，则通常情况下导致混淆的可能性较高。

综上，如果满足以上两点，则可以判定域名/关键字侵犯了注册商标专用权。

二、是否构成不正当竞争

《最高人民法院关于审理涉及计算机网络域名民事纠纷案件适用法律若干问题的解释》第四条规定，人民法院审理域名纠纷案件，对符合以下各项条件的，应当认定被告注册、使用域名等行为构成侵权或者不正当竞争：

（一）原告请求保护的民事权益合法有效；

（二）被告域名或其主要部分构成对原告驰名商标的复制、模仿、翻译或音译；或者与原告的注册商标、域名等相同或近似，足以造成相关公众的误认；

（三）被告对该域名或其主要部分不享有权益，也无注册、使用该域名的正当理由；

（四）被告对该域名的注册、使用具有恶意。

第五条第一款第（一）（二）项规定，被告的行为被证明具有下列情形之一的，人民法院应当认定其具有恶意：

（一）为商业目的将他人驰名商标注册为域名的；

（二）为商业目的注册、使用与原告的注册商标、域名等相同或近似的域名，故意造成与原告提供的产品、服务或者原告网站的混淆，误导网络用户访问其网站或其他在线站点的。

由上可见，根据相关法律与司法解释的规定，判断是否构成不正当竞争需要考虑以下几个因素：

1.注册商标与域名/关键字近似。需要注册商标的文字部分与域名的主要部分构成近似。

2.注册商标具有一定知名度。注册商标的知名度虽然不是判断不正当竞争的必须条件，但却是重要条件之一，因此商标的知名度对于确认是否有恶意，和是否容易导致混淆都有重要作用。

3.域名注册/使用是否有恶意/是否容易导致混淆。如果商标已经达到驰名的程度，不论其是否已经注册，都很容易判断域名注册具有搭便车的恶意，企图误导相关公众误认为该域名与驰名商标的所有人所有，进而其运营的网站上相关的服务也与驰名商标相关。

即使商标没有达到驰名的程度，如果注册商标具有一定的知名度，而域名所有人如果注册将其抢注为域名并在使用中故意将其网站提供的产品与服务与注册商标指定的产品与服务相混淆，误导网络用户访问其网站的，都可以被认定具有恶意。

因此，在域名与商标相同/近似的基础上，如果能够证明注册商标的知名度、对方在注册及使用域名时的恶意，基本就可以判定对该域名的使用构成不正当竞争行为。

《最高人民法院关于审理涉及计算机网络域名民事纠纷案件适用法律若干问题的解释》第八条规定，人民法院认定域名注册、使用等行为构成侵权或者不正当竞争的，可以判令被告停止侵权、注销域名，或者依原告的请求判令由原告注册使用该域名；给权利人造成实际损害的，可以判令被告赔偿损失。

如果法院认定域名使用人构成不正当竞争，可以判定侵权人限制使用其域名、甚至判定由注册商标所有人注册并使用该域名，同时侵权人还需要承担损害赔偿责任。

上海知识产权法院的"上海S电子商务股份有限公司与N食品（上海）有限公司侵害商标权纠纷二审民事判决书"中，上诉人就因为注册和使用了与被上诉人N食品（上海）有限公司知名商标"Lecake"类似的域名 lacake.com，同时在该域名运营的网站上大肆使用该"LACAKE"等标识，在其生产的蛋糕外包装、各大团购网站上大量使用"贝心LACAKE"，从而被法院认定构成侵害被上诉人的商标权，判决停止使用域名"lacake.com"以及依据该域名建立的网站（网址为www.lacake.com），在《东方早报》上刊登声明消除影响，并赔偿N公司经济损失250,000元及合理费用25,000元。

👉 实战小贴士

判断域名/关键词是否侵权时，双方的相似度、商标的知名度、对方恶意以及是否容易导致混淆等都是重要的考量因素。因此，企业注意保存其商标知名度的证据仍然比较关键。

用于电视节目名称是否属于商标性使用？属于哪一商品/服务类别？

目前文化娱乐产业发展迅猛，许多影视公司在制作传统的电视、电影作品外投入大量资金录制发行各种综艺节目，那么对电视节目名称的使用是否属于商标性使用，是否构成侵权，这成为影视公司、网络平台、电视台应当考虑的问题。

2010年，某省电视台与深圳某公司合作开播《非诚勿扰》婚恋交友节目，结果被国内一自然人金某起诉侵犯商标权。金某主张其在2009年就已申请了"非诚勿扰"商标，核定使用在第45类"交友服务、婚姻介绍所"等服务项目上，某省电视台与深圳某公司擅自将"非诚勿扰"字样使用在婚恋交友类节目上，侵犯了其在先商标权。某省电视台抗辩主张，"非诚勿扰"是其电视节目的名称，并未将这四个字作为商标使用。另外，即使构成商标性使用，也是使用在第41类"电视节目"服务项目上，不属于第45类服务。因此，并未侵犯金某的商标权。该案件经过深圳市南山区人民法院一审、深圳市中级人民法院二审、广东省高级人民法院再审程序，最终认定《非诚勿扰》电视节目名称属于商标性使用，但是属于第41类服务，与金某商标核定使用的第45类服务不属于同一群组，因此得出不侵权结论。

通过以上案例，我们可以总结出电视节目名称在什么情况下属于商标性使用，属于哪一类别的商品/服务。

第一，商标是指商品或服务的生产者、经营者在生产经营过程中，用于区别商品或服务来源的商业标志。判断某标识是否属于商业性使用，关键在于该标识的使用是否为了指示相关商品/服务的来源，起到使相关公众区分不同商品/服务的提供者的作用。相关标识具有节目名称的属性并不能当然排斥该标识作为商标的可能性。若电视节目的名称反复多次、大量地在其电视、官网、招商广告、现场宣传等商业活动中单独使用或突出使用，使用方式上具有持续性与连贯性，其中标识更在整体呈现方式上具有一定的独特性，这显然超出对节目或者作品内容进行描述性使用所必需的范围和通常认知，具备了区分商品/服务的功能，从而构成商标性使用。

第二，在对电视节目是否与涉案商标核定使用商品/服务相同或类似进行判断时，不能仅仅依靠节目题材或表现形式作出判定，应当结合相关服务的目的、内容、方式、对象等各方面情况并综合相关公众的一般认识，进行综合考量。广播电视行业不可避免地要对现实生活有关题材进行创作升华，因此，电视节目中都会涉及现实生活题材。但这些现实生活题材只是电视节目的组成要素，不等同商标使用的服务项目。在判断电视节目是否与某一服务类别相同或类似时，不能简单、孤立地将某种表现形式或某一题材内容从整体节目中割裂开来，片面地作出认定，而应当综合考察节目的整体和主要特征，把握其行为本质，作出全面、合理的认定，并紧扣商标法宗旨，从相关公众的一般认识出发充分考察被诉行为是否导致混淆误认，从而做出侵权与否的认定。《非诚勿扰》虽然以婚恋交友为题材，但其本质属于第41类"电视节目"服务项目，而非第45类"交友服务、婚姻介绍所"服务项目。

☞ 实战小贴士

影视公司等媒体在选取其节目名称时应注意是否侵犯他人商标权在内的合法权益。

商标侵权纠纷

企业商标获得注册后即享有商标专用权,但注册绝不是商标管理的终点,恰恰是商标维权的起点。培养一个知名品牌并非易事,不但要进行大量的产品销售,持续开拓市场增加销售量,扩大销售范围,还要通过户外广告、纸媒、电视、互联网、自媒体等多种途径进行商业宣传。企业投入大量的人力物力财力,商标的知名度才随之提高,品牌得以立足市场。商业价值的提升对企业来说自然有利,但同时存在被傍名牌、搭便车的巨大风险,于是进行有效的商标维权、维护品牌声誉成为企业经营者重点关注的问题之一。

企业经营者在商标管理过程中,首先要分清楚哪种行为构成侵权,哪种行为不构成侵权,这是商标维权的前提。商标法列举了常见的商标侵权行为,包括在同一种或类似商品上使用与注册商标相同或者近似的商标;销售侵犯注册商标专用权的商品;伪造或擅自制造注册商标标识;销售伪造或擅自制造的注册商标标识;擅自更换注册商标标识等等。为了发现上述侵权行为,许多大型企业尤其是将商标作为重要资产的企业往往会设置专门的调查岗位,对线上或线下市场进行定期监测,或者委托专业律师做监测,及时固定证据,为后续维权做准备。

商标维权途径也分多种,最常用的是直接提起侵权诉讼、向市场监督管理部门进行投诉这两种方法。无论是哪种方法,搜集证据都是企业维权的重点。其一,企业需要妥善保存商标注册证书、及时进行商标续展,保障权利基础的稳定;其二,在日常经营过程中,保留商标使用证据也相当有必要,提供大量使用证据证明商标知名度能够增加维权成功概率;其三,固定侵权证据证明侵权事实是案件的关键;最后,提交与赔偿额认定相关证据,对打击侵权力度意义重大。

近年来，商标法多次修改，可喜的是打击侵权行为一直是立法和司法的重点关注内容。法院酌定侵权赔偿最高额从五十万增加到三百万，之后又提升到五百万，也体现了立法者严惩商标侵权行为的决心。这对企业来说必然是一个利好消息，提高赔偿额一方面能弥补企业因维权投入的大量成本，另一方面能进一步震慑侵权行为，维护商标专用权。

40问 企业经营中，对商标"反向假冒"的行为是否存在侵权风险？

"反向假冒"构成侵权，根据具体情形不同，可能构成侵犯商标权及不正当竞争。

《商标法》第五十七条规定，有下列行为之一的，均属侵犯注册商标专用权：……（五）未经商标注册人同意，更换其注册商标并将该更换商标的商品又投入市场的.

"反向假冒"是指在取得他人带有注册商标的产品后，未经商标注册人同意更换其产品上的注册商标，并将该更换了商标的商品又投入市场的行为。这种行为在2001年《商标法》中就已经被明确为法定的侵犯注册商标专用权的主要表现形式之一。这种行为表面上看没有使用商标注册人的商标，好像不构成侵权，但是由于商标作为区分其服务来源的标志，其商标在实际使用过程中常常与其产品的特定品质、特殊设计、包装装潢等各方面形成稳定的对应关系。因此，"反向假冒"行为侵害了商标注册人展示其商标的权利，同时也将其商标与其商品特定品质的对应关系打乱，容易造成消费者的混淆和市场的混乱。因此，"反向假冒"既构成商标侵权，也构成不正当竞争。

比如在著名的"枫叶诉鳄鱼"案件中，被告新加坡E公司授权销售其产品的T公司将北京某服装厂生产的枫叶西裤上的商标撕下来，换上卡帝乐鳄鱼商标高价出售，北京某服装厂因此起诉了T等公司。该案件就属于典型的商标反向假冒行为，即侵犯了该注册商标的商标权，同时也容易导致混淆，构成不正当竞争。因此，同益公司的行为既可以适用《商标法》，也可以适用《反不正当竞争法》。但是该案中，因为原告是以侵犯商业信誉和不正当竞争起诉的，因此法院依照《中华人民共和国民事诉讼法》（以下简称《民事诉讼法》）规定的当事人请求原则进行审理。审理该案件的法院后来依据《反不正当竞争法》，作出由被告道歉并赔偿损失的判决。

> ☞ **实战小贴士**
>
> 企业经营中，即使是通过合法途径支付合理对价后购买的产品，进行二次销售时也不可以随意更换产品商标，否则构成侵权。

41问 什么情况下使用他人的注册商标属于合理使用，不构成侵权？

商标的合理使用指的是商标权利人以外的主体在生产经营活动中以叙述性使用、指示性使用、说明性使用等方式，善意使用商标权利人的注册商标而不构成侵犯商标专用权的行为。所以说，并非所有使用他人注册商标的行为都属于违法行为，法律赋予了市场主体善意使用他人注册商标的权利。针对商标的合理使用，《商标法》第五十九条作出了相应规定，注册商标中含有的本商品的通用名称、图形、型号，或者直接表示商品的质量、主要原料、功能、用途、重量、数量及其他特点，或者含有的地名，注册商标专用权人无权禁止他人正当使用。

2016年，M公司起诉G乳业公司，主张G乳业公司在鲜牛奶产品包装盒上标明的"85℃巴氏杀菌乳新鲜说""就是要喝85度杀菌的巴氏鲜奶"等文字侵犯了其"85℃"商标的专用权。G乳业公司辩称涉案产品采用巴氏杀菌技术，包装盒上标注"85℃"字样属于描述性使用，表达的是涉案产品使用的杀菌温度，并非区分商品来源的商标意义上的使用，属于善意合理的使用。

该案由上海知识产权法院作出终审判决。法院认为，在被控侵权商品外包装上使用被控侵权标识"85℃"，是温度的标准表达方式，与涉案注册商标标识具有明显区别。虽然被控侵权商品外包装上的85℃的字号大于相同位置的文字，但该85℃并非孤立的，而是分别配以"85℃巴氏杀菌乳新鲜说""认准巴氏杀菌乳才是鲜牛奶""就是要喝85度杀菌的巴氏鲜奶""我是巴氏杀菌乳我更新鲜""85℃巴氏杀菌乳高品质鲜牛奶"等文字，上述文字亦充分说明，G乳业公司使用85℃所表达的就是温度，且仅是在表达温度意义上使用。因此，G乳业公司在被控侵权商品上使用85℃，仅是为了向相关公众说明其采用的巴氏杀菌技术的工艺特征，仍属于合理描述自己经营商品特点的范围，并非对M公司注册商标的使用，不构成侵权。

以上案例充分说明，当注册商标具有描述性时，他人基于客观描述商品特点的目的，以善意方式在必要的范围内进行标注使用，不会导致相关公众将其作为商标识别从而导致商品来源混淆误认的，属于对注册商标的合理正当使用。

为了避免侵权，企业在善意使用他人注册商标时，也应当履行一定的注意义务。其一，为说明商品的型号、原料、功能、重量、数量等特点，企业可能不得不使用他人的注册商标，此时，应当尽量在商标前后加注适当的说明性词语，比如"主要成分""配料""功能""使用方法"等，以体现善意使用的意图。其二，企业应当在商品的显著位置标注自身的商标标识，从而表明商品的来源，降低混淆误认的可能性。

> **实战小贴士**
>
> 为了避免侵权，企业在善意使用他人注册商标时，也应当履行一定的注意义务。其一，为说明商品的型号、原料、功能、重量、数量等特点，企业可能不得不使用他人的注册商标，此时，应当尽量在商标前后加注适当的说明性词语，比如"主要成分""配料""功能""使用方法"等，以体现善意使用的意图。其二，企业应当在商品的显著位置标注自身的商标标识，从而表明商品的来源，降低混淆误认的可能性。

42问 如果遭遇商标侵权怎么办？

根据《商标法》及相关规定，商标注册人认为其商标权受到侵害时，可以选择以下方式维权：

一、向有管辖权的法院提起民事诉讼；

二、向当地市场监督管理局、质检局投诉；

三、向公安局报案及寻求刑事司法协助；

四、委托律师向对方发出侵权警告函，要求停止侵权；

五、自行协商或采取措施阻止侵权。

> **实战小贴士**
>
> 商标遭受侵权后，维权途径有很多，建议根据企业运营的实际情况、被侵权商标的重要程度选择恰当的维权途径，可以是一种，也可以是多种途径共同维权。

43问 通过法院诉讼程序维权的优缺点有哪些？

比起其他制止侵权的程序，向法院提交侵权诉讼有以下优缺点：

一、优点

1、适用范围广。向法院提交侵权诉讼是商标侵权案件的终极解决方案，在当是人不想协商或者就赔偿金额协商不成，甚至协商成功对方没有履行时均适用。

2、法院判决/裁定可支持的范围宽。根据相关法律法规规定，诉讼程序中，一旦法院认定对方构成侵权，根据当事人的请求可以作出判决/裁定的支持的内容包括：

（1）可以判决侵权人停止侵害、排除妨碍、消除危险；

（2）可以判决侵权人承担赔偿损失、消除影响等民事责任；

（3）还可以作出罚款，收缴侵权商品、伪造的商标标识和专门用于生产侵权商品的材料、工具、设备等财物的民事制裁决定。

《最高人民法院关于审理商标民事纠纷案件适用法律若干问题的解释》第二十一条规定，人民法院在审理侵犯注册商标专用权纠纷案件中，依据民法通则第一百三十四条、商标法第五十三条的规定和案件具体情况，可以判决侵权人承担停止侵害、排除妨碍、消除危险、赔偿损失、消除影响等民事责任，还可以作出罚款，收缴侵权商品、伪造的商标标识和专用于生产侵权商品的材料、工具、设备等财物的民事制裁决定。罚款数额可以参照《商标法实施条例》的有关规定确定。

由此可见，法院判决可以针对当事人方方面面的诉求，既包含要求对方停止侵害的内容，也包含民事赔偿部分，同时包括针对对方侵权的相关制裁措施。

3. 具有获得赔偿的可能性。如上所述，诉讼程序中，法院可以支持的内容包括民事赔偿。根据《商标法》第六十三条，以上民事赔偿可以包括的内容如下：

（1）实际损失：按照权利人因被侵权所受到的实际损失确定。

（2）合理开支：赔偿数额应当包括权利人为制止侵权行为所支付的合理开支。这里的合理开支可以包含律师费、公证费等合理支出。

（3）获利情况：实际损失难以确定的，可以按照侵权人因侵权所获得的利益确定。

（4）参考许可费：权利人的损失或者侵权人获得的利益难以确定的，参照该商标许可使用费的倍数合理确定。

（5）惩罚性赔偿：对恶意侵犯商标专用权，情节严重的，可以在按照上述方法确定数额的一倍以上五倍以下确定赔偿数额。尤其值得一提的是，根据最近的审判及立法动态，我国正在推进建立知识产权侵权的惩罚性赔偿制度，加大赔偿力度。

（6）法定赔偿金额上限：权利人因被侵权所受到的实际损失、侵权人因侵权所获得的利益、注册商标许可使用费难以确定的，由人民法院根据侵权行为的情节判决给予五百万元以下的赔偿。

由此可见，一旦法院认定侵权人构成侵权，可以支持权利人的相对宽泛的赔偿请求，不仅包括实际损失，而且可能包括律师费在内的合理支出，甚至在一定条件下，可以达到最高五倍于实际损失的惩罚性赔偿，或者最高五百万的法定赔偿。

二、缺点

1、严格的程序、文件和证据要求。提交民事诉讼需严格按照民事诉讼法及相关法律法规的规定程序，从确定管辖、诉讼时效、立案、受理和开庭、审判乃至执行等都遵循严格的程序。根据民事诉讼的规则，谁主张，谁举证。法院为中立的机构，除非必要，一般不会为权利人调查取证。因此，诉讼的原告需要提交全部的文件、证据材料还需自行取证、调查、申请财产保全和证据保全等。且为了达到诉讼和证明目的，证据材料需要符合一些特定的要求。

2、前期费用较高。如前所述，因民事诉讼需要自行取证、调查、申请财产保全和证据保全等，前期的律师费、调查取证、申请财产保全和证据保全等费用都需要先自行承担。向法院缴纳的诉讼费也是按照要求的侵权损害赔偿额计算，需要由权利人预付。

3、周期较长。民事诉讼周期较长，通常情况下，双方均为国内当事人的案件一审审限为六个月，特殊情况延长六个月，二审三个月，特殊情况再延长。而如果案件一方为国外当事人，则案件没有明确审限。

> **实战小贴士**
>
> 　　商标侵权民事诉讼是常用的纠纷解决途径，企业在诉讼过程中应重点关注是否能制止侵权，这关系到后续能否保障品牌商誉以及正常商业使用。其次，企业也应关注赔偿额数额问题，高额赔偿更有利于打击和震慑侵权行为。

第44问 向市场监督管理部门投诉有什么优缺点？适用于哪些情况？

一般来说，与向法院诉讼相比，向市场监督管理部门投诉具有以下特点。

一、优点

1、程序、文件和证据要求相对简单。虽然各级市场监督管理部门对于商标侵权投诉、处理的程序、文件和证据的要求都不尽相同，但从大体上看，与法院比相对简单。对于证据也只要求提供投诉对象侵犯知识产权的具体事实和初步证据。

2、取证和处罚具有便利性。市场监督管理部门在受理相关投诉后会启动调查程序，必要时会查封、扣押以保证调查的顺利进行。而官方对于侵权案件取证、调查都更具有便利性，同时其证据的公信力更高，更有利于案件进行。同时，市场监督管理部门也具有直接对侵权人进行相应处罚的权限。

3、费用低。向市场监督管理部门投诉一般不需缴纳案件受理费，同时由于只需要提交初步证据，相应的取证、调查和律师费金额都会大大降低。

4、时间短。一般情况下，市场监督管理部门办理案件的时限都较短。一般或较为复杂的案件按规定应当自立案之日起二至三个月内结案，特别复杂的可以延期到六个月。

二、缺点

1、不能直接裁定赔偿金额。市场监督管理部门处理投诉时，认定侵权行为成立的，可以责令立即停止侵权行为，没收、销毁侵权商品和主要用于制造侵权商品、伪造注册商标标识的工具，并对侵权人处以罚款，但是不能直接裁定侵权人对权利人的侵权损害赔偿额。市场监督管理部门可以针对侵犯商标专用权的赔偿数额为双方进行调解，但侵权人可以不接受调解结果。

2、有可能仍需要提交诉讼。鉴于市场监督管理部门不能直接裁定侵权人对权利人的侵权损害赔偿额，而且侵权人也可能不接受调解结果，因此，如果权利人希望获得满意的赔偿金额，可能仍需通过诉讼。

3、对于复杂案件处理效率一般。通常情况下，市场监督管理部门对于假冒案件的投诉处理更为快速而高效，而如果案件复杂，涉及商品类似、商标近似等问题的判定，或者有涉外因素，或者涉及侵权赔偿等情况，处理起来可能会有延迟，而且技术判断上不如法院准确的问题。同时如果案件涉及到商标权属争议的，市场监督管理部门可能要等待该争议解决后另案处理。

三、适用情况

基于以上分析，而市场监督管理部门处理投诉适合以下情况：

1、权利义务明确的案件，尤其是假冒案件，当事人希望快速解决的；

2、权利人自行到侵权人处取证确有困难的；

3、权利人对于赔偿金额要求不高或者希望另行起诉的。

《商标法》第六十一条　对侵犯注册商标专用权的行为，工商行政管理部门有权依法查处；涉嫌犯罪的，应当及时移送司法机关依法处理。

第六十二条　县级以上工商行政管理部门根据已经取得的违法嫌疑证据或者举报，对涉嫌侵犯他人注册商标专用权的行为进行查处时，可以行使下列职权：

（一）询问有关当事人，调查与侵犯他人注册商标专用权有关的情况；

（二）查阅、复制当事人与侵权活动有关的合同、发票、账簿以及其他有关资料；

（三）对当事人涉嫌从事侵犯他人注册商标专用权活动的场所实施现场检查；

（四）检查与侵权活动有关的物品；对有证据证明是侵犯他人注册商标专用权的物品，可以查封或者扣押。

工商行政管理部门依法行使前款规定的职权时，当事人应当予以协助、配合，不得拒绝、阻挠。

在查处商标侵权案件过程中，对商标权属存在争议或者权利人同时向人民法院提起商标侵权诉讼的，工商行政管理部门可以中止案件的查处。中止原因消除后，应当恢复或者终结案件查处程序。

> **☞ 实战小贴士**
>
> 若企业不打算投入过高的维权成本，也不追求较高赔偿额，只希望尽快制止侵权行为，可以选择向市场监督管理局投诉这一维权手段。

45问 商标侵权案件中，赔偿数额如何认定？

《商标法》第六十三条规定，侵犯商标专用权的赔偿数额，按照权利人因被侵权所受到的实际损失确定；实际损失难以确定的，可以按照侵权人因侵权所获得的利益确定；权利人的损失或者侵权人获得的利益难以确定的，参照该商标许可使用费的倍数合理确定。对恶意侵犯商标专用权，情节严重的，可以在按照上述方法确定数额的一倍以上五倍以下确定赔偿数额。赔偿数额应当包括权利人为制止侵权行为所支付的合理开支。权利人因被侵权所受到的实际损失、侵权人因侵权所获得的利益、注册商标许可使用费难以确定的，由人民法院根据侵权行为的情节判决给予五百万元以下的赔偿。

根据以上规定，侵权赔偿额的认定主要包括三种方式，首先考虑权利人的实际损失，然后是侵权人的获利，在以上两种方式都无法确认的情况下由法院酌定赔偿数额。

权利人的实际损失可以由权利人的产品因侵权行为所造成销售量减少的总数乘每件产品的合理利润计算得出。其难点在于权利人需要证明销量减少与侵权行为之间存在必然的因果关系，因此在法律实践中较难操作，所以常常采取的另外一种算法是侵权产品销售的总数乘权利人每件产品的合理利润。

一般情况下，较难以侵权人因侵权行为所获利益认定赔偿额。在民事案件中，绝大多数侵权人拒绝提供账簿、利润表、营业收入、合同等直接证据，这导致侵权人的侵权获利情况难以确定。

法院在酌定赔偿数额时，主要考虑的因素有权利人商标许可使用费，权利人商标使用时间及知名度，侵权人的主观过错程度，侵权人实施侵权行为的范围、持续时间等。

> ☞ **实战小贴士**
>
> 商标侵权诉讼中，赔偿额认定是难点，企业在取证过程中可以尽量搜集侵权产品销售时长、销售量、单位利润、销售范围等方面证据，帮助法官酌情认定赔偿额。

46问 我国是否有针对商标权的海关保护机制？

我国有针对商标的完善的海关保护机制。根据《商标法》《中华人民共和国海关法》《中华人民共和国知识产权海关保护条例》的规定，商标权人可以通过以下程序对已注册商标进行海关保护：

一、申请商标海关备案

（一）申请人资格：申请人应当是商标权人，即商标注册人。商标权人应确保其商标是已注册商标，且在有效期内。满足上述条件的商标注册人，可以将其商标申请海关备案。

（二）主管机关：海关总署，所有海关备案申请必须向海关总署提交和处理。

（三）商标海关备案需要提交的材料和手续包括：

1、申请书。申请书应当包括以下内容：

（1）商标注册人的名称或者姓名、注册地或者国籍、通信地址、联系人姓名、电话和传真号码、电子邮箱地址等。

（2）注册商标的名称、核定使用商品的类别和商品名称、商标图形、注册有效期、注册商标的转让、变更、续展情况等。

（3）被许可人的名称、许可使用商品、许可期限等。

（4）商标注册人合法行使知识产权的货物的名称、产地、进出境地海关、进出口商、主要特征、价格等。

（5）已知的侵犯商标权的货物的制造商、进出口商、进出境地海关、主要特征、价格等。

2、同时需提供以下文件、证据：

（1）商标注册人个人身份证件复印件、工商营业执照复印件或者其他注册登记文件复印件。

（2）国家知识产权局商标局签发的《商标注册证》的复印件。申请人经核准变更商标注册事项、续展商标注册、转让注册商标或者申请国际注册商标备案的，还应当提交国家知识产权局商标局出具的有关商标注册的证明。

（3）商标注册人许可他人使用注册商标，签订许可合同的，提供许可合同的复印件；未签订许可合同的，提交有关被许可人、许可范围和许可期间等情况的书面说明。

（4）商标注册人合法行使知识产权的货物及其包装的照片。

（5）已知的侵权货物进出口的证据。商标注册人与他人之间的侵权纠纷已经人民法院或者知识产权主管部门处理的，还应当提交有关法律文书的复印件。

（6）海关总署认为需要提交的其他文件或者证据。

（7）有关文件和证据为外文的，应当另附中文译本。海关总署认为必要时，可以要求商标注册人提交有关文件或者证据的公证、认证文书。

（四）缴纳备案费：商标注册人需按要求向海关总署缴纳备案费。

（五）备案时间：商标注册人提交备案申请后，海关总署应当自收到全部申请文件之日起30个工作日内作出是否准予备案的决定，并书面通知申请人。

二、权利人申请扣留货物

（一）申请条件：商标权人发现侵权嫌疑货物即将进出口的，可以提出扣留侵权嫌疑货物的申请。

（二）申请主管机关：货物进出境地海关。

（三）申请材料：

1、申请书，应当包括下列主要内容：

（1）商标注册人的名称或者姓名、注册地或者国籍等；

（2）商标的名称、注册号、类别及其相关信息；

（3）侵权嫌疑货物收货人和发货人的名称；

（4）侵权嫌疑货物名称、规格等；

（5）侵权嫌疑货物可能进出境的口岸、时间、运输工具等；

（6）侵权嫌疑货物涉嫌侵犯备案知识产权的，申请书还应当包括海关备案号。

2、证据材料，应该能够证明以下事实：

（1）请求海关扣留的货物即将进出口；

（2）在货物上未经许可使用了侵犯其商标专用权的商标标识；

3、未备案需提交文件，权利人未向海关总署提交备案的，还应当随附以下文件、证据：

（1）知识产权权利人个人身份证件的复印件、工商营业执照的复印件或者其他注册登记文件的复印件。

（2）国家知识产权局商标局签发的《商标注册证》的复印件。申请人经核准变更商标注册事项、续展商标注册、转让注册商标或者申请国际注册商标备案的，还应当提交国家知识产权局商标局出具的有关商标注册的证明。

（四）提供担保：商标权人请求海关扣留侵权嫌疑货物，应当在海关规定的期限内向海关提供相当于货物价值的担保。

（五）提交诉讼/扣押期限：在海关查扣货物后，商标注册人应尽快向人民法院提交诉讼并要求法院向海关发送协助扣押通知。自扣留侵权嫌疑货物之日起20个工作日内，海关收到人民法院协助扣押有关货物书面通知的，应予以协助。超过期限的，海关应予以放行。

（六）相关责任：法院不能认定侵权的，权利人应当依法承担赔偿责任。

三、海关依职权调查处理

（一）申请条件：海关发现进出口货物有侵犯备案知识产权嫌疑的，应当立即书面通知知识产权权利人。此时权利人可以回复申请扣押。

（二）申请期限：知识产权权利人可以在海关书面通知送达之日起3个工作日内提出申请。

（三）申请主管机关：发出通知的海关。

（四）提交诉讼/扣押期限：申请人同样需要提交申请书和证据材料，详细材料见上文。

（五）提供担保：在海关通知的情况下申请，权利人提供的担保金额总体上低于主动申请的金额。

1、货物价值不足人民币2万元的，提供相当于货物价值的担保；

2、货物价值为人民币2万至20万元的，提供相当于货物价值50%的担保，但担保金额不得少于人民币2万元；

3、货物价值超过人民币20万元的，提供人民币10万元的担保；

4、向海关总署提供总担保（金额：人民币20万元或相当于知识产权权利人上一年度向海关申请扣留侵权嫌疑货物后发生的仓储、保管和处置等费用之和）。

（六）处置/扣押措施及期限：经过以上海关通知、查扣程序后，后续程序如下：

1、海关应当自扣留之日起30个工作日内对被扣留的侵权嫌疑货物是否侵犯知识产权进行调查、认定；不能认定的，应当立即书面通知知识产权权利人。

2、自扣留之日起50个工作日内未收到人民法院协助执行通知，并且经调查不能认定被扣留的侵权嫌疑货物侵犯知识产权的，应予以放行。

（七）处罚措施/法律责任：

1、被扣留的侵权嫌疑货物，经海关调查后认定侵犯知识产权的，由海关予以没收。且侵权人应承担有关仓储、保管和处置等费用。

2、海关或者法院不能认定侵权的，商标权利人应当依法承担赔偿责任。商标权利人应当支付有关仓储、保管和处置等费用。

综上，通过对比以上可以看出，我国海关对于已经备案的商标权利给予更广泛的保护：

第一，海关只针对已备案的注册商标的产品，在进出口货物的监管过程中对侵犯商标权的行为进行主动检查，发现嫌疑侵权产品主动通知商标权人申请查扣。

第二，在海关发现涉嫌侵权产品通知权利人后，权利人仍然需要申请海关查扣，但相对来说申请需要提供的文件和证据大大简化，而且提供的担保金额也相对较低。

第三，针对海关主动通知的情况，海关有权进行后续侵权调查，在认定侵权后可以直接没收侵权商品。

第四，未备案的则只能依靠权利人自己申请扣押，并通过向法院起诉来阻止侵权产品的进出口。

因此，建议商标注册人妥善利用商标权的海关保护制度，更好地维护其商标权。

著作权

著作权与著作权的归属

著作权是著作权法赋予著作权人对其作品及相关客体在一定期限内所享有的权利。该权利包括人身权利和财产权利。财产权利中最重要的权利类型为"排他权利",即任何人未经著作权人的许可,不得对其作品实施复制、发行等的权利。著作权人既可以自己实施著作权法规定的这些权利,也可以许可他人实施这些权利并从被许可人那里获得许可费用。著作权法的立法目的在于鼓励作品的创作和传播,繁荣文化和科学事业。相比于其他财产权制度,著作权制度的历史还比较短暂。然而,著作权制度的产生有其必要性和历史必然性。

著作权法中所称的作品,并非通常意义上的作品,而是特指文学、艺术和科学领域内具有独创性并能以某种有形形式复制的智力成果。因此,一种智力成果要成为著作权法意义上的作品从而受到著作权法的保护是有条件的。在很多的著作权侵权案件中,被告的抗辩主张之一就是原告的涉案作品不是著作权法意义上的作品,不受著作权法的保护。因此,弄清楚哪些对象受著作权法的保护而哪些对象又不受其保护是进一步了解著作权法和运用著作权法的首要问题。

著作权的主体,即著作权人,通常是作品的作者。一般情况下,作者的身份比较容易确定。但是,随着社会的发展,如同物质产品生产过程中出现了复杂分工和协作关系以及涉及的主体日益多元化一样,在作品的创作过程中,也出现了类似的趋势。一部作品可能会涉及多位创作者,有的主体会委托他人而不是由自己进行创作,这样的情形在影视娱乐领域尤为常见。面对作品创作中日益复杂的法律关系和众多的参与者，著作权法对合作创作作品、委托创作作品、演绎作品以及职务作品等著作权的归属做出了明确规定。然而现实中出现的情况往往要比法律规定的情形要复杂得多。有些情况下，作品涉及的各个主体没有在作品创作之前就作品著作权的归属和行使作出约定或者约定不够详尽和明确，从而导致以后发生纠纷。其实，在了解著作权法的基础上，再结合详尽周密的合同设计，这类纠纷完全可以避免。

什么样的智力成果才能被称之为作品并享有著作权？

著作权法中所称的作品，是指文学、艺术和科学领域内具有独创性并能以某种有形形式复制的智力成果。这句话对作品包含了以下几个方面的要求：

首先，必须是人类的智力劳动成果。著作权法的立法目的在于鼓励创作和作品的传播，而只有人的智力活动才是创作。因此，自然界存在的东西，不管有多么优美和奇妙，都不能被称之为作品。

其次，要成为作品，须具有独创性。独创性也称原创性或者初创性，是指一部作品经作者独立创作产生，是作者独立构思的产物，而不是对已有作品的抄袭。判断作品是否具有独创性，应看作者是否付出了独创性劳动。作品的独创性并不要求作品须具备较高的文学、艺术或科学价值，即作品的独创性与作品的文学、艺术、科学价值的大小无关。作品的独创性也不要求作品必须是首创的、前所未有的，即使该作品与已有作品相似，只要该作品是作者独立创作产生的，也具备独创性。一般来说，作品须具备一定的长度方能具备独创性，这就是为什么短标题难以成为作品的原因。

再次，作品须是可被客观感知的外在表达。能被某种有形的形式复制就是强调作品只能是可被客观感知的外在表达。只停留在作者内心或者头脑中但是尚未以某种形式表达出来的构思和想法，不是著作权法所称的作品。

最后，作品须是文学、艺术或科学领域内的成果。

 实战小贴士

由于作品须具备的以上条件，所以在著作权侵权诉讼中，可以以主张权利的"作品"不具备以上条件从而不具有著作权为由进行抗辩。

②问 申请著作权登记，是作品受保护的前提吗？

著作权人从作品创作完成之日起即取得著作权，无论著作是否公开发表、申请登记注册保护等，均受法律保护。

例如在张某与王某的著作权权属、侵权纠纷一案中，张某称王某以指导交流的名义收取了张某创作的多幅泼彩画，并在北京农业展览馆以王某自己的名义对张某的作品进行展出，还对部分作品进行了修改。因此，张某请求法院判令王某向张某返还全部收取的作品，并立即停止侵权，消除其侵权行为给张某造成的影响，在《美术报》上向张某公开赔礼道歉。

庭审中查明：张某自认其作品中无署名，也未能明确描述其创作泼彩画的具体过程，更无其与王某之间交接作品的记录。涉案作品均有王某的署名或盖有印章。

一审判决：在上述作品上均有王某署名或盖印的情况下，张某须举证证明上述作品由其创作，同时，张某也未提供争议作品的权属归其所有的证明。因此，驳回张某的诉讼请求。二审驳回上诉，维持原判。

案情分析：

我国著作权法规定，著作权属于作者。创作作品的公民是作者。如无相反证明，在作品上署名的公民、法人或者其他组织为作者。

我国法律规定，当事人对自己的主张承担举证责任，没有证据或者证据不足以证明当事人的事实主张的，由负有举证责任的当事人承担不利后果。

本案张某提交的证据，并不能证明案件争议作品由自己创作。其提交的包括印样、图书等在内的其他证据，亦无法证明争议作品的权属归张某自己。在此不利举证情形下，一二审法院驳回张某的各项诉讼请求，符合法律规定，并无不当。张某对自己的主张不能提供有效的证据，只能承担败诉的法律结果。

综上，建议著作权人根据自身实际情况，尽量完善对著作的登记注册保护，否则，最低也应树立"著作自我创作证明意识"和养成"证据保留习惯"，以保障自己最基本的创作权和所有权权利。

（1）未申请注册的著作权作品，著作权人应该保存好手稿、创作原稿、底稿等，能够证明原始创作的证据，防止将来发生权属纠纷或侵权纠纷时，能够提供权属凭证。

（2）非独立完成的著作（如联合开发等），无论协议简单与否，应签署一份协议，协议中明确权利归属、费用等。

（3）软件著作权作品建议申请注册登记。软件著作权系员工职务作品，公司及时申请注册登记后，著作权人身份即不存在争议。同时，软件著作权证是企业申请软件企业、高新企业等优惠政策待遇时的重要凭证。

同时，对于作者身份不明的作品，我国法律规定由作品原件所有人行使除署名权以外的著作权。其著作权法保护期截止于作品首次发表后第五十年的12月31日。

 著作权登记有何作用？

申请著作权登记保护，除对著作权本身起到保护作用外，根据著作权本身的特点，还具有相应的商业价值。

1. 软件公司。经审批批准成为双软企业后，在全国或地方享受税收优惠政策（具体查询税务规定和地方政策）、补贴政策或奖励政策等。

2. 享受研发补助。特定行业、地方、产业园等，对所在地企业创作研发的版权作品，如果符合条件，会给予研发成本补偿、税收前成本扣除等优惠政策。

3. 融资价值。如影视、节目、软件、服装类公司的著作权作品，是公司的主要运营产品，更是公司核心资产。因此，投资方会对该类公司的重要作品加强投资意向。当该类公司投资开发某项著作权作品时，可以以该著作权作品为基础，就该作品的部分所有权、部分财产权等权利为合作条件，对外进行融资。

4. 投资价值。利用著作权作品进行投资，如：自身不具有主导开发的能力，而寻求资本、开发、运营方联合开发；或被资本、开发、运营方主动寻求联合开发。在此情形下，一般著作权作品方以作品或部分权利作价入股、他人提供资金共同设立一家法人公司，共同投资，分工对投资的项目公司进行管理，共同开发、运营该作品，实现共赢。

以某一作品，如影视作品、软件作品来说。笔者曾在2008年处理过苏南某产业园寻求北京某公司以某软件著作权为技术前往该产业园区投资，园区则提供2000平方米厂房三年免费使用和三年2000万资金扶持的政策的事务。利用著作权作品进行投资，除作价入股、与产业园联合投资外，也存在作价加少量入资、保留部分作品权利、只保留署名权等情形。

5. 创新价值。创新已是这个时代公司发展的核心竞争力，不断创新、寻求不同、寻找差异化发展之路，是当前公司发展面临的新难题。而著作权是劳动和智慧的结晶，著作权本身即是创新的结果，好的著作权作品，更是创新实力的证明。

因此，著作权作品是企业创新能力的体现，好的著作权作品，是企业创新水平的体现，也是公司业务能力的体现。如果作品还能获得有价值评奖，更对公司声誉、形象、能力具有正面的证明和宣传功能！

 实战小贴士

  计算机软件著作权登记只能到国家版权局认定的中国版权保护中心办理，其他作品著作权登记可到该中心和各省、自治区、直辖市版权局委托办理作品登记业务的机构办理。

4问 办理计算机软件著作权登记申请，需要提交哪些文件？

按照相关规定，在办理计算机软件著作权登记申请时，需要提交软件著作权登记申请表，软件的鉴别材料，申请人的身份证明、联系人的身份证明等相关证明文件。具体对各种文件的具体要求如下：

一、软件著作权登记申请表

应提交在线填写的申请表打印件，不能复制、下载或者更改表格格式，签章应为原件。

二、软件鉴别材料

程序和文档的鉴别材料应当由源程序和任何一种文档前、后各连续30页组成。整个程序和文档不到60页的，应当提交整个源程序和文档。除特定情况外，程序每页不少于50行，文档每页不少于30行。

申请人也可以选择按照以下方式之一对鉴别材料进行例外交存：

1. 源程序的前、后各连续30页，其中的机密部分用黑色宽斜线覆盖，但是覆盖部分不得超过交存源程序的50%；

2. 源程序连续的前10页，加上原程序的任何部分的连续50页；

3. 目标程序的前、后各连续的30页，加上源程序的任何部分的连续20页。

对文档进行例外交存，按照上述的要求办理。

三、相关证明材料

这些证明材料包括：

1. 申请人的身份证明文件，申请人是单位的需要加盖单位公章。具体包括：

（1）企业法人单位提交有效的企业法人营业执照副本的复印件；

（2）事业法人单位提交有效的事业单位法人证书副本的复印件；

（3）社团法人单位提交民政部门出具的有效的社团法人证书的复印件；

（4）其他组织提交工商管理机关或民政部门出具的证明文件复印件；

（5）著作权人为自然人的，应提交有效的自然人身份证复印件

（正反面复印）；

（6）著作权人为外国自然人的，应提交护照复印件，及护照复印件的中文译本，并需翻译者签章。

（7）著作权人为香港企业法人的，应提交注册登记证书和有效期内的商业登记证书正本复印件，并需经中国司法部委托的香港律师公证。

（8）著作权人为台湾企业法人的，需出示经台湾法院或公证机构认证的法人身份证明文件，填写并提交"台湾法人证明"。

（9）著作权人为外国法人及其他组织的，应提交申请人依法登记并具有法人资格的法律证明文件，该证明文件须经过中国驻当地领事馆的认证或经当地公证机构公证方为有效。申请时需提交公证或认证的证明文件原件。目前国外法人因所在国家或地区不同，其提交的法人身份证明文件内容和格式会有所不同，但文件中的基本信息项应至少包括法人名称、注册日期、注册地、注册证明编号、证明文件的有效期等基本信息。

以上身份证明文件以及与登记有关的其他证明文件（例如：合同或协议等证明）是外文的，需一并提交经有翻译资质的单位翻译并加其公章的中文译本原件。

2. 委托他人代为办理的，还需提交代理人的身份证明文件。同时在申请表中应当明确委托事项、委托权限和委托期限。

3. 联系人的身份证明文件。

4. 权利归属的证明文件。软件是委托开发的，应当提交委托开发合同；是合作开发的，应提交合作开发合同；是国家机关下达任务开发的，应提交上级部门的下达任务书。

5. 其他证明文件。这些证明文件包括：通过受让取得软件的，应提交软件著作权转让协议；通过继承取得软件著作权的，应提交通过继承取得的相关证明。

> **☞ 实战小贴士**
>
> 如果担心交存的鉴别材料中含有的秘密被泄露，可以选择例外交存并且申请对提交的程序、文档或者样品进行封存。除申请人和司法机关外任何人不得启封。

问5 在我国，享有著作权的作品种类有哪些？

根据我国法律的规定，以下列形式创作的文学、艺术和自然科学、社会科学、工程技术等作品享有著作权：

一、文字作品。

文字作品是指小说、诗歌、散文、论文等以文字形式表现的作品。这是最常见的一种作品类型。

二、口述作品。

口述作品是指即兴的演说、授课、法庭辩论等以口头语言形式表现的作品。

三、音乐、戏剧、曲艺、舞蹈、杂技艺术作品。

音乐作品是指歌曲、交响乐等能够演唱或者演奏的带词或者不带词的作品。戏剧作品是指话剧、歌剧、地方戏等供舞台演出的作品。曲艺作品是指相声、快书、大鼓、评书等以说唱为主要表演形式的作品。舞蹈作品是指通过连续的动作、姿势、表情等表现思想感情的作品。杂技艺术作品是指杂技、魔术、马戏等通过形体动作和技巧表现的作品。

四、美术、建筑作品。

美术作品是指绘画、书法、雕塑等以线条、色彩或者其他方式构成的有审美意义的平面或者立体的造型艺术作品。建筑作品是指以建筑物或者构筑物形式表现的有审美意义的作品。

五、摄影作品。

摄影作品是指借助器械在感光材料或者其他介质上记录客观物体形象的艺术作品。

六、电影作品和以类似摄制电影的方法创作的作品。

这是指摄制在一定介质上，由一系列有伴音或者无伴音的画面组成，并且借助适当装置放映或者以其他方式传播的作品。

七、工程设计图、产品设计图、地图、示意图等图形作品和模型作品。

图形作品是指为施工、生产绘制的工程设计图、产品设计图，以及为反映地理现象、说明事物原理或者结构的地图、示意图等。模型作品是指为展示、实验或者观测等用途，根据物体的形状和结构，按照一定比例制成的立体作品。

八、计算机软件。

计算机软件是指计算机程序和文档。而计算机程序是指为了得到某种结果而可以由计算机等具有信息处理能力的装置执行的代码化指令序列，或者可以被自动转换成代码化序列的符号化指令序列或者符号化语句序列。而文档是用来描述程序的内容、组成、设计、功能规格、开发情况、测试结果及使用方法的文字资料和图表等，如程序设计说明书、流程图、用户手册等。

九、法律、行政法规规定的其他作品。

实战小贴士

以上的作品类型中能够同时受到专利法、商标法、反不正当竞争法的保护的，不影响其著作权法的保护。

问6 不受著作权法保护的对象有哪些？

著作权法是用于保护人类智力创造成果的，但是并非所有的智力劳动成果都能受到著作权法的保护，著作权法只保护其中具有独创性、特定的智力劳动成果，其他的那些智力劳动成果由专利法、商业秘密法、反不正当竞争法等保护。总括起来讲，一切处于公有领域或者其他知识产权法保护领域的东西，都不在著作权法保护之内。概括来说，不受著作权法保护的对象有以下几类：

一、思想。

著作权法保护思想的具体表达，但是不保护抽象的思想。无论是世界贸易组织的《与贸易有关的知识产权协定》还是《美国版权法》都明确将思想排除在著作权法保护之外，我国的著作权法虽然没有做出类似的明确规定，但是司法实践中普遍认同这一原则，并且经常在判决书中提及。著作权法不保护思想的原因，从深层次来分析，是与民主社会对思想的自由的珍视有关。著作权是一种相对意义上的垄断权，而思想是自由的，不能被任何人所垄断。现实中，几乎所有的创作都或多或少地汲取了前人的思想，完全开创性的创作非常少。如果思想被赋予著作权，则意味着他人在未经许可的情况下，不能用相同的思想去创作自己的作品，甚至不能以自己的方式去表述和谈论同一思想，这显然违背了著作权法的立法初衷。

二、操作方法、技术方案和实用功能。

在英美法的版权理论中，工艺、系统、操作方法、技术方案和任何实用性功能都属于"思想"的范畴，故不在著作权法保护范围之内。据此，记账的方法、钢琴的记谱方法、绘画手法等不属于著作权法的保护对象。

三、立法、行政和司法性质的文件。

法律、法规、国家机关的决议、决定、命令和其他具有立法、行政、司法性质的文件，及其官方正式译文都不适用著作权法保护。其目的在于使这些作品尽可能广泛地、不受阻碍地传播，以利于公众使用，规范公民的社会行为，维护正常的社会秩序。但是这些文件的非官方译文则有可能受到著作权法的保护。

四、时事新闻。

时事新闻是指通过报纸、期刊、电台、电视台等传播媒介报道的单纯事实消息，由于缺乏独创性，并且需要迅速在全世界传播，也不适用著作权法保护。这里所指的新闻，是指遵循新闻报道的要求，以平铺直叙的方式和简洁的语言，说明在何时、何地，因何人，以何种方式，发生了什么事的单纯的叙述性文字。由于此类文字反映不出撰写者的个性、无法满足作品独创性的要求，因此不构成作品。但是，对事实富有个性化的表达不属于时事新闻，因此受到著作权法的保护。目前正在审议中的著作权法修正案草案将"时事新闻"修改为"单纯事实消息"正反映了这一目的。

五、历法、通用数表、通用表格及公式。

这类对象通常没有创造性特征或只具有社会一般常识性特点，属于人类改造自然、改造社会的共同精神财富，不能为任何人所专有，故不适用《著作权法》保护。

虽然法律的规定看似非常明确，但是在司法实践中应用却非易事，比如有时候区分思想和表达就非常困难。

> 👉 **实战小贴士**
>
> 在著作权侵权诉讼中，可以以涉案"作品"不是著作权法保护的对象进行抗辩。

问7 将音乐喷泉认定为作品是否符合著作权法的规定？

北京S公司诉北京H公司、杭州西湖湖滨管理处侵害著作权纠纷一案，经北京知识产权法院二审判定：北京H公司、杭州西湖湖滨管理处停止侵权、公开致歉、赔偿经济损失及合理支出共计9万元。

该案认定侵权的判决，已超出了我国著作权法立法保护范围，具有开辟著作权作品新模式的典型价值。该案中，北京S公司要求保护的客体为"喷泉"，而非组合成"喷泉"的音乐、灯光、色彩、水型等元素。

判决书中写道：本案不能适用《保护文学和艺术作品伯尔尼公约》和《著作权法》列举的作品兜底条款，因为并无有关法律、行政法规对音乐喷泉作出过规定。本案保护的并非《倾国倾城》《凤居住的街道》两首音乐作品，而是与之相呼应的灯光、色彩、气爆、水膜等多样动态造型的变换，可以称之为涉案音乐喷泉喷射效果的呈现。

如判决所述，包括国际相关法律在内，均没有关于"喷泉作品"的规定，那么，依照依法判案的原则，本案创新性地确认著作权新作品，是否合法?

首先,保护人类智力成果的作品,是著作权法立法目的和保护原则。

其次,著作权法保护的作品属于列举,并非排除法。只要符合著作权法规定,即使不在举例范围内的作品,也同样受著作权法保护。

再次,创造是时代的新特征,为了适应时代需求,法律的突破也是必然。结合本案,即使著作权法没有包括"喷泉作品",但由于模仿、复制的侵权行为是客观实施并持续存在的,法律应维护权利人正当权益。因此,在著作权法的法理和立法原则下,该解释符合著作权法规定。

当然,并不是组合的作品即受著作权法保护,至少还应符合以下几点:

1. 构成作品。该案判决认为,"喷泉"虽然不同于绘画、书法、雕塑等美术作品,但是由灯光、色彩、音乐、水型等元素组合成的动态立体造型表达,其喷射效果呈现具有审美意义,构成美术作品。

2. 可复制性。该案判决认为,"喷泉"作品展现的是艺术美,也具有"可复制性"的要求。

3. 非"合理使用"。法院也认定,被告使用"侵权喷泉作品"的目的是促进消费,属于商业使用,不符合合理使用的法律规定,亦不符合对室外艺术品的复制构成合理使用的情形。

最后特别提醒的是,适当的诉求也是案件能够胜诉的关键。该案一审时,北京S公司原诉讼请求为:北京H公司剽窃涉案音乐喷泉编曲并在西湖施工喷放,侵犯该公司著作权。但一审庭审中,北京S公司又进一步解释为:请求保护的是涉案2组音乐喷泉的舞美设计、编曲造型、各种意象和装置配合而形成的特定音乐背景下的喷射效果。如果北京S

公司坚持原诉求和理由，该案侵权就很难认定了。

古籍点校成果是著作权法意义上的作品吗？

李某诉葛某侵犯了"民国版《寿光县志》点校本著作权"一案，经潍坊市中级人民法院一审、山东省高级人民法院二审、最高人民法院再审，历经5年，最终判定葛某构成著作权侵权。

本案涉案作品非著作权人创作，而是其"合作的民国版《寿光县志》点校版"。对古籍点校版是否受著作权法保护问题，我国法律并未明确规定。对"古籍点校版是否受著作权法保护问题"进行认定，就成了本案的亮点和难点。

其实，《著作权法实施条例》曾将"整理"解释为"指对内容零散、层次不清的已有文字作品或者材料进行条理化、系统化的加工，如古籍的校点、补遗等"，但后来修改并删除了这一说法。因此，也无法以"整理"权利保护古籍点校作品。

就此争议，法院最终以下面几点理由给予保护：

1. 点校人运用专业知识，依据文字规则，结合点校人知识水平、文学功底等，对古籍进行划分段落、加注标点、选择用字并拟定校勘记的过程，体现了点校人独创性思维，古籍点校版凝聚了点校人的创造性劳动，构成了著作权法意义上的作品。

2. 我国古代大量文献只能通过点校版本阅读，为了我国古籍点校行业的健康发展和传统文化的传承，应对校对作品给予保护。

3. 古籍点校版属于智力劳动成果；古籍点校版构成对客观事实的表达；古籍点校版具有独创性。

就该类型案件，北京市海淀区人民法院也曾作出民事判决书，认定

"中华书局对古籍点校本'二十四史'和《清史稿》的著作权由原告享有",并获二审法院支持。

李某诉葛某案是由最高院作出判决认定的,因此可以认为,该案是"点校著作权侵权第一重大案"。该案在司法实践中,从保护传统文化、促进行业发展和保护智力成果角度,开拓性地设立"点校著作权保护"新思维,开创了著作权保护新领域,对以后的著作权保护具有重要的案例指导价值,更是为"古籍点校争议"树立了标杆价值。虽然我国不是案例法国家,但如无不同情形,其他案例均可以直接引用该认定,这样大大减轻了权利人的举证责任,降低了诉讼成本减少了诉讼时间。

9问 短视频、用户评价属于著作权法意义上的作品吗?

就"K公司诉H公司侵犯著作权"一案,经一审法院认定,K公司的短视频属于作品,受著作权法保护,H公司擅自发布此类视频,侵犯了K公司的作品信息网络传播权,判赔人民币2万元。

短视频是最近比较热门的互联网产品,是否属于著作权法保护的范围,并不明确。一审法院认为,涉案作品系结合了制作者的表演、场景、创意等的组合,该作品不是简单的表演或简单素材、常识信息的累积。同时,十秒左右的视频能够表达文化思想并具有可复制性,符合著作权法规定,因此属于作品。

对于短视频是否构成著作权法上的作品,虽然该案判决已作出认定,但依然存在一定的争议。

虽然短视频非简单的行为录制、简单陈述或普通信息,而是聚集了拍摄人员的构思、设计、编排、劳动等,并形成了成果,但我国《著作权法实施条例》第二条规定，著作权法所称作品，是指文学、艺术和科学领域内具有独创性并能以某种有形形式复制的智力成果。短视频是否具有独创性，或者说，著作权法中的独创性是指什么？短视频是劳动成果，但是否为智力成果，或者说著作权法中的智力指的是什么？

相信立法者对作品加上"独创""智力"的限制，应该还包括价值衡量标准。该价值标准应为创新价值、引领价值、传承价值等有利于人类发展的智慧价值。如果说，立法对作品规定是狭义的高水平、具有文化宣传和传承价值的体现，那么，本案对"独创""智力"的认定，应为不同于他人的、非常规的具有人类思想体现的劳动成果，显然属于广义解释。

从著作权立法解释可以看出，著作权法的保护应该是狭义的。同时，在当今的信息大爆炸时代，对作品的认定，不宜过于宽广。毕竟，保护的力量也是有限的，宽泛的保护即失去了保护意义。当然，对符合著作权立法精神的短视频作品，应给予保护，但应将智力成果和劳动成果相区别。

与该案相类似的是，大众点评、百度地图下的用户点评，曾被法院认定为汇编作品。那么，用户的每一次简短的评价都属于作品吗？

对于不属于著作权法保护的视频、评论等被他人使用时，因为这些成果凝结了平台的智慧、劳动等，可以以不正当竞争理由来维权。

10问 人工智能作品是否属于著作权保护的范畴？

2018年，某单位将百度诉至北京市互联网法院，称百度百家号未经允许，转发其于2018年9月9日发表的"利用人工智能、大数据生成的〈X数据分析报告〉文章，侵害了自己著作的信息网络传播权、署名权等著作权。百度辩称，涉案文章是人工智能、数据软件生成的，不具有独创性，不属于著作权法保护的作品，原告主体也不适格。

该案主审法官表示，该案系著作权法前沿问题，还需探索研究。

讨论"人工智能生成的文章"是否具有著作权，已经是必须面对的问题，因为"未来已来"！

仅从著作权法规定和立法精神来看，应该无法直接找到判决依据。按照著作权法"保护人类智力成果"的规定和立法要求，人工智能不是人，其创作的作品肯定不属于著作权法保护的范畴。从判断作品的独创性来看，因为非人类创作，很难让法官对"机器思维"的创作性进行判断。该判断原则，与日本相关法律观点相一致。

1. 日本著作权法规定，"人工智能自动生成的作品"不产生著作权。

2. 日本专利法规定，"人工智能自动创作的生成物"不可构成专利权的对象。

3. 人工智能自动生成的商标，理论上存在成为受商标法保护的对象的可能性。

就人工智能生产的文章是否具有著作权问题。让人想起影视剧行业对摄像机厂商的提起的著作权复制权的起诉，最终法院认定摄像机厂商不构成侵权。关于著作权保护的主体是人的问题，如果人工智能生成的文章具有商业价值、发展价值、时代价值，那么修改著作权法，确认人工智能的保护主体地位，不仅可能，而且应尽快。

就目前来看，人工智能还处于开发尝试阶段，未来的人工智能世界如何发展，还要等待，为其保驾护航的法律，更无法作出"未知权利义务"的立法和保护。但鉴于案件已经发生，法院必须作出判决的现实，建议就人工智能作品，将其定位类似于"软件著作权"作品进行保护。

毕竟，人工智能也是人类创造的结果，由其产生的作品也系人类智力、文章生产指令与人工智能机器结合的独创产物，这与软件著作权相类似，因此，给予相应保护是符合立法精神、客观事实及现状需求的。

问11 著作权人对其作品都享有哪些权利？

著作权人对其作品享有非常广泛的权利，这些权利可以分为人身权利和财产权利两大类。

著作权人享有的人身权利包括：

发表权，即决定作品是否公之于众的权利。著作权人有权决定何时、何地、以何种方式将作品公之于众。发表权只能行使一次。

署名权，即表明作者身份，在作品上署名的权利。作者可以在作品上署名也可以不署名，可以署真名也可以署假名。多人合作创作的作品的署名顺序，有约定的按照约定的顺序署名，没有约定的，可以按照创作作品付出的劳动量的多少、作品排列、作者姓氏笔画等确定署名顺序。

修改权，即修改或者授权他人修改作品的权利。

保护作品完整权，即保护作品不受歪曲、篡改的权利。

著作权人享有的财产权利包括：

复制权，即以印刷、复印、拓印、录音、录像、翻录、翻拍等方式将作品制作一份或者多份的权利。

发行权，即以出售或者赠与方式向公众提供作品的原件或者复制件的权利。

出租权，即有偿许可他人临时使用电影作品和以摄制电影的方法创作的作品、计算机软件的权利。

展览权，即公开陈列美术作品、摄影作品的原件或者复制件的权利。

表演权，即公开表演作品，以及用各种手段公开播送作品的表演的权利。

放映权，即通过放映机、幻灯机等技术设备公开再现美术、摄影、电影和以类似摄制电影的方法创作的作品等的权利。

广播权，即以无线方式公开广播或者传播作品，以有线传播或者转播的方式向公众传播广播的作品，以及通过扩音器或者其他传送符号、声音、图像的类似工具向公众传播广播的作品的权利。

信息网络传播权，即以有线或者无线方式向公众提供作品，使公众可以在其个人选定的时间和地点获得作品的权利。

摄制权，即以摄制电影或者以类似摄制电影的方法将作品固定在载体上的权利。

改编权，即改变作品，创作出具有独创性的新作品的权利。

翻译权，即将作品从一种语言文字转换成另一种语言文字的权利。

汇编权，即将作品或者作品的片段通过选择或者编排，汇集成新作品的权利。

12问 何谓对作品的复制？对作品的复制包括哪些类型？

根据前面提及的复制权，复制即是指以印刷、复印、拓印、录音、录像、翻录、翻拍等方式将作品的全部或者部分制作一份或者多份的行为。当然，这并非是对复制行为的穷尽列举。

复制权是著作财产权最核心的权利。在著作权产生之初，著作权人享有的权利主要是作品的复制权。从英美法系中的"版权"

（copyright）一词就可以看出版权最初的意思就是控制复制权。即使在今天，侵害著作权最常见的情形也是未经许可的复制行为，就是侵害信息网络传播权的行为，在本质上也是侵害了复制权，因此，只要能够有效地保护好复制权，就基本上能够维护好著作权人的经济利益。

复制是对作品的一种再现，但不是所有的再现方式都属于著作权法意义上复制，一般来说，只有在有形载体上使作品被相对稳定和持久地固定下来的行为才属于著作权法意义上的复制。根据复制行为涉及的载体类型，复制可分为以下几类：

第一类是从平面到平面的复制。对于文字作品、音乐作品、戏剧作品来说，手抄、复写、静电复印、油印、照相翻拍及铅印、胶印，都属于从平面到平面的复印。美术作品中的平面作品与地图、设计图等平面作品也可以通过这种方式来复制。

第二类是从平面到立体的复制。主要是指按照艺术作品、建筑作品的设计图制作立体艺术品和建造建筑物的行为。

第三类是从立体到平面的复制。主要是指对立体艺术品和建筑作品的拍摄活动。但是对于设置或者陈列在室外公共场所的艺术作品进行临摹、绘画、摄影、录像可以不经著作权人许可。

第四类是立体到立体的复制。一般情况下，从立体到立体的复制要经过从立体到平面然后再从平面到立体的过程，即现根据立体造型绘制出平面设计图，再根据平面设计图复原立体艺术品，但是也有直接从立体到立体的复制。

第五类是从无载体到有载体的复制。主要是对口头作品及表演者的表演活动而言的，复制的方式主要是录制。

> **实战小贴士**
>
> 在数字化环境下，将作品固定在芯片、光盘、硬盘、软盘等等介质上，将作品上传至网络，如BBS、个人空间、博客空间等，将作品从网络服务器下载到本地计算机都属于复制，企业在经营过程中要注意不要因这些行为而侵犯他人的复制权。

13问 著作权的保护期限是多长？

任何类型的知识产权都有一定的保护期限，著作权也不例外。

人身权利中的署名权、修改权、保护作品完整权的保护期限不受限制，也就是说没有时间限制。

对于发表权和财产权利，作者是自然人的，保护期限为作者终生及其死后五十年，截止于作者死亡后第五十年的12月31日；如果是合作作品，则截止于最后死亡的作者死亡后第五十年的12月31日。

法人或者其他组织的作品、著作权（署名权除外）由法人或者其他组织享有的职务作品，发表权、著作权中的财产权利保护期限为五十年，截止于作品首次发表后第五十年的12月31日，但作品自创作完成后五十年内未发表的，不再受保护。

电影作品和以类似摄制电影的方法创作的作品、摄影作品，其发表权、著作权中的财产权利的保护期限为五十年，截止于作品首次发表后第五十年的12月31日，但作品自创作完成后五十年内未发表的，不再受保护。

> ☞ **实战小贴士**
>
> 保护期限也可以成为侵权诉讼中被告的一种抗辩理由。

14问 委托开发的作品其著作权属于委托人还是受托人？委托人需要付费从受托人处购买吗？

依照我国著作权法规定，著作权属于作者，本法另有规定的除外。委托开发作品的权属即是另有规定。

依照著作权法规定，委托开发的作品著作权权属人，依委托人和受托人签订的委托合同约定。如果委托合同约定不明、无约定或未签订合同的，著作权由受委托人所有。如以下两个案例：

案例一，某公司签订著作权委托合同的某部门负责人，为尽快签订合同，采用非正当手段、对外签署了非公司审核合同，导致公司丧失了委托开发作品的著作权。最终，公司又用高价购买了本属于自己的作品，导致公司的损失惨重。

案例二，公司负责人委托他人帮助创作一幅工艺设计作品，并按照市场价格支付了现金报酬，但未签订委托合同。公司接受作品后，即进行产品商业化生产，并申请了著作权，对外进行授权许可使用。公司还积极组织该作品参加评奖，并获奖。得知作品获奖，作者即向公司主张著作权，无论公司如何努力争取，作者均不同意转让著作权。该事件对公司的经营造成了严重的负面影响。

上述两项案件，均属于对委托合同法律条款执行不够重视。当前企业负责人，特别是专门从事著作权作品创作的企业负责人，对委托作品的权属规定，均反映出了对著作权合同不重视甚至轻视的态度，从而给企业带来了不可挽回的损失。

> ☞ **实战小贴士**
>
> 　　企业委托他人创作作品，务必签订委托创作合同，对著作权的归属作出明确约定。

15问 何谓职务作品？其著作权归谁？

　　职务作品是指作者为了完成单位的工作任务而创作的作品。判断一件作品是否属于职务作品可以从两个方面来考察，一是创作作品的自然人是否是法人或者其他组织（即单位）的工作人员，该工作人员包括正式工作人员、临时工作人员、实习人员和试用期人员等；二是作品是否是因为履行职务行为而产生，亦即为了完成单位的工作任务而产生。工作任务是指自然人在该法人或者其他组织中应当履行的职责。只有满足以上两个条件，作品才属于职务作品。如果自然人虽然是单位的工作人员，但是创作作品的行为并不是其在该单位的职责，那么作品就不属于职务作品。

　　2012年重庆市第五中级人民法院发布的关某某诉重庆某摄影公司侵犯著作权一案就是一则典型的涉及职务作品判定的案例。该案中的原告关某某是美术作品《阁楼摄影》的作者与著作权人，曾在重庆某摄影公司工作，工作岗位为数码主管。重庆某摄影公司未经关某某同意擅自在其公司大门上使用了关某某的美术作品《阁楼摄影》。法院认为，重庆某摄影公司未能证明《阁楼摄影》美术作品是在该公司的主持下，根据该公司的意志创作完成的法人作品；其同样也没有证明《阁楼摄影》美术作品是关某某基于工作岗位职责以及受公司指派履行任务所完成的职务作品。故应当认定《阁楼摄影》美术作品的著作权人是关某某。重庆某摄影公司未经著作权人关某某的许可，擅自使用美术作品《阁楼摄影》作为公司形象标识、进行广告宣传等，侵犯了关某某的著作权，判决该公司停止侵害并赔偿损失。

职务作品的著作权归属分为两种情况：对于一般职务作品，作者享有著作权，单位享有优先使用作品的权利；特殊职务作品的著作权归单位，作者享有署名权。

一般职务作品的著作权归作者，但法人或者非法人单位有权在其业务范围内优先使用。作品完成两年内，未经单位同意，作者不得许可第三人以与单位使用的相同方式使用该作品。但如果在作品完成两年内，单位在其业务范围内不使用的，作者可以要求单位同意由第三人以与单位使用的相同方式使用其作品，单位没有正当理由不得拒绝。在作品完成两年内，经单位同意，作者许可第三人以与单位使用的相同方式使用作品所获报酬，由作者与单位按约定的比例分配。作品完成的两年期限，自作者向单位交付作品之日起计算。

特殊职务作品是指有下列情形之一的职务作品：

（1）主要是利用法人或者非法人单位的物质技术条件创造，并由法人或者非法人单位承担责任的工程设计、产品设计图纸及其说明、计算机软件、地图等职务作品；

（2）法律、行政法规或者合同约定著作权由法人或者非法人单位享有的职务作品。

对于上述特殊职务作品，作者享有署名权，著作权的其他权利由法人或者非法人单位享有，法人或者非法人单位可以给予作者奖励。

此外，对于计算机软件的职务作品，自然人在单位任职期间所开发的软件有下列情形之一的，软件著作权该由单位享有，单位可以对开发软件的自然人进行奖励：

（1）针对本职工作中明确指定的开发目标所开发的软件；

（2）开发的软件是从事本职工作活动所预见的结果或者自然的结果；

（3）主要使用了单位的资金、专用设备、未公开的专门信息等物质技术条件所开发并由单位承担责任的软件。

☞ **实战小贴士**

为了避免将来的权属争议，企业在临时指定不在创作岗位上的员工参与作品创作时，最好要下达书面的指令。另外也可以在劳动合同中约定劳动合同期间，员工创作的与工作有关的作品，其著作权属于用人单位。

|著作权的行使与商业运用|

著作权的行使是指著作权人对作品的各种利用。著作权可以由著作权人自己行使，也可以授权他人行使。除了通过继承、赠与方式取得著作权而使用作品之外，著作权人以外的人对作品的使用包括四种情形：（1）他人通过许可合同，被许可使用作品；（2）他人通过著作权转让合同，取得著作权而使用作品；（3）他人根据法律规定，依法定许可使用他人作品；（4）他人通过合理使用的方式，使用他人作品。影视制作者在制作影视作品过程中，经常需要使用他人作品。

许可使用是指著作权人通过合同的约定，在一定期限和地域范围内将其作品的一种或者若干种权利以某种特定的方式许可他人行使并收取许可费。许可使用是著作权人实现其作品市场利益的最常见、最有效的途径。通过许可合同，著作权人将著作权中的复制、发行、表演、网络传播等财产权利许可他使用，因署名权等人身权利与特定的人身不可分离，所以不能许可他人使用。被许可人获得的仅仅是作品的使用权，而不是所有权。著作权人可以将一项或者数项财产权利许可他人使用，通常情况下，被许可人无权将获得权利再许可第三人使用。

著作权的转让是指著作权人将其作品著作权中的财产权利的一项或者数项转让给他人并收取转让费的行为。著作权的转让是著作权人对著作权进行处分的一种方式，也是其行使著作权的一种方式。通过著作权的转让，受让人获得作品的全部或者部分著作权（仅指财产权）。同著作权的许可使用一样，转让的对象只能是著作权中的财产权利，人身权利不能转让；同时，可以将全部财产权利一并转让，也可以分割转让。不同于著作权的许可使用，著作权的转让是著作权主体的变更。

通过许可使用或者著作权转让，一方面，著作权人获得了报酬，实现了创作目的，另一方面，作品也得以更广泛的传播，繁荣了文化和艺术。

除了许可使用和转让外，著作权人还可以将著作权进行质押以获得融资。这在与著作权有关的商业领域也比较常见。

无论是将著作权许可他人使用还是将著作权进行转让或者质押，都需要签订合同以明确各方当事人的权利义务。由于著作权权利内容丰富、合同中可以自由约定的事项众多，合同的专业性很强，因此，在签订此类合同时，建议寻求专业律师的帮助。

16问 如果想建立一个数字图书馆,需要注意哪些著作权问题?

一、数字图书馆是否具有著作权。

数字图书馆,顾名思义,就是将所有纸版文字、信息及其他形式的知识内容通过特殊的电子技术整合在一起形成一个综合的电子信息知识系统,具有独特的创造性。法律对于这种具有独特编排、独特创造性的信息知识系统有相关的规定予以保护。

根据《世界知识产权组织版权条约》第五条数据汇编(数据库)第一款"数据或其他资料的汇编,无论采用任何形式,只要由于其内容的选择或排列构成智力创作,其本身即受到保护。这种保护不延及数据或资料本身,亦不损害汇编中的数据或资料已存在的任何版权。"我国《著作权法》第十四条"汇编若干作品、作品的片段或者不构成作品的数据或者其他材料,对其内容的选择或者编排体现独创性的作品,为汇编作品,其著作权由汇编人享有,但行使著作权时,不得侵犯原作品的著作权。"

因此,我们理解数字图书馆具有著作权,是受著作权法保护的汇编作品。权利人对数字图书馆网页、域名、自建数据库等都享有著作权,受著作权法保护。任何盗用、冒用或未经其允许而使用数字图书馆包括网页、域名、自建的数据库等资源的行为都侵犯了数字图书馆的著作权。

二、在建立数据图书馆过程中要注意避免侵犯他人著作权。

如上文所述,数字图书馆自身可以看作是一个汇编作品,即把别人的作品通过具有独创形式的编排形成一个新的作品,所以,数字图书馆内的作品也是具有著作权的作品,使用时须经著作权人许可,否则便是侵犯著作权的行为。

具体而言，如数字图书馆未经收入书籍著作权人许可同意，擅自将收入图书放在数字图书馆馆内，供公众阅读、下载、收取会员费及刊载广告，属于侵犯书籍著作权人信息网络传播权。主要理由如下：第一，《著作权法》第十条规定，信息网络传播权，即以有线或者无线方式向公众提供作品，使公众可以在其个人选定的时间和地点获得作品的权利。著作权是法律赋予作者享有的专有权利，作者据此有权限制他人未经许可使用作品，但这种限制应基于因社会公众所接触作品的范围的扩大而对其行使权利所产生的重大影响。这种许可的后果仅应视为将作品固定在有形的载体（纸张）上并为公众所接触。若未经许可将此作品列入数字图书馆中，对著作权人在网络空间行使权利产生了影响。第二，数字图书馆将作品以数字信息形式呈现，但却扩大了作品传播的时间和空间，扩大了接触作品的人数，改变了接触作品的方式，在这个过程中，数字图书馆并没有采取有效的手段保证作者获得合理的报酬。因此，数字图书馆的行为阻碍了著作权人以其所认可的方式使社会公众接触其作品，侵犯了其信息网络传播权，应立即停止侵权并依法承担侵权责任。

一般意义上的图书馆的功能在于保存作品并向社会公众提供接触作品的机会。这种接触是基于特定的作品被特定的读者在特定的期间以特定的方式（借阅）完成，这种接触对知识的传播、社会的文明进步具有非常重要的意义，同时对作者行使权利的影响非常有限，因此，并不构成侵权。

数字图书馆在建立及经营过程中，无论上传或是下载作品，笔者都建议：首先，应确认哪些资源是公开的不涉及著作权的，哪些资源是涉及著作权的，尤其要注意那些还在作品保护期和著作权人有特殊声明的作品。其次，数字图书馆还应注意超链接设置引起的著作权侵权问题，即链接到的内容篇幅是否完整，是否存在侵权问题。若公众浏览到的是删减的内容，可能会侵犯他人修改权或保护作品完整权。

合作创作的作品，各合作者如何行使其著作权？

两人以上合作创作的作品，著作权由合作作者共同享有。没有参加创作的人，不能成为合作作者。所谓的"创作"，是指直接产生文学、艺术和科学作品的智力活动。为他人创作进行组织工作，提供咨询意见、物质条件，或者进行其他辅助工作，均不视为创作。

合作作品可以分割使用的，作者对各自创作的那部分可以单独享有著作权，但是行使著作权时不得侵犯合作作品整体的著作权。

合作作品不可以分割使用的，其著作权由各合作作者通过协商一致行使；不能协商一致，有无正当理由的，任何一方不得阻止他方行使除转让以外的其他权利，但是所得的收益应当合理分配给所有合作作者。这类合作作品通常由合作者共同构思和确定编写提纲、分工写作、统一定稿，由于思想观点相互渗透，以致虽有写作分工，也无法确定哪一部分属于谁的创作，所谓"你中有我，我中有你"。因此著作权归属于合作各方，但也可以对著作权的归属和行使通过协议来进行约定。

图书出版合同应当包含哪些内容？

著作权人将著作权中的财产权利许可他人使用是实现其作品市场利益的最常见、最有效的途径。由于作品的种类不同，而不同的作品会涉及到不同的权利种类，因而许可使用合同的内容也不完全相同，但是不管是什么种类的作品，许可使用合同中都应当包含签订合同主体、作品的名称、许可的类型(普通许可、排他许可还是独占许可)、许可使用的权利种类(复制权、发行权、出租权、表演权还是改编权等)、许可使用的地域范围(中国大陆、港澳台、欧洲还是世界范围内)、许可使用的期间、付酬的标准和办法、违约责任、争议解决和其他需要约定的内容。对于文字作品而言,出版权是最主要的权利内容,出版合同也是最常见的著作权许可合同,此类合同一般应当包括以下几方面的内容:

1、著作权人和出版社的名称。

2、作品是否已经出版过。

3、著作权人许可的权利的类型是普通许可、排他许可还是独占许可。

所谓"普通许可",是指著作权人许可他人在规定范围内使用作品,同时保留自己在该范围内使用作品以及许可第三人人实施该作品的许可方式。所谓"排他许可",是指著作权人许可他人在规定范围内使用作品,同时保留自己在该范围内使用该作品的权利,但是不得另行许可第三人人实施该作品的许可方式。所谓"独占许可",是指著作权人许可他人在规定范围内使用作品,同时在许可期内自己也无权行使相关权利,更不得另行许可第三人人实施该作品的许可方式。

以上是对三种许可方式的通常理解,但是并非在任何时候,任何人对这三种许可方式内涵的理解都是完全一样的。因此,还需要各方在许可合同中对其内容作出详细的规定。如果各方在合同中没有对此事项作出约定或者约定不明的,则视为被许可人有权排除包括著作权人在内的任何人以同样的方式使用作品。

4、著作权人交付稿件的时间。

5、校对清样的日期以及校样责任主体。

6、出版日期。

7、首批出版的数量。

8、著作权人的权利瑕疵担保。

9、出版社按照约定时间出版的保证。

10、对出版社的销售账目检查的约定,即是否允许著作权人或者双方约定的第三方对出版社的销售情况进行核实。

11、在首批印刷的图书销售完毕后在多长时间内印刷第二批。

12、在图书积压、滞销情况下是否允许出版社折价以及以何比例折价拍卖。

13、双方的合同解除权,即在什么样的情况下,允许一方解除合同。

14、许可的权利种类。

15、地域范围,是仅限于中国还是在世界范围内。

16、样书册数,即著作权人无需支付价款而得到的赠书册数。

17、稿酬数额与支付方式。

18、版税即提成费的数额与支付方式。

19、出版社对市场上出现的侵权行为有无单独起诉的权利。

20、不可抗力。

21、争议解决与法律适用。即当各方发生争议时,是通过诉讼还是仲裁来解决争议,适用哪国的法律。

实战小贴士

作为图书出版合同一方的出版社,如果对其出版行为授权、稿件来源和署名、所编辑出版物的内容等未尽到合理注意义务的,对出版物侵犯他人著作权的情况要承担责任,因此在签署出版合同时,要对以上情况调查清楚。

问19 签订表演权许可合同和表演者权许可合同应当注意哪些事项?

表演权指公开表演作品,以及用各种手段公开播送作品的表演的权利。我国著作权法规定,使用他人的作品演出,表演者(演员、演出单位)应当取得著作权人的许可,并支付报酬。演出组织者组织演出,由该组织取得著作权人的许可,并支付报酬。表演权是音乐、戏剧作品著作权的主要内容,正像出版权是文字作品著作权的主要内容一样。

表演者权是戏剧、音乐、舞蹈等作品的表演者对其表演所享有的权利,是一种重要的邻接权。保护表演者的权利对于作品的传播有重要的促进作用。

一、表演权许可合同

在表演权许可合同中,一方(许可方)为音乐作品或者戏剧作品的作者,另一方(被许可方)为演出主办方。在这类合同中,应当约定被许可方有义务向观众(听众)说明所演出的作品的名称、作者的姓名;如果所上演的作品是由其他作品改编而来的,则还应当同时说明原作的名称、原作者以及改编者。被许可方的义务还应当包括在约定的时间内上演作品;未经作者同意不得增、删、修改有关作品,以及不得损害作者的其他精神权利;为作者或其指定的人观看演出提供便利(例如免费提供一定数量的门票);按照约定的提成率向作者支付报酬等。

在有些国家或者地区,有些戏剧或者音乐作品、舞蹈在演出后因某种原因会受到许多观众的反对,从而导致演出活动无法继续。因此,合同中也应当对于这种难以预料的情况做出约定。另外,为了避免演出主办方在演出时出于"闯牌子"或者其他目的,不在乎票房收入而主要从事各类免费演出，导致著作权人的利益受损，因此也需要在合同中对该事项做出约定。

表演权许可合同还应当明确约定，演出主办方在获得授权后最长时间内上演作品，如果逾期未上演，作者有权解除合同并获得赔偿。

此外，对于作品上演的地域范围、查账、法律适用以及争议解决等内容也应当一并列入合同。

二、表演者权许可合同

表演者权许可合同大都是在表演者与广播组织或者音像制品者之间签订的。这类合同除了应当具备一般的许可合同应有的内容外，还应当注意以下几方面的内容：

首先，许可他人从现场直播和公开传送其现场表演，并不意味着许可其他组织转播有关表演。因此，要在许可合同中明确约定，被许可人有无许可其他广播组织转播的权利，以及如果有此权利的话，是否应当支付报酬。

其次，授权被许可人从现场直播和公开传送其现场表演，并不意味着同时授权其以任何形式（如拍摄、录音录像）固定其表演。因为，有的时候，演出者或者演出组织者会授权第三方对其演出进行录音录像。

再次，如果授权被许可人从现场直播和公开传送其现场表演，同时也许可其对表演录音录像，并不意味着授权其复制、发行相关录音录像制品。如果被许可方要取得相关音像制品的复制发行权须取得表演者的明确授权并支付相应的报酬。

最后，还需要在合同中明确被许可人是否有权通过信息网络向公众传播表演并为此支付报酬。

一份表演者权许可合同只有将以上几个方面都考虑到了，才能算是将法律规定的表演者的各项经济权利都作出了明确的约定。这样，既能有效地保护表演者的权利又能避免发生争议。

如何办理著作权质权登记？

著作权作为一项知识产权，可以像专利权或者商标权一样进行出质，著作权质押是著作权利用制度的一个重要方面。按照我国的有关规定，以著作权出质的，出质人（大多数情况下为著作权人）和质权人应当订立书面质权合同，并由双方共同向登记机构办理著作权质权登记。如果著作权人有多个，则在出质时应当取得全部著作权人的同意。

著作权出质合同一般应当包含以下内容：出质人和质权人的基本信息；被担保债权的种类和数额；债务人履行债务的期限；出质著作权的内容和保护期；质权担保的范围和期限；合同当事人约定的其他事项。

出质人和质权人可以自行前往国家版权保护中心办理质权登记事宜，也可以委托他人代为办理，还可以通过邮寄方式向中国版权保护中心著作权登记部提交质权登记申请材料办理。

办理质权登记时应当提交的材料包括：著作权质权登记申请表；出质人和质权人的身份证明材料；主合同和担保合同（即著作权质权合同）；委托他人代为办理的，提交授权委托书和代理人的身份证明文件；以共有的著作权出质的，提交共有人同意出质的书面文件；出质前许可他人使用的，提交许可合同；出质的著作权经过价值评估的，提交价值评估报告；其他需要提交的材料。

提交的材料经过审核符合要求的，登记机构自受理之日起10日内予以登记，并向出质人和质权人发放《著作权质权登记证书》。其内容包括：出质人和质权人的基本信息，出质著作权的基本信息，著作权质权登记号，登记日期。

> **☞ 实战小贴士**
>
> 作为著作权人要学会运用这一方式来获得融资或者为融资担保，作为质权人要在签订质权合同前查明作品的权属状况，避免因出质人不具有处分权而导致质权合同无效。

21问 没有著作权许可权的人对外签署的授权合同，其法律效力如何？

无著作权许可权人擅自将他人作品授权予第三人对外销售，那么，该授权行为的性质是什么？授权合同的法律效力如何？

北京某公司与天津某公司的著作权纠纷案中，因授权人无作品授权资格，被授权人请求法院确认合同无效。最终，法院未对合同性质作调查，仅总结表示：就算授权人无作品授权资格，但依买卖合同相关规定，无权处分合同也为有效，被授权人主张合同无效于法无据，不予支持。

首先，无著作权许可权人的擅自授权行为。

法律定位为"无权处分"，与其有关联的法律后果包括，合同无效、合同可撤销、效力待定。

其次，就无著作权许可权人的授权合同效力问题，意见如下：

"合同权利以其起诉前双方的合同履行情况为基础，因起诉前存在授权资格不合法问题，故无权要求被授权方履行合同义务。"

上海Y公司与上海C公司著作权许可使用合同纠纷一案中，一方当事人则采用了"无权处分、合同解除"的法律观点。

北京H公司与北京W公司著作权许可使用合同纠纷一审认定：北京H对授权著作权存在无权处分问题，但协议系双方真实意思表示、未违反法律禁止性规定，合法有效。北京H公司承担违约责任。

综上可以看出，针对无权处分他人作品的行为，一般支持受害方（被授权人）的诉讼请求，受害方主张无效的，法院系认定为无效；受害方主张违约的，法院也认定为违约。

但在"北京某公司与天津某公司的著作权纠纷案件中"，法院拒绝调查合同性质，存在瑕疵。以"买卖合同中无权处分规定"适用在著作权授权合同中，存在不妥。无权处分行为在买卖行为中合同有效，不能因此认定：

1、无权处分规则适用于除买卖合同外的，如包括赠与合同、授权合同、代理合同等其他全部合同；

2、并不是只有买卖合同，买卖合同之外，还存在如租赁合同、代加工合同等众多性质的合同。

总之，关于无权处分的"著作权授权合同"，效力并非只有"合同有效的法律结果"，合同无效、可撤销、效率待定也是其法律结果之一，关键要结合案情，结合法律和实际需求，选择符合自身案件的诉讼请求。

☞ **实战小贴士**

在签订著作权许可合同时，为了避免出现上述纠纷，被许可人最好事先调查一下许可人是否有处分权，至少要求其提供初步的证明或者作出有处分权的声明。

著作权

 著作权许可合同终止后,著作权许可人是否负有继续提供著作权许可使用凭证的义务?

S公司与H公司的"给付之诉"案件中,法院认为:因双方授权合同已提前解除,H公司系要求S公司履行已解除合同中约定的"给付义务"。但依法律规定,合同解除,未履行的终止履行,现H公司要求履行已解除合同下的义务,缺乏法律依据。

因授权合同系提前解除,导致解除前已授权作品的授权期为原双方约定的合作期限。

首先,"合同解除,未履行的终止履行"系法律规定,但法律也规定,"合同解除后,双方当事人依然存在后合同义务,如通知义务、协助义务、保密义务等"。本案在陈述"合同解除,未履行的终止履行"的法条后,直接适用到判决中。但由于法律和判决之间缺少案情的描述和逻辑的演示推理,缺乏层递。

因合同解除前的授权期限为原合同期限,导致合同虽然被提前解除,但曾经的授权行为仍然存在,仍然在执行中。在此情形下,被授权方要求收取作品授权费方给付版权权利证明合法。关于合同已解除的法律问题,可从两点给予解释:

1、基于后合同义务,合同解除后,依照诚信原则,双方仍在履行的事项,应继续履行原合同约定的权利义务。

2、无合同原则。本案中,被授权人向授权人支付了作品授权费,申请人收取了授权费,双方一直在授权范围内合作,虽然已无合同,但要求收费方履行收费后给付义务,也是法定义务。

因此,本案中,无论合同性质如何,授权行为都客观存在,权利义务双方即应履行相应的法定义务，只获得权利，不承担义务的法律权利是不存在的。

根据本案判决中认定的"实际履行但无书面合同"的情形，相应法律延伸包括：

当事人订立合同，有书面形式、口头形式和其他形式。法律、行政法规规定采用书面形式的，应当采用书面形式。

法律、行政法规规定或者当事人约定采用书面形式订立合同，如果当事人既未签订书面合同，又未达成口头约定，而是以自己的行为向对方作出要约表示，且已履行主要义务，对方接受的，该合同成立。

采用合同书形式订立合同，在签字或者盖章之前，当事人一方已经履行主要义务，对方接受的，该合同成立。

因此，实际履行的义务，虽然未签订书面合同或口头协议，依然受法律保护，应注意保留与自己主张相关的证据。

23问 文化娱乐影视著作权作品的商业运作是怎样的？

文化娱乐传媒节目经营活动，其实就是一个围绕某部节目作品进行商业运作的过程。

著作权作品包括自创作品、委托创作作品、合作作品、部分财产权授权作品等，各种作品的商业开发形式均不相同，在此，笔者以经历的部分财产权授权作品的商业化运作为例，介绍其流程。

首先，检查自身财产能力、节目制作能力。至少需具有一定的相关业务经验或基础力量。如果业务不熟，会导致投入超过预算几倍的事情发生。

其次，确认自身商业开发能力。是否具有能力完成节目运作团队的组建，及导演、主持人、嘉宾的聘请等，是否应进行"节目"商业化开发的第二步。

再次，实践自身融资能力。融资能力与自身商业资源实力有关，也与节目是否优质有关，更与自身商业资源所涉及的行业有关。

第四，确认意向播放平台。如没有同意播放的平台，节目投资的机会应已结束。电视台播放节目的能力有限，所以能寻找到电视台播放很不易。而网络平台不受时间、播放能力的限制，因此，成为当今很多节目首次播放的首选。

第五，确认意向冠名商。冠名商资金价值、影响力，及资源调动能力，对节目运作具有很大的作用。

第六，调查合作版权公司及版权著作权情况。建议与知名公司的知名节目进行合作开发，最好是已经在国外具有影响力的节目，未播放过的节目，谨慎尝试。版权考虑原创，且在购买时首次授权。

第七，签订合作协议。在上述前期工作完成后，再进行合作协议的签署。合作协议中必须考虑请节目原创团队亲自指导、支持，以及购买节目使用权的付费方式为固定费用加上盈利分成。

第八，组建节目公司或团队。正式进行节目项目运作。

24问 怎样对著作权项目进行投资方案设计？

著作权项目运作的范围包括游戏软件作品运作、音乐作品运作、电影作品运作、电视剧作品运作、文化娱乐节目运作、美术作品等。以下以"某自行创作的传统文化作品运作"为例，进行投资方案设计。

第一，进行的是节目著作权权属设计。项目要对外融资需要就著作权权属进行设计。著作权包括人身权、财产权，可以利用财产权中的某一项权利对外融资，而非用人身权的权利进行融资，甚至可以仅提供改编成电视剧的权利给"拟设立的独立运作项目公司"。

第二，对外签订"项目投融资合作协议"。项目运作经过节目版权著作权规划设计及与各投资人达成一致意见后，共同签订书面投资协议，建议将播放平台、发行渠道作为合作方，共同签订投资协议，哪怕播放平台仅提供资源、不提供资金，但不建议接受"无偿股"。

第三，建立"独立法人公司运作该项目"的思维。因该项目属于对外融资项目，独立设立法人公司，有利于投资人对项目资金的监管，有利于运作公司对该项目的债务的和法律责任的承担，有利于运作团队的技术人员、导演制作团队、国外版权方指导人员的安排，更有利于项目的独立核算。

第四，对项目公司进行框架设计。依照合作协议约定的股权比例结构，对公司整体框架进行设计，但节目运作方应为独立公司的负责人。在某案例中，因投资方资金比例高达80%以上，在项目运作前期，投资方为独立公司负责人，结果导致项目彻底停止运作，最终，投资方意识到节目的运作重要是执行著作权创作的人"思想"和"意图"，所以主动将负责人职务转让至节目创作人公司。之后，在各方的配合下，即使被耽误多日，项目仍然比规划的日期更早完成。

第五，设计项目的宣传发行和播放平台。项目开发、拍摄过程的中后期，就要对作品进行宣传推广。

问25 如何对著作权商业开发项目进行知识产权保护？

对著作权商业化开发后形成的新产品进行知识产权保护，是新产品商业价值不贬值的需要，更是新产品商业化的基础。知识产权保护包括看不见的保护和看得见的保护。看得见的保护指商标、专利及专利（如有）；看不见的保护则包括创意、商业秘密、人脉、构思等。看不见的商业秘密是著作权产品的核心，看得见的知识产权是实现商业价值的载体。因此，看不见的知识产权保护才是首要工作。

看不见的知识产权保护包括新产品研发秘密、新产品技术转化秘密及新产品制作秘密。1.新产品研发秘密只有产品研发人员知晓，但无须在新产品中直接体现，因此保密责任在研发人员。2.技术转化秘密一般是项目核心制作人员知晓，如投资人、导演、项目执行人等，这些人员需签订商业秘密、竞业禁止等合同，并加重承担违约责任。3.新产品制作过程，即是产品公开化过程，此过程参与人数多、人员素养有高低，因此就产品公开化过程中的秘密须制定保密制度，如建立现场人员登记制度、著作权领取收获制度、禁止拍摄制度等。

看得见的知识产权保护分为防御、完善、维护三部分：1、防御。防御是在项目正式开发运营前，对看得见的知识产权进行商标、著作权等登记。a.商标。对"节目名称"及"名称中的关键词"作商标申请，例如，"舌尖上的中国""舌尖"；b.著作权。为节目剧本、节目美术作品、网页版权、节目文字版等申报著作权。2、完善。节目播放过程中，某些原未被注意的元素成了节目的显著标志，或发现了保护新亮点。如某节目每集开始都出现的图案成了节目的新标志，要及时申请知识产权保护。3、维护。知识产权维护是节目商业开发的核心，保护知识产权的最终目的是实现价值，而维护节目的知识产权即是在争取被他人侵夺的商业利益。维护包括打击侵权、商业合作和商业开发。a.打击侵权不难理解，但并非易事。如一著名娱乐节目，国内一些网站多少对其均存在侵权，特别是某一个与该节目内容"毫不相干"的网站，以超出人们想象的方式侵权。但该节目团队维权时才发现，国内能合作的网站均在侵权名单中,如继续维权,该节目的信息网络传播权将无法实现;b.后来维权人员牵头与销售人员组成商业谈判组,最终与各网站实现了"侵权变合作";c.刚才提到毫不相干的某网站侵权后,主动寻求与节目合作,但由于两者间品牌无关联,导致合作迟迟无法开展,不曾想,法律维权人员根据对节目商业的了解,创新性地提出了商业合作新思路,并以此为基础,最终促成双方合作。

智能知识产权合约能否取代传统知识产权相关法律协议?

此合约非彼合约。智能知识产权合约不能取代传统法律知识产权相关协议,智能知识产权合约本质上而言是一种计算机程序。

一、何为智能知识产权合约?

《中国区块链技术和产业发展论坛标准 CBD-Forum-001-2017》中,将智能合约定义为"以数字形式定义的能够自动执行条款的合约","注:在区块链技术领域,智能合约是指基于预定事件触发、不可篡改、自动执行的计算机程序。"

在区块链技术应用环境下,去中心化、分布式储存需要每个拥有数据的人给自己的数据加入密码从而维护自身的合法权益,此时,这个密码便是这里所说的智能合约。

二、智能知识产权合约与传统意义上的合约有什么区别?

传统意义上的知识产权合约是我们所熟知的,《合同法》上对其的定义为平等主体的自然人、法人、其他组织之间设立、变更、终止民事权利义务关系的协议。《合同法》对合同的类型、内容、订立的步骤均作出了详细的规定。该合同需要由各方当事人签署并生效后由各方按照合约约定的内容予以履行。

智能合约目前没有权威机构给出准确的定义，但正如第一点所提到的，智能合约在目前主流的观点中，认为其是数据拥有者维护自身合法权益的密码，也可以理解为一种技术程序运行的代码存储，只有输入该密码才可以处分自身权益。而这个密码本质上又是一种编程程序，符合相应的条件即可得到验证与执行，自然地进入下一个步骤。之所以将这个编程称为智能合约，也是因为该编程自动运行的目的是为了执行事先约定好的内容。

值得注意的是，智能合约灵活性较差。知识产权合约在实际履行过程中可能出现各种不可提前预知的情况，如当事人各方可能违反合约、合约约定不完整或存在漏洞等纷繁复杂的情况，如出现上述问题时，传统意义上的知识产权合约可以签署补充合约进行弥补完善，灵活性较强。而智能知识产权合约是提前设定好的、无法改变的程序，一旦有人违反或发生错误，则该编程将无法继续进行，这也成为智能知识产权合约明显的短板。

综上，智能知识产权合约无法取代传统意义上的知识产权合约，不能像传统知识产权合约那样灵活地应用于各个实践场景之中，且人类活动均由编程加以定义比较困难，在未来相当长一段时间内无法取代。

|著作权保护与侵权纠纷|

任何类型的知识产权都存在被他人侵害的可能，而著作权被侵害的现象似乎更常见，被侵害的不仅是著作权中的财产权利，有时候也包括署名权、修改权和保护作品完整权等人身权利。因此，著作权的保护是一个非常现实的问题。在互联网时代，不但作品的复制变得更加容易，作品的传播速度和地域范围也超过以往任何时代，这些现实问题给著作权的保护带来了不小的挑战。

版权保护一方面要依靠有关法律制度的完善，国家通过制定完备的法律，使得潜在的侵权者不敢轻易地侵害他人的著作权。另一方面也需要著作权人提高防范意识，适当采取一些防范措施。比如对自己的作品进行著作权登记，以便将来发生侵权纠纷时可以比较容易地证明自己的权利主体身份；或者对作品设置技术措施或者权利管理电子信息。

著作权人还可以根据自己的需要通过加入中国文字著作权协会、中国音乐著作权协会、中国音像集体管理协会、中国摄影著作权协会、中国电影著作权协会等著作权集体管理组织，将自己的著作权授权给相应的组织，由这些组织以自己的名义与作品的使用者签订许可使用合同、收取使用费并向著作权人转付，发生有关纠纷时，也由其作为当事人参加仲裁或者诉讼。由于这些组织都配备有专业的管理人员并聘有法律顾问，因此在发生纠纷时，与著作权人自己亲自处理这些纠纷相比，由这些组织处理更为便捷、高效。

对于著作权人来说，如果发现自己的权利被侵犯，当然要积极应对。如果打算以诉讼的方式维护权利，在起诉之前也需要做好侵权成立与否的研判、证据的固定与搜集等工作。站在作品使用者的角度上，一方面要在企业的日常经营中加强合规制度建设，避免发生侵害他人著作权的情形；另一方面，如果遇到被指控侵犯著作权的情况，也不要消极对待，要积极寻找抗辩事由，力求将不利影响降到最低程度。

近几年来，涉外著作权案件逐渐增多。一方面是因为中国在贸易、投资、技术、文化等各方面对外交流日益频繁所致，另一方面是因为互联网使得作品的传播跨越国界更为容易，现在网络上非常容易的下载国外的影视作品就是一个明显的例证。企业在遇到涉外侵权纠纷时，既不能惊慌失措，也不要置之不理。仔细研究案情，沉着应对才是正确的选择。

27问 是否需要加入"著作权集体管理组织"?

作为著作权人,是否应加入著作权集体管理组织呢?

首先,著作权集体管理组织性质是社会团体,以自愿加入为原则。

依照《著作权集体管理条例》规定,著作权集体管理是指著作权集体管理组织经权利人授权,集中行使权利人的有关权利并以自己的名义进行的下列活动:(一)与使用者订立著作权或者与著作权有关的权利许可使用合同;(二)向使用者收取使用费;(三)向权利人转付使用费;(四)进行涉及著作权或者与著作权有关的权利的诉讼、仲裁等。

该组织收费模式为:收取的使用费,在提取管理费后,应当全部转付给权利人,不得挪作他用。

在实践中,著作权集体管理组织有:中国文字著作权协会、中国音乐著作权协会等。

其中音著协,对普遍存在的音乐侵权商业行为进行了很好的纠正,为保护音乐版权积极倡导付费使用的商业观念。

著作权集体管理组织的积极作用是客观真实的,存在商业化倾向的问题也不容忽视。因此,完善著作权集体管理组织自身问题,更好地为著作权人服务,是著作权集体管理组织自己应完善的问题。但这不是影响著作权人是否加入该组织的重要因素。是否加入该组织,建议从以下几点考虑:

1、著作权作品较多,有批量性产生的能力的,建议自行维权,如建立内部维权团队,与外部维权团队合作等;

2、本身具有完善的著作权保护体系和保护机构的,可以自行维权;

3、个人、作品较少、维权能力较弱的著作权人，可以考虑依靠组织的力量维权；

4、大量涉及著作权业务的使用人，可以加入著作权集体组织，以便使用著作权集体组织内的众多著作权作品。

> **实战小贴士**
>
> 在著作权人与著作权集体管理组织订立的著作权集体管理合同期内，著作权人不得自己行使或者许可他人行使合同约定的由著作权集体管理组织行使的权利。如果著作权人遇到找上门的潜在被许可人，可引导其与著作权集体管理组织联系商洽许可事宜。

28问 未进行著作权登记的照片如果被侵权，原告如何证明自己是权利人？

提供作品著作权利证明，是侵权案件主张权利方的基本义务。但很多著作权侵权案件中，存在著作所有权证明材料证明力不足的问题，但仍然被认定属于著作权人的现象。那么，侵权案件中，权利主张人对著作权证明的程度究竟为多大呢？

国内图片维权诉讼中，维权公司有时并没有著作权登记凭证，也没有著作权人的直接证明证据，其提供的版权证明文件一般为：加公司水印的照片、授权公司对案涉图片的权利自我声明等。还有，维权公司称图片来源于国外公司的授权，但又无证据证明，还不能提供案件图片属于国外授权公司的证据。

一般，被告主张的答辩内容如下：

1、维权公司应当提供摄影作品的底片、胶片、原始数码文件、原图光盘或许可使用协议等证据；

2、维权公司应提供图片拍摄者的身份证明、授权证明、作品拍摄证明等证据；

3、图片水印不能成为认定图片所有权的证据，对涉及图片权属证明，应高于一般性权利证明；

4、维权公司提供的证据不能证明其作品仍然在授权期内；

关于国外授权国内维权企业使用维权作品的证明证据程度，被告主张：

1、维权公司称著作权来源于国外公司的授权，但维权公司没有提供案涉图片系国外公司授权的证据。

2、无证据证明案涉图片属于国外授权公司。国外公司自证对案涉图片具有所有权的行为没有证明力；也不能仅凭水印推定国外公司对案涉图片拥有著作权，维权公司应进一步举证证明国外公司与摄影师之间的法律关系。

但具有指导意见的最高院或省级高院的判决思路一般为：

1、判断维权公司的举证程度，应结合案件的实际情况。就该案，除有相反证据推翻，依据案涉图片水印、自我声明证据，应认定维权人对案涉作品具有著作权。

2、让维权公司对每一部作品均进行登记、均获得所有权人授权证，要求过于苛刻，也会增加维权人成本。为了便于诉讼，无相反证据，认定维权公司对涉案图片具有合法的权利。

3、维权公司提供的国外公司授权证明、涉案图片国外公司水印、国外公司拥有图片著作权的自我声明，在无相反证据情形下，案涉作品属于国外授权公司，维权公司也获得了合法授权。

4、依据授权证明，认定图片授权在授权期限内。

同时，在上海Y文化传播有限公司与北京B科技有限公司的侵害作品信息网络传播权纠纷等案件中，也均采用了"如无相反证明，应依据在作品上署名、添加水印等行为认定作品的作者"的认定标准。

问29 使用他人的美术字体，是否构成侵权？

某一著名公司悬挂庆祝公司成立十周年横幅，不幸被其他公司起诉侵犯字体著作权，致使其承担连带赔偿责任。

因电影《九层妖塔》中使用了他人书法作品"鬼""族""史""华""夏""日""报"七个字，导致参与该影片制作、发行、传播的梦想者电影、环球艺动公司、乐视影业、中国电影股份有限公司被诉至法院。仅此一闪而过的七个字，最终导致四被告道歉并赔偿14万元。

一般人认为，使用电脑中的字体打印材料是很平常的事，怎么还侵权了？

首先，打印字体的来源分几种类型：1.系统或办公软件自带，如微软操作系统、office办公软件中自带的微软雅黑等字体；2.使用人自行下载安装的字体，如方正字体、搜狗字体等。

其次，电脑中安装的字体是如何成为著作权作品的？

（1）《中华人民共和国著作权法实施条例》（以下简称《著作权法实施条例》）第四条第（八）项规定，美术作品是指绘画、书法、雕塑等以线条、色彩或者其他方式构成的有审美意义的平面或者立体的造型艺术作品。具体到字体上，因为存在书写原稿、书写风格、字型轮廓构建等因素，符合以上规定，因此，美术字体受著作权法保护。

（2）字体软件化制作过程为：首先，将字体经开发人员数字化处理和编码后，以坐标数据和函数算法存储于计字库中；输出时经调出指令和转化后，以相应的字体呈现。因该输入、输出过程符合计算机软件保护条例中："软件是为了得到可在电子设备中显示相关内容而制作的由计算机执行的代码化指令序列"的规定。所以，字体经技术转化后，又可以受软件著作权相关法律保护。

那么，是不是字体受美术作品和软件著作权保护后，使用字体都需要授权呢？

这分为如下几种形式：

1、系统、办公软件等自带的字体，一般都已经获得了授权，在购买该软件产品时，已支付了相应对价，因此使用时不存在侵权问题。

2、个人合理使用问题。著作权法允许个人合理使用他人著作权，因此，如仅为个人合理使用，即不构成侵权。

这里建议，企业在日常工作中，尽量避免涉及字体著作权侵权问题，如尽量使用自带字体输入输出文件；建立对外、公开等非内部使用的文件的字体提醒和审查规则；对外宣传的材料文件等，印刷、制作时，与承接厂家签订不侵犯知识产权承诺。

30问 对公共场所的建筑物、雕塑进行临摹是否构成侵权？

人们虽然已普遍具备著作权的权利意识，但对模仿建造建筑物、临摹雕塑也可能构成的侵权可能很难接受。建筑物和雕塑具有怎样的著作权权利？

首先，明确的是，建筑物、雕塑等，属于我国著作权法的保护范畴。我国著作权法规定，本法所称的作品，包括工程技术等作品，如美术、建筑作品。这里特别提醒的是，工程设计图、产品设计图、地图、示意图等图形作品和模型作品，也受著作权法保护。

其次，除对公共场所建筑物、雕塑的合理使用不构成侵权外，哪些行为构成侵权呢？

我国《著作权法》规定的合理使用形式包括对设置或者陈列在室外公共场所的艺术作品进行临摹、绘画、摄影、录像。同时，图书馆、档案馆、纪念馆、博物馆、美术馆等为陈列或者保存版本的需要，复制本馆收藏的作品，也属于合理使用。

特别提醒，合理使用无需征得作者的同意和支付报酬，但应当指明作者姓名、作品名称，并且不得侵犯著作权人依照著作权法享有的其他权利。

构成侵权的行为，主要为商业用途的使用公共场所建筑物、雕塑作品，导致了著作权人权益受损害。

如当代职业陶艺家何某诉重庆某广告公司的邮资明信片侵犯其"《磁器口更夫》铸铜雕塑作品"的署名权与复制权案，美术师郑某某诉古田县某村民委员会的三牛雕塑剽窃其图案雕塑案。

该案是从立体作品被以平面作品形式侵权和从立体作品被以立体作品形式侵权。

我国著作权立法涉及较多的是"平面"对"平面"的侵权，上述两个案例是立体到平面的广义范围内的复制侵权保护。它不仅仅是作品被商业化复制侵权，更是对作品被复制、临摹侵权保护范围的完善。

需要注意的是，不是所有的商业复制、临摹均构成侵权。不管使用行为是否以营利为目的，只要不影响原作品的正常使用，不损害著作权人的合法权益，都属于著作权法规定的合理使用范围。

而且，著作权作品存在法定保护期限。

对他人的网页设计页面进行模仿，是否构成侵权？

网站页面的模仿抄袭是否构成侵权？就此问题，持"网页非著作权法保护范畴，模仿、复制不构成侵权"观点的大有人在。但实际司法实践中，判决构成侵权的案例也很多。

2017年9月，深圳市南山区人民法院受理首例涉及网站页面设计的著作权侵权纠纷案。原告以"侵犯作品的汇编权为由起诉"，被告认为原告的网页界面不符合我国《著作权法》定义的作品内涵，不具独创性，不构成法律意义上的作品。

北京A酒店服务有限公司与重庆L控股有限公司著作权权属、侵权纠纷，认定原告的网站网页构成编辑作品。

成都T技术咨询有限公司、成都Z安全技术咨询有限公司著作权权属、侵权纠纷，在网页上的具有著作权法意义上的独创性的作品可以作为编辑作品受到我国著作权法的保护。

虽然判决如此，但认为"网站不受著作权法保护"的观点仍存在。其实，这样的观点也并非完全错误，因为，不是所有的网站网页都受著作权法保护。

那么，我们究竟如何辨别网页是否受著作权法保护的呢？

《著作权法实施条例》第二条规定，著作权法所称作品，是指文学、艺术和科学领域内具有独创性并能以某种有形形式复制的智力成果。因此，简单理解，只有网站网页具备了"独创性""可复制性"才符合著作权法中规定的作品规定。

关于人类智力成果。网站网页以前端文字、图片、图标，后端代码、函数等组合而成，这样的组合包括自创，也包括收集、整理他人创意编排,该设计、开发、测试、上线运行的组合过程,即是人类实施智力成果的体现,其网站即为作品。但还须具备创造性、可复制性,才构成著作权法中规定的作品。

关于网站的"独创性",包括创造性网站网页设计、制作,也包括创新性、更新性、改进性网站网页设计制作。网站网页根据设计要求,对网站网页的普通栏目、名称等进行调整,对类型设置、分级设置进行更新规划,对整个网站网页进行规划、设计、编排、开发等过程,即是创造。

侵权本身即是复制。

虽然,现在人们普遍以"汇编作品"的形式保护网站网页,但依然存在网站网页属于"数字作品""软件作品"的主张。

> **实战小贴士**
>
> 在绝大多数情况下,模仿他人计算机网页都构成侵权,企业切勿因为他人的计算机网页制作精美、极具吸引力而模仿。

32问 对美术作品形象的改变是否构成侵犯著作权?

2016年,D动画株式会社、株式会社W娱乐将北京Y科技有限公司诉至法院,要求被告停止侵犯其《航海王》动画片中人物卡通形象美术作品的著作改编权、信息传播权和阿碧丝等7个原创角色以外角色相关剧情著作权。

该案一审民事判决认定,被告构成著作改编权、信息网络传播权侵权,但不构成相关剧情著作权侵权。

关注被告提供的人物形象发现,被告对原告的人物卡通形象从外形、颜色、表情、动作等进行了改编，甚至还对某些卡通人物进行了Q版化。但法院认为：动漫角色的皮肤、发型、衣着、配饰、武器道具等各种相关元素，客观上有无限可能。被告对卡通人物形象的修改，为改编。

对于经常被提到的"被告作品是一部集人物、剧情、拍摄制作等为一体的动画作品，非一部简单的美术作品集，就算使用了原告作品，也未影响对原作品的使用，不损害著作权人的合法权益，属于合理使用"观点，本案并未涉及，显然可以适当体现。

关于信息网络传播权。本案认定了被告同时侵犯原告作品改编权和信息网络传播权，但存在另一种观点，即不应承担改编权和信息网络传播权两项责任。

首先，被告未对原告作品进行网络传播。

其次，被告改编原告作品的目的，即是发行、传播，行为和目的不应分割追究责任。否则，被告动画片如果发行图书，是否又要追究被告侵犯原告作品发行权？

总之，将改编权和传播权分别追究责任存在争议。

本案另一突出之处在于，原告主张"被告侵害了原告动画原创角色以外角色相关剧情著作权"。原告将维权的范围，扩大到未来可得权，从侵害行为结果看，被告侵权作品占用了原告的新创作空间，更存在降低了消费者对原作品质量的评价，对原告的伤害不可小视。因此，原告提出该项请求，合理但不合法，毕竟，法律不保护预测事项。最终，判决也未支持原告的该项主张。

该案例最大的意义在于，在知识产权保护意识越来越强的今天，我们应有知识产权意识，否则，将来的道歉、赔款成本并不会低于创作成本！

33问 为什么使用非正版软件构成侵权？

"生产、销售盗版违法，使用不违法"，这样观点是否完全是无理取闹呢？

我国《著作权法》对生产、销售盗版予以禁止、并规定责任，但对使用盗版者并未作违法性规定，而我国《计算机软件保护条例》中，则对"使用盗版软件"作出违法和禁止性规定。也就是说，明确规定"使用盗版违法"的只有软件保护相关法律，著作权法律并未明确规定，当然，未明确规定，不代表不违法。但的确给"执行"带来了不方便。

使用盗版为什么构成侵权？在此作如下分析。

在分析使用盗版软件为什么侵权前，先总结下"生产盗版"所侵犯的正版哪些著作权权利。

很多判决和当事人均表示，盗版侵犯正版著作权，但并未明确指出侵犯了著作的什么权利。

软件盗版者为生产盗版软件，其需要对原软件进行破解、修改、仿制、发行、销售，其流程具体到软件著作权本事，即侵犯了正版著作权的保护作品完整权、修改权、复制权、发表权、署名权，及产品收益权；也涉及涉嫌销售侵权复制品罪。

既然，生产盗版软件者侵犯了著作权人的诸多著作权权利，那么，未参与生产、销售的盗版软件使用者，侵权行为包括哪些？

虽然盗版软件存在完全复制、修改复制、二次开发复制等形式，但本质是对正版软件的复制。在复制生产后，最终以产品形式向最终用户销售获利。盗版软件使用者未购买或合法使用正版软件，即获得复制产品，因此，被认定为："侵犯了著作权人对计算机软件享有的复制权"。不是某些观点认为的与盗版生产者构成共同侵权。

正是因为并未实施"具体复制"行为，但却侵犯了正版软件的"复制权"，才会产生"使用盗版构成何种侵权（为什么侵权）"的疑问。

使用盗版软件侵权后，将承担的责任包括民事责任、行政责任、刑事责任。

特别提醒的是，企业员工擅自在办公设备中使用盗版软件，如果企业未尽到审查、管理责任，也需承担法律责任。正版权利人可采用远程控制公正保全的方式收集证明。

什么情形下，平台对侵犯著作权的行为承担法律责任？

2018年，法院对"音著协起诉某平台侵犯著作权"一案进行宣判，因平台主持人在直播中侵犯了《xx心》歌曲作品的著作权，因此，判定平台承担侵权赔偿责任。

一般认为，在"通知+删除"、避风港原则及平台过错责任原则等规则下，特别是《电子商务法》明确平台经营者责任范围和承担责任形式后，要求互联网平台承担责任是比较困难的。

那么，本案为什么会判定"平台承担著作权侵权责任"？

本案认定平台为侵权责任的承担方，主要原因为平台与主播的权利义务关系规定。双方约定：平台是主播所有主播成果（含作品）的所有权人；主播在平台中的收益，按照服务费的形式进行结算。这些约定，已经超出了一般平台服务商的权利义务范围。其约定已表明，该平台属于主播业务的组织者、主播内容的提供者和收益者。因此，应该承担平台成果所有者的法律责任。

无独有偶，"Z集团诉H公司、Q公司不正当竞争"一案，平台Q与侵权人承担了相同的法律责任。

Z集团诉H公司、Q公司不正当竞争案中，Z集团认为互联网平台Q为H公司提供酒店宣传、预定服务时，擅自多次使用"中粮"名称，其行为与H公司构成对Z集团的"不正当竞争"。

平台Q与H公司约定"收取通过平台入住收益提成"，说明平台与H酒店已属于利益共同体、销售捆绑体了，因此平台与H公司均构成"不正当竞争"。

上述两个"平台责任"案件表明，互联网商业模式不断更新的时代，无论是平台经营者还是维权者都应清楚平台承担责任的原则。现简单统计以下几项原则：

1、资质资格审查义务。确认平台对经营者的经营资质是否尽到审核义务，这是平台的首要责任，但无须资质的除外。

2、事先审查义务。如《网络短视频平台管理规范》规定网络短视频平台应当履行版权保护责任，不得转发各类广播电视视听作品片段等。

3、平台提供者。不参与双方交易的平台提供者，仅仅需对经营者经营内容进行形式审查。

4、平台交易获利者。该类平台不参与双方交易，也不直接进行交易，该类平台对平台经营者交易内容进行形式+实质审查，但不等于完全审查责任。

5、平台交易的组织、参与者。该类平台如上述案例的两家平台，应当承担经营者的责任。

新时代对平台责任的分析，需不断创新研究。

35问 互联网的"通知+删除"的"避风港原则"在平台上是如何应用的?

首例涉微信小程序案是杭州D公司诉长沙B公司、T公司著作权侵权案,法院判定小程序平台提供商微信公司对小程序侵犯著作权行为不承担责任。微信小程序平台也不适宜"通知+删除原则"。

"通知+删除"的"避风港原则"基本是互联网平台的答辩法宝,屡试不爽。虽然曾有过平台不使用该规则的判令,但如该案直接宣布某类功能平台不使用该规则的判令,还是第一次出现。

互联网平台运营商提供服务的方式有很多,使用"通知+删除原则"的平台包括:1.仅仅提供平台服务的运营商,如以前的提供SNS服务的一起网,也包括QQ交易平台;2.提供基本的平台服务并参与经营的平台,如中国好律师网、京东等;3.平台为自经营的网站,如新浪、搜狐等。

上述这些类型归结为传统的平台责任认定形式,这些平台能否使用"通知+删除"规则,简单的判定标准为"过错责任"。

如平台未参与商家经营活动,平台即无过错。此时,侵权人如要求平台删除侵权作品,则需要通知删除。如果平台接受通知后不删除,将也对侵权行为承担法律责任。如果平台参与了商家经营或自身经营,那么,平台作为侵权行为的参与者,对侵权行为应承担共同侵权责任或自行实施侵权责任,此时被侵权人则无须履行"通知+删除"义务。

上述识别标准在实际案例中使用时,也会遇到很多困难。典型的案例即是某一网站平台,将"通知+删除"原则作为挡箭牌,利用公司员工能私人身份大量上传侵权作品,在某次文化执法活动中,被执法人员无意中发现。这样的平台企业，即使他们实施了侵权行为，但由于无法收集证据，维权者也无法正当使用上述规则。该案件对"通知+删除原则"的滥用，起到了很大的遏制作用，虽无明确统计，但该案件后，无论执法部门还是司法部门，都对平台的证据要求更严格，对侵权的合理主张更愿意接受。

在互联网迅速发展的时代，互联网平台的责任承担规则，也在发生变化。一种是"通知+删除原则"不再是平台的尚方宝剑，平台承担法律责任的判决越来越多，如直播平台。另一种为平台创新发展，不再适用"避风港原则"等某些传统的互联网规则，如微信小程序平台等。

36问 以"存储服务器"为标准的侵权责任认定在互联网新技术时代是如何适用的？

2017年，深圳市南山区法院一审判定，"电视猫"以破坏技术措施的方式播放电视剧《北京爱情故事》，侵犯了T公司关于该电视剧的信息网络传播权，判令赔偿公司10万元。

该案中，电视猫是一家搜索链接服务商，不提供、不存储涉案作品，仅通过爬虫技术抓取涉案作品的播放地址，供用户链接播放。

长期以来，判定一个平台提供的服务是否侵权，以该平台"服务器是否存储侵权作品"为判断标准。如果存储，即侵权；反之，不侵权。本案中，"电视猫"并未对侵权作品进行存储，仅提供链接服务，按曾经的标准，是不构成侵权的。但提供案情分析得知，"电视猫"破解T公司涉案作品播放加密技术，破坏涉案作品安全防范措施，以"盗链接"的方式播放涉案作品。因此，构成侵权。

可以看出，"电视猫"采用了破解、破坏等非法手段，突破了T公司的技术防线，违法获得了播放地址。该行为本身已构成违法和犯罪。就此，要求"电视猫"承担侵权责任符合法律规定。

再说"服务器标准"的聚合服务。链接技术本身并不违法，但链接技术延伸了包括盗链接、深链接、假链接在内的十多种链接模式，这些众多的链接技术中，出现了如"服务器存储侵权"的链接模式。该标准是将被侵权作品复制、存储于侵权人服务器中，直接为用户提供多次、重复的侵权作品播放服务，也称"初始服务"。

这样的侵权行为拦截了作品原文站的访问量，损害了原文站的会员费、有偿播放费、广告费等收益及用户二次开发的机会，严重破坏了原文站的正常经营和商业模式。同时，"存储侵权后"，侵权网站将用户留在了自身网站，即增加了访问量、会员费、广告收入等不正当收益，但不"复制存储"，则基本不会有如此大危害，因此，将"服务器存储"作为认定是否侵权的标准。

但随着科技的发展，出现了如云存储、网盘、播放器软件、服务器虚拟化、应用虚拟化、网络虚拟化。本案中破坏技术的发展，使得原"服务器标准"利弊平衡被当今的新技术打破，导致侵权网站不"存储"，也能对原网站直接实施截流、损害收益等。就该问题，2012年时，最高人民法院知识产权庭负责人就曾表示："随着技术的发展，单纯以'服务器标准'界定侵权已不够准确。"关于"服务器标准"存废之争，至今未有结论。但在新标准未制定前，仍然继续遵守"服务器标准"+"新技术认定标准"是不应有争议的。

用户上传的视频文件侵犯他人信息网络传播权，作为向用户提供视频文件存储空间的网站是否应承担责任？

在互联网时代，用户将大量文件上传至网盘等提供存储空间服务的网站，而同时有大量的用户再从这些存储空间选择并下载自己感兴趣的文件。用户上传的大量文件中不乏侵犯他人信息网络传播权的电影、电视剧等视频文件，其中有一些还可能是热播的影视剧。在这种情况下，为用户提供上传文件存储服务的网站/经营者是否承担责任呢？

一般来说，网络服务提供者为用户提供存储空间服务，供用户通过信息网络向其他人提供作品、表演、录音录像制品，并同时满足以下条件的，不承担赔偿责任：1、明确标示存储空间是为网络用户所提供，并公开存储空间服务者的名称、联系人、网络地址；2、未改变网络用户上传的作品、表演、录音录像制品；3、不知道也没有合理的理由知道网络用户上传存储的作品、表演、录音录像制品侵犯他人的权利；4、没有从网络用户上传存储的作品、表演、录音录像制品中直接获得经济利益；5、在接到权利人的通知后，根据有关法律法规的要求，及时删除权利人认为侵权的作品、表演、录音录像制品。

在司法实践中，法院会根据网络存储服务提供者有无过错来认定其是否构成侵权并承担赔偿责任。而存储服务提供者的过错包括其对于上传作品、表演、录音录像制品的网络用户的侵权行为的明知和应知。

在具体的案件中，法院会根据网络用户侵害信息网络传播权的事实是否明显，并综合考虑以下因素，来认定网络存储服务提供者是否构成应知：1、基于其提供网络存储服务的性质、方式及其引发侵权可能性的大小，应当具备的管理信息的能力；2、涉嫌侵权的作品、表演、录音录像制品的类型、知名度及侵权信息的明显程度；3、网络存储服务提供者是否主动对作品、表演、录音录像制品进行了选择、编辑、修改、推荐等；4、网络存储服务提供者是否积极采取了预防侵权的合理措施；5、网络存储服务提供者是否设置便捷程序接收侵权通知并及时对侵权通知做出合理的反应；6、网络存储服务提供者是否针对同一网络用户的重复侵权行为采取了相应的合理措施；7、其他相关因素。

在对"应知"的具体判断上，如果网络存储服务提供者同时符合下列条件的，会被认定具有"应知"的过错：（1）能够合理地认识到涉案作品、表演、录音录像制品在其存储空间传播；（2）能够合理地认识到网络用户未经权利人的许可提供涉案作品、表演、录音录像制品。何谓"能够合理地认识到涉案作品、表演、录音录像制品在其存储空间传播"？实践中，有以下情形之一的，法院会推定网络存储服务提供者"能够合理地认识到涉案作品、表演、录音录像制品在其存储空间传播"，除非网络服务提供者能够提供相反证据：（1）涉案作品、表演、录音录像制品或者与其相关的信息位于首页、各栏目首页或者其他主要页面等可被明显感知的位置；（2）对涉案作品、表演、录音录像制品的主题或者内容主动进行选择、编辑、修改、整理、推荐或者为其设立专门排行榜的。何谓"能够合理地认识到网络用户提供涉案作品、表演、录音录像制品未经权利人的许可"？同样的，在实践中，有以下情形之一的，法院会推定网络存储空间服务提供者"能够合理地认识到网络用户提供涉案作品、表演、录音录像制品未经权利人的许可"，除非其能够相反证据：（1）网络用户提供的是专业制作且内容完整的影视作品、音乐作品、表演、录音录像制品，或者处于热播、热映期间的影视作品、知名度较高的其他作品以及相关的表演、录音录像制品；（2）网络用户提供的是正在制作过程中且按照常理制作者不可能准许其传播的影视作品、音乐作品、表演、录音录像制品。

通过以上的论述可以看出，网络用户上传的视频文件侵犯他人信息网络传播权，作为向用户提供视频文件存储空间的网站/经营者是否应承担责任，应当根据其是否具有过错来确定，而是否具有过错，又需要根据一系列的案件证据来认定。

38问 委托他人开发的作品，如何规避承担作品侵权责任？

R等公司委托J公司开发某款软件。因出现分歧，2011年J公司停止提供服务，R等公司对该软件二次开发形成新的软件。J公司认为"二次开发"侵犯其软件的著作复制权，因此提起诉讼。一审驳回起诉，二审支持起诉请求。

委托开发的作品，为什么会侵权呢？1、所有权不清楚。委托开发作品的所有权由双方合同约定，未签订合同或约定不明的，作品属于受委托人。本案中委托人未签署委托书面合同，导致了作品所有权不属于自己，导致委托开发变为授权使用。2、超出使用目的范围。针对未约定委托作品的使用范围，委托人有权在委托目的范围内使用委托作品。本案中，二次开发被认定为超出委托目的范围使用。因此，委托作品必须签订书面协议，约定作品所有权在内的各项著作权侵权归属。

《舌尖上的中国》海报侵权一案，属于节目组委托朋友所作，但侵权结果直接由某电视台承担。因此，对委托人应该严格履行委托作品的著作权审查义务。委托的审查义务包括：1.对受委托人的侵权历史进行审查。2.对开发、创作人员身份进行审查，受委托公司负责开发的员工是否存在竞业禁止、著作权保密等约定，还须审查公司的风控措施。3.细化委托开发产品介绍，将产品结构细化，确保构成开发产品的每一项内容的著作权有来源、有著作权保障、有授权，如游戏作品中的音乐版权、人物版权等。4.交付时的审查义务。对交付的产品，委托人有进行著作权审查的义务，否则也承担侵权责任。对产品（作品）的检查包括，受委托公司知识产权承诺、责任承担承诺、产品组成作品的合法使用证明、开发人员不侵权承诺等。5、其他。

委托作品侵权，还包括以下方式：1、因按照委托人要求、指示和提供的素材完成作品开发，委托人承担侵权责任，受托人在故意或过失范围内承担责任；2、委托作品中涉及的其他著作权授权到期；3、对作品涉及的其他著作权产品保护意识不强，如主体侵权。

委托人与委托作品侵权相关的法律责任如下：1、过错的共同侵权连带责任；2、无过错的免责和停止侵权责任。在委托人已经合理尽到审查义务，而被侵权人也不能证明委托人存在过错的，委托人不承担侵权责任，但承担停止、收益返还等义务。

39问 影视剧被剪切"混搭"是合理使用还是侵权？

某40集影视作品，每集时长一分钟，但每集有半分钟时长内容为"剪辑、摘要"的他人作品。苏州中院就S视频诉ZJ公司短视频侵害著作权一案作出一审判决，判决ZJ公司构成侵权。网红谷某"几分钟看完某某电影"系列，被多家控告侵犯"影片改编重制"权，但谷某却发声明坚称合理使用。

上述案件核心问题是"合理使用"。说明合理使用的方式已由"简单摘要、截取"升级为"创作+混剪""原著作+新剧本"等形式。

显然，"混搭"不属于"介绍情况或者阐明一种观点"的合理使用。

　　传统意义上认为，5分钟内引用某部作品的视频，不构成侵权。那么，短短1分钟左右的短视频，为什么会侵权。其实，判定是否为"合理使用"，不仅仅是看时长、目的、是否商业使用，关键看是否破坏了原作的完整性和商业利益，包括潜在的商业利益。

　　视频无论长短，如果导致原作品的价值降低或丧失，即构成侵权。如ZJ公司擅自以短视频的方式"剧透某电视剧"，被评价为"不花钱也可以看某剧""不花钱提前看某剧"，导致该电视剧合法播放平台的有偿首播客户大量减少，最终，ZJ公司被法院认定为侵权。

　　关于"有偿使用"才构成侵权，其实并不绝对。就网红谷某"混搭"作品来说，谷某肯定是通过其收益的，但不应认为他商业使用即构成侵权，我们需要从其剪辑的他人作品看是否破坏了原作的完整性、复制权、潜在商业收益。同时，对于"谷某"贬低某部电影，是否构成侵权，要看是否是客观评价，如果是应属于评论自由范畴。

　　关于合理使用范围，还有G公司扫描了众多图书供网络用户使用一案，但法院认定为合理使用。

40问 在版权保护当中如何应用区块链技术？

　　《著作权法》第二条规定，中国公民、法人或者其他组织的作品，不论是否发表，依照本法享有著作权第十一条"著作权属于作者，本法另有规定的除外。创作作品的公民是作者……如无相反证明，在作品上署名的公民、法人或者其他组织为作者。"《作品自愿登记试行办法》第二条"作品实行自愿登记。作品不论是否登记，作者或其他著作权人依法取得的著作权不受影响。"《最高人民法院关于审理著作权民事纠纷案件适用法律若干问题的解释》第七条"当事人提供的涉及著作权的底稿、原件、合法出版物、著作权登记证书、认证机构出具的证明、取得权利的合同等，可以作为证据。在作品或者制品上署名的自然人、法人或者其他组织视为著作权、与著作权有关权益的权利人，但有相反证明的除外。"由此可见，我国作品实施自愿登记的原则，而登记的最大意义在于证明自己是版权人。

但是过往版权维权耗时长、成本高，很多人因此作罢。而区块链技术以其便捷、可追溯、不可逆、不可篡改的特性，决定了它可以用来化解目前版权保护中的种种矛盾。

通俗来讲，区块链是一项应用技术，主要解决了交易的信任和安全问题。其特点是去中心化、可追溯、不可逆、不可篡改，除非能拥有全网总算力的51%以上，才有可能修改最新生成的一个区块记录。

目前，区块链技术在版权保护方面的应用主要表现在确权、用权和维权方面。

一、确权阶段

区块链通过可信时间戳，将版权最初登记情况记录下来，同时在分布式账户的每个节点上均记录了这一信息，除非像上文所述能拥有全网总算力的51%以上才能篡改这一结果。为版权从诞生到转让每一次结果提供不篡改的可追本溯源的记录。既节省了登记成本也为司法取证提供了便利。

二、用权阶段

通过智能合约制定履约条款。

智能合约是一种旨在以信息化方式传播、验证或执行合同的计算机协议。智能合约允许在没有第三方的情况下进行可信交易，这些交易可追踪且不可逆转。例如，在什么情况下授权，授权后如何支付费用，费用向谁支付等都可以在智能合约中进行设定进而通过智能合同自动执行，即解决了找不到版权人支付版费的困境，提高了交易的安全性，又降低了签约过程中可能产生的种种成本。

三、维权阶段

区块链技术本身并不是证据，可以作为证据的是指将真实、合法、可靠的证据放到链上，而这些通过区块链保存的证据信息是具备法律效力的。2018年6月28日，全国首例区块链存证案件在杭州互联网法院进行宣判，标志着区块链存证法律效力获得法律肯定。由于每个区块都具备独一无二的可信时间戳，因此，确保了证据的连贯性、真实性、可靠性。

此外，以往人们保存证据通常通过公证机构公证，虽然得到的证据不可篡改、具有法律效力，但是公证费用不便宜。而通过区块链技术，只需把取得的真实可靠的证据上传到链上即可，大大节省了诉讼成本。

41问 大数据分析报告中用到网站电影海报的照片，该引用是否侵犯著作权？

大数据分析报告中引用其他网站上的图片会构成著作权侵权吗？具体应用如下：

一、侵害他人著作权的情形。

著作权又叫版权，一般符合以下两个方面则构成侵害他人著作权。1.他人对该作品享有著作权。这是侵权的前提，如果他人对作品不享有著作权，则别人也不可能侵犯他的著作权。2.发生了侵权行为。如企业确实将他人享有著作权的作品加以商业利用。

二、大数据报告引用电影海报侵权事件。

北京市朝阳区人民法院曾经在某案中指出：海报结合了剧照、绘画、图形、色彩、文字等要素，形成具有审美意义的平面造型艺术作品，属于著作权法所规定的美术作品。其表达的意思即电影海报属于著作权法上的作品，电影海报的所有权人对该海报享有著作权（电影海报著作权人具体归属暂且不作讨论）。

企业出具大数据分析报告通常用作商业目的，并不属于自我欣赏、教学等合理使用著作权的范畴，因此需要经过著作权人的许可方可使用，如果未经许可使用则构成著作权侵权。

三、获得授权许可的情形。

1.企业如果打算使用他人享有著作权的作品用作商业宣传、盈利等目的，应当首先找到作品（图片、字体等）的著作权人，并获得其书面许可方可使用。

2.企业如果未经许可已经将他人享有著作权的作品用作商业用途，则应立即停止使用（如下架杂志期刊等），后续与著作权人进行磋商，补齐授权许可。

3.注意有些作品著作权人数量较多，特别是影视作品著作权人动辄包括十几位，建议取得每一位著作权人的授权方可使用。

42问 网络视频中未经作品及演员许可采用AI换脸技术可能会导致什么样的法律风险？

首先，从知识产权领域来看，换脸技术破坏了原作品的完整性，侵犯了原著的保护作品完整权和修改权。根据《著作权法》，电影作品和以类似摄制电影的方法创作的作品的著作权由制片者享有，保护作品完整权指保护作品完整、不受篡改的权利。修改权指修改或授权他人修改作品的权利。这两项权利属于著作权人的人身权利，是作者对其作品所享有的各种与人身相联系或者密不可分而又无直接财产内容的权利，也是作者通过创作表现个人风格的作品而依法享有获得名誉、声望和维护作品完整性的权利。该权利由作者终身享有，不可转让、剥夺和限制。例如，AI换脸技术使用者未经《射雕英雄传》制片人许可便使用技术更换了主角的脸，侵犯了制片人的保护作品完整权和修改权。根据《著作权法》的规定，侵权人应当承担停止侵害、消除影响、赔礼道歉、赔偿损失等民事责任。损失的计算，应按照实际损失给予赔偿；实际损失难以计算的，可以按照侵权人的违法所得给予赔偿。实际损失或者侵权人的违法所得不能确定的，由人民法院根据侵权行为的情节，判决给予五十万元以下的赔偿。

其次，从民事领域来看，换脸技术侵犯了被使用者的肖像权。根据《中华人民共和国民法通则》的规定，未经本人同意，不得以盈利为目的使用公民的肖像。虽然例子中上传视频的人声称不存在盈利行为，但笔者认为，该段视频在互联网、微信公众号及部分自媒体广泛传播，即使不是直接的盈利行为，但这种在网络环境下发布噱头赚取粉丝的行为也无法排除这种传播行为背后带来的流量变现与商业收益。更何况法律的精神在于强调公民肖像被使用是否经过了公民本人的许可，即一切未经肖像权人同意而使用肖像权人肖像的行为皆是侵犯肖像权的行为。因此，肖像权人可以要求侵权人消除影响、赔礼道歉，也可要求承担精神赔偿。

 侵犯他人著作权，会承担哪些法律责任？

侵犯他人著作权应当依法承担法律责任。视具体情况，侵权人应当承担停止侵权行为、消除影响、赔礼道歉或者赔偿损失等民事责任；如果侵权行为同时损害了公共利益的，还会承担行政责任，而严重损害社会公共利益的侵权行为还可能导致刑事责任。

一、民事责任。停止侵害是为了防止侵权行为给著作权人造成进一步的损失。如果在法院作出判决时，侵权行为还在持续，那么法院会要求侵权人首先停止侵权。由于著作权人享有署名权、保护作品完整权等与其人格相联系的精神权利，当这些精神权利受到侵犯时，单纯的经济赔偿无法挽回对著作权人的损害，因此需要承担消除影响、赔礼道歉等民事责任，通过这些方式来消除对著作权人的声誉造成的不良影响或者对著作权人进行精神抚慰。当侵权人具有过错并且侵权行为给著作权人造成了经济损失，那么侵权人应当承担赔偿损失的民事责任。

二、行政责任。当侵权人的行为同时损害了社会公共利益的，侵权人还会承担行政责任，即由著作权行政管理机关责令停止侵权行为，没收违法所得，没收、销毁侵权复制品，并可以处以罚款（非法经营额5万元以上的，可处以非法经营额1倍以上5倍以下的罚款；没有非法经营额或者非法经营额5万元以下的，根据情节轻重，可处25万元以下的罚款）；情节严重的，行政管理部门还可以没收主要用于制作侵权复制品的材料、工具、设备等。

三、刑事责任。在大多数情况下，侵犯著作权只会导致承担民事责任，但是，如果侵权行为非常严重，比如大量制作、销售侵权书籍、盗版计算机软件、录音录像制品等，就可能构成犯罪，从而承担刑事责任。需要承担刑事责任的具体侵权行为包括：未经著作权人的许可，复制发行其文字作品、音乐、电影、电视、录像制品、计算机软件及其他作品的；出版他人享有专有出版权的图书的；未经录音录像制作者许可,复制发行其制作的录音录像的;制作出售假冒他人署名的作品的。在上情况下,如果违法所得数额较大或者有其他严重情节的,处三年以下有徒刑或者拘役,并处或者单处罚金;违法所得数额巨大或者有其他特别严重情节的,处三年以上七年以下有期徒刑,并处罚金。另外,销售明知是侵权的复制品,违法所得数额巨大的,处三年以下有期徒刑或者拘役,并处或者单处罚金。

随着我国对知识产权保护力度的持续加强,侵犯著作权所要承担的责任只可能会增加,不会减少。

> **实战小贴士**
>
> 企业如果发现有人侵犯了自己的著作权,可以先向著作权行政管理机关举报或者公安机关报案,著作权行政管理机关和公安机关在办案中查获的证据,可以作为企业在嗣后的民事诉讼证的侵权证据。

如何确定著作权侵权损害赔偿数额?

按照《著作权法》第四十九条的规定,侵犯著作权或者与著作权有关的权利的,侵权人应当按照权利人的实际损失给予赔偿;实际损失难以计算的,可以按照侵权人的违法所得给予赔偿。赔偿数额还应当包括权利人为制止侵权行为所支付的合理开支。权利人的实际损失或者侵权人的违法所得不能确定的,由人民法院根据侵权行为的情节,判决给予五十万元以下的赔偿。

上述确定赔偿数额的方法在司法适用上是有先后顺序的,在权利人的实际损失数额能够确定的情况下,应当根据权利人的实际损失数额确定赔偿数额。权利人的实际损失的计算方法包括：（1）侵权行为使权利人实际减少的正常情况下可以获得的利润；（2）侵权行为直接导致权利人的许可使用合同不能履行或者难以正常履行，从而产生的预期利润损失；（3）参照国家有关稿酬规定计算的实际损失；（4）合理的许可使用费；（5）权利人因侵权行为导致复制品销售减少的数量乘以单位利润之积；（6）侵权复制品销售数量乘以权利人销售复制品单位利润之积。在权利人的实际损失数额无法确定的情况下，才可以适用侵权人的违法所得确定赔偿数额。侵权人的违法所得通常依据侵权人因侵权行为获得的利润计算，若有证据证明侵权人存在明显侵权恶意、侵权后果严重的，可以直接依据因侵权行为所获得的营业收入计算侵权人的违法所得。如果权利人的实际损失难以确定，但权利人就侵权人的违法所得提供了初步证据，而在与侵权行为相关的账簿、资料主要由侵权人掌握的情况下，法院可责令侵权人提供与侵权行为相关的账簿、资料；侵权人不提供或者提供虚假的账簿、资料的，法院可以根据权利人的主张和提供的证据认定侵权所得的数额。在前述的权利人实际损失和侵权人的违法所得都无法确定的情况下，才会由人民法院根据侵权行为的情节确定赔偿数额，在适用这种方法时，法院会考虑作品的类型、作品知名度和市场价值、权利人的知名度、作品的独创性程度、侵权人的主观过错、侵权方式、时间、范围、后果等因素来确定赔偿数额。

需要注意的是，在前述的赔偿数额之外，侵权人还应当赔偿权利人为制止侵权所支付的合理开支。这些合理的开支包括律师费、公证费和其他调查取证费、设计费、差旅费、诉讼材料印制费、权利人为制止侵权支付的其他合理费用。

> **实战小贴士**
>
> 虽然法律规定了在权利人的实际损失与侵权人的违法所得都无法确定的情况下，由法院根据侵权行为的情节确定赔偿数额，但是这不意味着可以免除权利人举证义务或者权利人可以放弃举证。权利人对作品知名度、市场价值、权利人的知名度、作品的独创性的举证有助于法官确定合理的赔偿数额。

第45问 被指控侵犯著作权后，有哪些抗辩事由？

被指控侵犯著作权的，可以从以下几个方面进行抗辩：

1、原告所主张权利的"作品"因不具有独创性而不享有著作权。具有独创性是享有著作权的一个前提条件，如果没有独创性，则不能称之为作品也就不享有著作权。由于法律对独创性的要求很低，因此在实践中，此抗辩理由成功的机率较低。

2、不是受著作权法保护的对象。在我国不受著作权法保护的对象包括法律、法规，国家机关的决议、决定、命令和其他具有立法、行政、司法性质的文件，及其官方正式译文；时事新闻；历法、通用数表、通用表格和公式。

3、合理使用。在合理使用的情况下，可以不经著作权人的许可，不向其支付报酬，但是应当指明作者的姓名、作品名称，并且不能侵犯著作权人的其他合法权利。属于合理使用的情况包括：为个人学习、研究或者欣赏，使用他人已经发表的作品；为介绍、评论某一作品或者说明某一问题，在作品中适当引用他人已经发表的作品；为报道时事新闻，在报纸、期刊、广播电台、电视台等媒体中不可避免的再现或者引用已经发表的作品；报纸、期刊、广播电台、电视台等媒体刊登或者播放其他报纸、期刊、广播电台、电视台等媒体已经发表的关于政治、经济、宗教问题的实时性文章，但是作者声明不许刊登、播放的除外；为学校课堂教学或者科学研究，翻译或者少量复制已经发表的作品，供教学或者科研人员使用；国家机关为执行公务在合理范围内使用已经发表的作品；图书馆、档案馆、纪念馆、博物馆、美术馆等为陈列或者保存版本的需要，复制本馆收藏的作品；免费表演已经发表的作品，该表演未向公众收取费用，也未向表演者支付报酬；对设置或者陈列在室外公共场所的艺术作品进行临摹、绘画、摄影、录像；将中国公民、法人或者其他组织已经发表的以汉语言文字创作的作品翻译成少数民族语言文字作品在国内出版发行；将已经发表的作品改成盲文出版。

4、原告不具有诉权。著作权侵权诉讼能够成立，首先需要原告证明其拥有诉权。如果原告不能证明其是权利主体或者拥有诉权，则因其不是适格的原告，案件将被驳回。所以不具有诉权的抗辩是首要的抗辩焦点。实践中之所以会存在这种抗辩可能，是由著作权主体的复杂性决定的。有时候创作主体（作者）和权利主体不完全一致，法人或者其他组织享有作品著作权的就属于这种情况，著作权还存在转让和许可的情况，这都有可能使得创作主体和权利主体相分离。在权利客体为计算机软件的情况下，情况就更复杂。因为计算机软件一般是由有组织的群体按照分工协作来开发，在这中间既有投资者，又有实际开发者，也存在单位开发和自然人开发等不同情况，这就使得权利人和实际开发者相脱离，如果再存在软件著作权的流转，权利主体就更难界定了。在涉案作品为摄影作品（照片、图片）的情况下，此抗辩尤为重要，这和由于图片无法有效的标注权利主体有关。在著作权侵权案件中，如果能够在原告主体适格性上抗辩成功，能够起到釜底抽薪的效果。

5、有限表达抗辩。著作权法只保护表达，不保护思想。在绝大多数情况下，思想和表达之间可以做出明确的区分。然而，在有些情况下，对于某种思想的表达只有一种或者极其有限的方式，在这种情况下，不受著作权法保护的思想和受著作权法保护的表达就混同在一起了，无法在两者之间划分出明确的界限。这个时候如果对有限的表达予以保护，就会导致思想也被垄断，因此，在这种情况下，有限的表达会被视为思想而不受著作权法的保护，这就是"混同原则"。我国的《计算机软件保护条例》也明确规定，软件开发者开发的软件，由于可供选择的表达方式有限而与已存在的软件相似的，不构成对已经存在的软件的侵犯。

6、权利穷竭抗辩。著作权法中的权利穷竭，指的是著作权人的作品经其许可被投入市场后，原则上著作权人对该作品的流向与使用便不再具有控制权，购买人可对作品进行自由处置，不构成对著作权人的侵权。这一原则，严格地讲仅适用于经济权利中的发行权。实行这一原则的目的，在于鼓励商品的自由流通，防止著作权中的专有性质产生阻碍商品流通的结果。

7、合法来源抗辩。合法来源抗辩源于著作权法的一条相关规定，即"复制品的出版者、制作者不能证明其出版、制作有合法授权的，复制品的发行者或者电影作品或者以类似摄制电影的方法创作的作品、计算机软件、录音录像制品的复制品的出租者不能证明其发行、出租的复制品有合法来源的，应当承担法律责任"。在司法实践中，被告如果能够证明被指控的侵权作品、制品来源合法并且对侵权一事不知情，可以不承担赔偿责任，但是如果涉案作品、制品是非法的，则须承担停止侵权的责任。

除了以上的抗辩事由外，著作权侵权指控的其他抗辩理由还包括作品已过保护时效、起诉已经超过诉讼时效等。

46问 如果遭到境外自然人或者组织指控侵犯了其著作权或者与著作权有关的权利，应当如何应对？

随着我国与国外交流的增多以及使作品的传播突破地域界限的互联网的普及，无论是我们使用境外主体作品的情况还是境外主体使用我国著作权人作品的情况都非常普遍，因此，境外权利人在我国或者在境外指控我国主体侵权的情况不再鲜见。如果遇到前述情况，在应对时，我们应当弄清楚以下几个问题：

1、主张权利的境外主体是不是真正的著作权人或者独占（专有）被许可人。在包括我国在内的大多数国家，上述两类主体都有权单独对侵权行为提起诉讼。如果，主张权利的主体不是这两类中的任何一类，那么其无权单独起诉。所以，弄清楚境外的权利主张者是否真正有权主张权利是首要问题。

2、如果主张权利者是独占被许可人，则要弄清其被授予的独占许可的合同期限是否已经届满。几乎在所有的国家，独占许可合同都有一定的期限。如果对方在起诉时有关合同期已过有效期限，则其仅仅是曾经的独占许可人，而现在则没有提起诉讼的权利了。

3、弄清楚主张权利者是不是独立的著作权人。现在许多大型作品，其著作权通常都由两个以上的主体共有。按照有些国家的著作权法或者诉讼法，共同著作权人中的一个或者一部分，无权单独对侵权行为提起诉讼，必须所有的著作权人一起起诉。

4、弄清楚所涉作品的著作权保护期是否已过。我国法律与《保护文学艺术作品伯尔尼公约》均把一般著作权的保护期定为作者有生之年加上死后五十年。如果境外原告在我国或者伯尔尼成员国起诉我国单位侵权，而所涉作品已经超过保护期，则我国使用单位没有任何侵权责任。不过，如果有关作品的来源国著作权保护期更长，而诉讼又发生在该国，那么被指控侵权者则有可能承担侵权责任。

5、弄清楚境外权利主张者声称的其享有著作权的部分，是否真正是使用的部分。著作权问题的复杂性之一在于：一部作品中，往往享有著作权的部分与不享有著作权的部分混合在一起，当境外权利主张者指控我们侵犯其整个作品的著作权时，我们有必要弄清楚事实是否如此。比如一些作品中包含有为说明作者观点而引用的国家发布的统计数据、国家发布的文件、法令之类的内容。如果，我们仅仅使用了这一部分，而未涉及该外国作品的任何非官方文件资料的部分，则不构成侵权。另外，如果我们使用的涉案作品中的有关部分，并非该权利主张者所创作，而是其引用自第三方，而该第三方已去世超过五十年，这时，也不存在侵权问题。

除了要注意上面提到的几方面问题外，在国内侵权诉讼抗辩中的时效抗辩、合理使用抗辩、法定许可抗辩、善意等也都要考虑到。

附 录

一、专利代理委托书

请按照"注意事项"正确填写本表各栏

根据专利法第19条的规定

委　托＿＿＿＿＿＿＿＿＿＿＿＿＿＿＿＿＿＿机构代码（＿＿＿＿）

1. 代为办理名称为＿＿＿＿＿＿＿＿＿＿＿＿＿＿＿的发明创造
申请或专利（申请号或专利号为＿＿＿＿＿＿＿＿）以及在专利权有效期内的全部专利事务。

2. 代为办理名称为＿＿＿＿＿＿＿＿＿＿＿＿＿＿＿＿＿＿＿＿＿＿专利号为＿＿＿＿＿＿＿＿＿＿＿＿＿的专利权评价报告或实用新型专利检索报告。

3. 其他＿＿＿＿＿＿＿＿＿＿＿＿＿＿＿＿

专利代理机构接受上述委托并指定专利代理人＿＿＿＿＿＿、＿＿＿＿＿＿办理此项委托。

委托人（单位或个人）　　　　　＿＿＿＿＿＿（盖章或签字）

被委托人（专利代理机构）　　　＿＿＿＿＿＿＿＿（盖章）

　　　　　　　　　　　　　　　　　　　　年　　月　　日

附　录

二、专利实质审查请求书

请按照"注意事项"正确填写本表各栏	本框由国家知识产权局填写
① 专利申请	申请号	递交日
	发明创造名称	申请号条码
	申请人	挂号条码

② 请求内容：

　　根据专利法第35条的规定，请求对上述专利申请进行实质审查。

③ 放弃主动修改权利 　　□申请人声明，放弃专利法实施细则第51条规定的主动修改的权利。	④ 请求延迟审查 　　□请求对本申请延迟审查，延迟期限为1年。 　　□请求对本申请延迟审查，延迟期限为2年。 　　□请求对本申请延迟审查，延迟期限为3年。

⑤ 附件清单

　　□申请文件替换文件＿＿＿＿＿＿＿＿＿＿＿＿＿＿＿＿

　　□申请日前与本发明有关的参考资料

　　□外国对该申请检索到的资料

　　□外国对该申请审查结果的资料

　　□

⑥ 备注

　　□该申请为PCT国际申请，实质审查费不予减免

　　□该申请为PCT国际申请，已由欧洲专利局、日本专利局、瑞典专利局作出国际检索报告，实质审查费减免20%

　　□该申请为PCT国际申请，已由中国作出国际检索报告及专利性国际初步报告，实质审查费减免100%

　　□

⑦ 申请人或专利代理机构签字或者盖章 年　月　日	⑧ 国家知识产权局处理意见 年　月　日

三、专利复审请求书

请按照"注意事项"正确填写本表各栏	此框内容由国家知识产权局填写
② 专利申请 申请号	① 案件编号
发明创造名称	

③ 复审请求人	申请人（1）	姓名或名称		电话	
		居民身份证件号码或统一社会信用代码/组织机构代码			
		电子邮箱			
		国籍或注册国家（地区）		经常居所地或营业所所在地	
		邮政编码		详细地址	
	申请人（2）	姓名或名称		电话	
		居民身份证件号码或统一社会信用代码/组织机构代码			
		电子邮箱			
		国籍或注册国家（地区）		经常居所地或营业所所在地	
		邮政编码		详细地址	

④ 收件人	姓名	电话	电子邮箱
	邮政编码	详细地址	

⑤ 专利代理机构	名　称		机构代码	
	代理人（1）	姓　名	代理人（2）	姓　名
		执业证号		执业证号
		电话		电话

⑥ 根据专利法第41条第1款及专利法实施细则第60条第1款的规定，对国家知识产权局于____年____月____日发出的对上述专利申请的驳回决定不服，请求复审。

⑦ 请求复审的理由：	

⑧ 附件清单

文件名称	份数及页数
☐附件1	份，每份 页
☐附件2	份，每份 页
☐附件3	份，每份 页
☐附件4	份，每份 页
☐附件5	份，每份 页
☐附件6	份，每份 页
☐附件7	份，每份 页
☐附件8	份，每份 页
☐附件9	份，每份 页
⑨ 复审请求人或专利代理机构签字或者盖章 年 月 日	⑩ 国家知识产权局处理意见 年 月 日

四、专利权无效宣告请求书

请按照"注意事项"正确填写本表各栏			此框内容由国家知识产权局填写	
② 专利	专利号	授权公告日	① 案件编号	
	发明创造名称			
	专利权人			
③ 无效宣告请求人	姓名或名称		电话	
	居民身份证件号码或统一社会信用代码/组织机构代码			
	电子邮箱			
	国籍或注册国家(地区)		经常居所地或营业所所在地	
	邮政编码	详细地址		
④ 收件人	姓名	电话	电子邮箱	
	邮政编码	详细地址		
⑤ 专利代理机构	名称		机构代码	
	代理人(1)	姓名	代理人(2)	姓名
		执业证号		执业证号
		电话		电话

⑥ 根据专利法第45条及专利法实施细则第65条的规定,对上述专利权提出无效宣告请求。

⑦ 无效宣告请求的理由、范围及所依据的证据

理由	范围	依据的证据
专利法第　条第　款 实施细则第　条第　款	权利要求	
专利法第　条第　款 实施细则第　条第　款	权利要求	
专利法第　条第　款 实施细则第　条第　款	权利要求	

⑧ 结合证据对无效宣告请求理由的具体陈述意见：

⑨ 附件清单

文件名称	份数及页数
□附件1	份，每份　页
□附件2	份，每份　页
□附件3	份，每份　页
□附件4	份，每份　页
□附件5	份，每份　页
□附件6	份，每份　页
□附件7	份，每份　页
□附件8	份，每份　页
□附件9	份，每份　页
⑩ 无效宣告请求人或专利代理机构签字或者盖章 年　月　日	⑪ 国家知识产权局处理意见 年　月　日

五、专利权质押登记申请表

质押专利	专利名称		专利号		授权公告日	
出质人	名称				电话	
	地址				邮编	
质权人	名称				电话	
	地址				邮编	
代理人	名称				电话	
	地址				邮编	
债务合同信息	合同名称				债务履行期限	
	债务金额	（人民币） （外汇）		质押金额	（人民币） （外汇）	
	债权人			债务人		
	经济活动简述					
专利权是否经过资产评估		是 □		评估单位名称		
				否 □		

出质人签章：	质权人签章：	代理人签章：
年 月 日	年 月 日	年 月 日

办理专利权质押登记手续及填表说明

1、办理专利权质押登记需提交的文件：

（1）专利权质押登记申请表；

（2）专利权质押合同；

（3）出质人、质权人身份证明（个人需提交身份证复印件，企业需提交加盖公章的营业执照复印件、组织机构代码证复印件及企业法人代表身份证复印件）；

（4）出质人、质押人共同委托代理人办理相关手续的委托书；

（5）代理人身份证复印件。

2、"经济活动简述"是指专利权质押发生的原因。

3、出质人、质权人为多人以及质押专利为多项的，当事人可自行制作申请表附页，将完整信息填入。

六、专利实施许可合同备案申请表

许可专利	专利名称		专利（申请）号	

许可方	名称			电话	
	地址			邮编	

被许可方	名称			电话	
	地址			邮编	

代理人	机构名称		姓名		电话	
	地址				邮编	

合同信息	许可种类	□独占许可　□排他许可 □普通许可　□交叉许可 □分许可		专利许可地域范围	
	使用费用	□人民币 □美元	支付方式		
	生效日期		终止日期		

许可方声明	□专利实施许可合同符合《专利实施许可合同备案办法》相关规定
	□不存在违反专利法第15条相关规定的情形

许可方签章： 年　月　日	代理机构签章： 年　月　日	审查意见： 年　月　日

办理专利实施许可合同备案手续及填表说明

1、办理专利实施许可合同备案需提交的文件：

（1）专利实施许可合同备案申请表；

（2）专利实施许可合同；

（3）许可方、被许可方的身份证明（个人需提交身份证复印件，企业需提交加盖公章的营业执照复印件、组织机构代码证复印件，事业单位需提交加盖公章的事业单位法人证书复印件、组织机构代码证复印件）；

（4）许可方、被许可方共同委托代理人办理相关手续的委托书；

（5）代理人身份证复印件。

2、申请表一般由许可方签章；许可方或被许可方为外国人的，可由其委托的代理机构签章。

3、许可方为多人以及许可专利为多项的，当事人可自行制作申请表附页，将完整信息填入。

七、商标代理委托书
（示范文本）

委托人＿＿＿＿＿＿＿＿＿＿＿＿＿＿＿＿＿＿是＿＿＿＿＿＿国国籍、依＿＿＿＿＿国法律组成，现委托＿＿＿＿＿＿＿＿＿＿＿＿＿＿＿＿＿代理＿＿＿＿＿＿＿＿商标的如下"√"事宜。

□商标注册申请　　　　　　　　　　□撤销连续三年不使用注册商标提供证据
□商标异议申请　　　　　　　　　　□撤销成为商品/服务通用名称注册商标
□商标异议答辩　　　　　　　　　　　答辩
□更正商标申请/注册事项申请　　　　□补发变更/转让/续展证明申请
□变更商标申请人/注册人名义/地址 变更　□补发商标注册证申请
　集体商标/证明商标管理规则/集体成员　□出具商标注册证明申请
　名单申请　　　　　　　　　　　　□出具优先权证明文件申请
□变更商标代理人/文件接收人申请　　□撤回商标注册申请
□删减商品/服务项目申请　　　　　　□撤回商标异议申请
□商标续展注册申请　　　　　　　　□撤回变更商标申请人/注册人名义/地址
□转让/移转申请/注册商标申请书　　　　变更集体商标/证明商标管理规则/集体
□商标使用许可备案　　　　　　　　　成员名单申请
□变更许可人/被许可人名称备案　　　□撤回变更商标代理人/文件接收人申请
□商标使用许可提前终止备案　　　　□撤回删减商品/服务项目申请
□商标专用权质权登记申请　　　　　□撤回商标续展注册申请
□商标专用权质权登记事项变更申请　□撤回转让/移转申请/注册商标申请
□商标专用权质权登记期限延期申请　□撤回商标使用许可备案
□商标专用权质权登记证补发申请　　□撤回商标注销申请
□商标专用权质权登记注销申请　　　□撤回撤销连续三年不使用注册商标申请
□商标注销申请　　　　　　　　　　□撤回撤销成为商品/服务通用名称注册商
□撤销连续三年不使用注册商标申请　　标申请
□撤销成为商品/服务通用名称注册商标　□其他＿＿＿＿＿＿＿＿＿＿＿＿＿＿＿
　申请

委托人地址＿＿＿＿＿＿＿＿＿＿　　　委托人章戳（签字）
联 系 人＿＿＿＿＿＿＿＿＿＿
电　　话＿＿＿＿＿＿＿＿＿＿
邮政编码＿＿＿＿＿＿＿＿＿＿　　　　　　　　　　　　　年　月　日

八、驳回商标注册申请复审申请书
（首页）

申请商标：

类别：

申请号/国际注册号：

国家知识产权局发文号：

申请人名称：

统一社会信用代码：

通信地址：

邮政编码：

联系人：

联系电话（含区号）：

电子邮箱：

商标代理机构名称：

联系人：

联系电话（含区号）：

是否需要提交补充证据材料：是 □ ；否 □

申请人章戳（签字）   商标代理机构章戳

                          代理人签字：

    年   月   日   年   月   日

驳回商标注册申请复审申请书
（正文样式）

申请人名称：

通信地址：

法定代表人或负责人姓名：

职务：

商标代理机构名称：

地址：

评审请求与法律依据：

事实与理由：

附件：

申请人章戳（签字）　　　　　　商标代理机构章戳
　　　　　　　　　　　　　　　代理人签字：

　　年　月　日　　　　　　　　　　年　月　日

说明：

1、此书式是供申请人依照《商标法》第三十四条规定向国家知识产权局提出驳回商标注册申请复审申请时使用的申请书样式。申请人只需按此申请文书样式要求书写申请书，不受此文书样式篇幅限制。

2、申请人按此文书样式提交纸质的驳回商标注册申请复审申请书，应打字或者印刷。

3、申请人所提出的"评审请求与法律依据"，应写明具体请求和所依据的《商标法》及其《实施条例》的具体条款。申请人对部分商品或服务提出复审申请的，须在"评审请求"中写明。

4、申请人在阐述"事实与理由"时，应写明有关事实所依据的证据，并应另外提供证据目录清单，写明证据的名称、来源和待证明的具体事实。

5、申请人为法人或其他组织的，需写明法定代表人或负责人姓名、职务。

九、注册商标无效宣告申请书
（首页）

      争议商标：
        类别：
   注册号/国际注册号：
     ★引证商标：
       ★类别：
★申请号/注册号/国际注册号：
     申请人名称：
   统一社会信用代码：
      通信地址：
      □同意此地址延及于本案后续程序
      邮政编码：
        联系人：
  联系电话（含地区号）：
       电子邮箱：

   商标代理机构名称：
        联系人：
  联系电话（含地区号）：

     被申请人名称：
         地址：

是否需要提交补充证据材料：是 □；否 □

申请人章戳（签字）   商标代理机构章戳
           代理人签字：
  年 月 日   年 月 日

注册商标无效宣告申请书
（正文样式）

申请人名称：

通信地址：

法定代表人或负责人姓名：

职务：

商标代理机构名称：

地址：

被申请人名称：

地址：

评审请求与法律依据：

事实与理由：

附件：

申请人章戳（签字）　　　　　　　商标代理机构章戳
　　　　　　　　　　　　　　　　代理人签字：

　　年　月　日　　　　　　　　　　　年　月　日

★本申请书副本　份

说明：

1、此书式是供申请人依照《商标法》四十四条第一款、四十五条第一款对已注册商标提出的无效宣告申请时使用的文书样式。申请人只需按本申请文书样式要求书写申请书，不受此文书样式篇幅限制。

2、申请人按此文书样式提交纸质的注册商标无效宣告申请书，应打字或者印刷。

3、申请人所提出的"评审请求与法律依据"，应写明具体请求和所依据的《商标法》及其《实施条例》的具体条款。申请人对部分商品或服务提出复审申请的，须在"评审请求"中写明。

4、申请人在阐述"事实与理由"时，应写明有关事实所依据的证据，并应另外提供证据目录清单，写明证据的名称、来源和待证明的具体事实。

5、申请人依照《商标法》第三十条、第三十一条规定提出注册商标无效宣告申请时，应在"事实与理由"中写明所引证的注册商标、类别、注册号及指定使用商品或服务等内容。

6、申请人为法人或其他组织的，需写明法定代表人或负责人姓名、职务。

十、商标使用许可备案表

许可人名称（中文）：
　　　　　（英文）：
许可人地址（中文）：
　　　　　（英文）：
被许可人名称（中文）：
　　　　　（英文）：
被许可人地址（中文）：
　　　　　（英文）：
　　　　邮政编码：
　　　　　联系人：
　　　　　　电话：
　　　代理机构名称：
　　　　商标注册号：
　　　是否共有商标：　　□是　　　□否
　　　　　　再许可：　　□是
　　　许可人原备案号：
　　　　　　许可期限：
许可使用的商品/服务项目（分类填写）：

许可人章戳（签字）：　　被许可人章戳（签字）：　　代理机构章戳：

　　　　　　　　　　　　　　　　　　　　　　代理人签字：

填写说明

1. 报送注册商标使用许可备案，适用本书式。备案表应当打字或印刷。许可人/被许可人应当按照规定填写，不得修改格式。

2. 许可人/被许可人名称、许可人/被许可人章戳（签字）处加盖的章戳（签字）应当与所附身份证明文件中的名称一致。许可人/被许可人为自然人的，应当同时在姓名后面填写证明文件号码。

3. 许可人/被许可人地址应冠以省、市、县等行政区划名称。许可人/被许可人应当按照身份证明文件中的地址填写，证明文件中的地址未冠有省、市、县等行政区划的，许可人/被许可人应当增加相应行政区划名称。许可人/被许可人为自然人的，可以填写通讯地址。

4. 国内许可人/被许可人不需填写英文。

5. 属于共有商标的，应当在"是否共有商标"选择"是"；非共有商标选择"否"。

6. 共有商标报送商标使用许可备案，需由代表人报送，许可人名称/地址填写代表人的名称/地址，其他共有人名称/地址依次填写在备案表附页上（可再加附页）。非共有商标的，不需提交附页。

7. 注册商标使用许可备案由许可人报送。委托代理机构报送的，应当填写代理机构名称并在"代理机构章戳/代理人签字"处由代理人签字并加盖代理机构章戳。未委托代理机构的，不需填写。

8. 一份申请书填写一个商标注册号。

9. 再许可是指商标注册人通过被许可人许可第三方使用其注册商标。注册商标使用再许可的，应当在"再许可"选择"是"，填写许可人原备案号并报送注册人同意注册商标使用再许可的授权书。

10. 许可使用的商品/服务项目名称应与核定使用的同一种商品/服务项目名称相同，按类别号分段落填写（可再加附页）。

11. 许可期限不得超过注册商标的有效期限。

12. 许可人/被许可人为法人或其他组织的，应当在"许可人章戳（签字）/被许可人章戳（签字）"处盖章。许可人/被许可人为自然人的，应当在此处签字。所盖章戳或签字应当完整清晰。

13. 申请按类别收费，一个类别注册商标使用许可备案费为150元人民币，由许可人缴纳。

14. 备案事宜并请详细阅读"商标申请指南"（www.saic.gov.cn）。

商标使用许可备案表
（附页）

其他共有许可人

1. 名称（中文）：
　　（英文）：
　　地址（中文）：　　　　　　　　　　　　　　　　（章戳/签字）
　　（英文）：
2. 名称（中文）：
　　（英文）：
　　地址（中文）：　　　　　　　　　　　　　　　　（章戳/签字）
　　（英文）：

商标使用许可备案表
（附页）

许可使用的商品/服务项目（续）：

十一、商标专用权质权登记申请书

质权人名称（中文）：

（英文）：

质权人地址：

企业社会统一信用代码/个人身份证号码：

电话（含地区号）：

邮政编码：

代理机构名称：

出质人名称（中文）：

（英文）：

出质人地址：

企业社会统一信用代码/个人身份证号码：

电话（含地区号）：

邮政编码：

代理机构名称：

出质商标注册号：

担保债权数额：

质权登记期限：　　　　自　　　　至　　　　。

质权人章戳（签字）：　　　　出质人章戳（签字）：

代理机构章戳：　　　　代理机构章戳：

代理人签字：　　　　代理人签字：

填写说明

1. 办理注册商标专用权质权登记，适用本书式。申请书应当打字或印刷。质权人/出质人应当按规定填写，不得修改格式。

2. 注册商标专用权质权登记由质权人和出质人共同提出申请。

3. 质权人/出质人名称、质权人/出质人章戳（签字）处加盖的章戳（签字）应当与身份证明文件中的名称一致。质权人/出质人为企业的，填写社会统一信用代码；自然人的，填写身份证号码；其他类型的，填写证件名称和号码。

4. 质权人/出质人地址应冠以省、市、县等行政区划名称。质权人/出质人应当按照身份证明文件中的地址填写，证明文件中的地址未冠有省、市、县等行政区划的，质权人/出质人应当增加相应行政区划名称。质权人/出质人为自然人的，可以填写通讯地址。

5. 国内质权人/出质人不需填写英文。

6. 多个质权人的，在附页其他共同质权人处依次填写。

7. 共有商标办理质权登记，出质人名称/地址填写代表人的名称/地址。其他共同出质人名称/地址依次填写在申请书附页上（可再加附页）。

8. 委托代理机构申报的，应当填写代理机构名称并在"代理机构章戳/代理人签字"处由代理人签字并加盖代理机构章戳。未委托代理机构的，不需填写。

9. 出质商标为多个的，商标注册号可另加附页填写。

10. 质权人/出质人为法人或其他组织的，应当在"质权人/出质人章戳（签字）"处盖章。质权人/出质人为自然人的，应当在此处签字。所盖章戳或签字应当完整清晰。

11. 办理事宜并请详细阅读"商标申请指南"（www.cnipa.gov.cn）。

商标专用权质权登记申请书
（附页）

其他共同质权人

1. 名称（中文）：
     （英文）：
   地址（中文）：
     （英文）：
2. 名称（中文）：
     （英文）：
   地址（中文）：
     （英文）：

其他共同出质人

1. 名称（中文）：
     （英文）：
   地址（中文）：
     （英文）：
2. 名称（中文）：
     （英文）：
   地址（中文）：
     （英文）：

办理商标专用权质权登记承诺书

一、申请人

质权人：

出质人：

二、质权人承诺

　　质权人已经准确、完整地了解和知晓出质商标的权利状况、存在的瑕疵和风险，愿意承担因此可能导致的风险。上述权利状况、存在的瑕疵和风险包括但不限于以下内容：

　　1. 在先的转让申请、质权登记、商标许可使用情况；

　　2. 可能导致出质商标专用权丧失的撤销、宣告无效案件情况；

　　3. 商标权属纠纷情况；

　　4. 商标的有效期；

　　5. 出质人在同一种或者类似商品上申请或初步审定的商标与出质商标相同或者近似的情况；

　　6. 其他可能导致商标权灭失、价值贬损的情况。

三、出质人承诺

　　1. 出质人为出质注册商标专用权的合法权利人；

　　2. 出质的商标为有效的注册商标；

　　3. 出质的商标不存在被人民法院查封冻结情况；

　　4. 出质人同意将其在同一种或者类似商品上注册的相同或者近似的商标一并办理质权登记；

　　5. 在注册商标质权登记有效期内，出质人再次提交的商标注册申请存在与已出质商标相同或者近似情形的，将及时通知质权人；

　　6. 出质人将尽职尽责维护出质商标权利，并将涉及商标权灭失、价值贬损情况和案件进展进度及时通知质权人。

四、申请人共同作出以下承诺

（一）申请人为依法具备民事权利能力和行为能力的民事主体。

（二）申请人提交的申请文件真实有效。申请人签署相关主合同及商标权质押（质权）合同的行为系双方真实意思，符合法律规定。

（三）本承诺书中所有承诺是申请人真实的意思表示，申请人愿意承担不实承诺的法律责任。

　　申请人章戳（签字）：　　　申请人章戳（签字）：
　　　　（出质人）　　　　　　　　（质权人）

　　日期：　年 月 日　　　　日期：　年 月 日

十二、计算机软件著作权代理委托书

兹委托_____

代为办理有关下述计算机软件著作权的□质权登记 □质权变更登记□撤销质权登记□注销质权登记□撤回质权登记申请（上述1-5项，只能任选一项，选择多项委托书无效。）

序号	软件著作权登记号	软件名称（包括全称、简称、版本号）
1		
2		
3		
4		
5		

委托权限：_____

委托时限：自签订本委托书之日起至办理完著作权质权登记之日止。

　　被委托人（代理机构名称）：_____接受上述委托，并指定专职人员_____办理此项被委托事宜。

　　委托人：_____

　　　　_____签章：

　　被委托人：_____签章：

　　　　　　　　　　　　　　日期：　　年　　月　　日

受理号：_____ 受理签字：_____

撤销质权登记通知书编号：_____

审查签字：_____

| 流水号 | |

- -

十三、著作权质权变更登记申请表

（计算机软件专用）

质权登记基本信息	质权登记号		登记日期	
	质权变更登记通知编号		变更日期	

撤销理由	变更事项	变更前内容	变更后内容

		流水号	

申请办理方式	○由出质人和质权人办理　　○由代理人办理		
代理人信息	姓名或名称		电　话	
	证件号码		类　别	
	详细地址			
	联系人姓名		手　机	
	联系人证件号码		传　真	
	E-MAIL		邮　编	
质权人信息	姓名或名称		电　话	
	证件号码		类　别	
	详细地址			
	联系人姓名		手　机	
	联系人证件号码		传　真	
	E-MAIL		邮　编	

		流水号	

代理人信息	姓名或名称		电话	
	详细地址		邮编	
	联系人		手机	
	E-MAIL		传真	

提交材料清单	□著作权质权登记变更申请表　　份　页　　□出质人身份证明　　份　页 □变更协议　　　　　　　　　　　份　页　　□质权人身份证明　　份　页 □变更证明文件　　　　　　　　　份　页　　□经办人身份证明　　份　页 □《著作权质权登记证书》原件　　份　页　　□代理人身份证明　　份　页 □《著作权质权登记证书》复印件　份　页　　□查询结果　　　　　份　页 □软件著作权登记证书复印件　　　份　页　　□授权委托书　　　　份　页 □变更说明　　　　　　　　　　　份　页 □

　　出质人和质权人认真阅读了填表说明，准确理解了所需填写的内容，保证所填写的内容真实。

　　　　出质人签章：　　　　　　　　　　质权人签章：

　　　　　　　　　　年　月　日　　　　　　　　　　　　年　月　日

著作权质权变更登记申请表填表说明

（计算机软件专用）

本表适用于软件著作权出质期间，质权登记事项发生变更时填写使用。该表格是软件著作权质权变更登记基本情况的记载。

1、质权登记基本信息

质权登记号、登记日期：应与软件著作权质权登记证书中的相应内容一致。

质权变更通知编号、变更日期：应与软件著作权质权登记变更通知书中的相应内容一致。

2、变更信息

变更事项：应根据自身情况选填所要变更的事项，变更事项包括出质人或质权人姓名或名称、详细地址、证件号码；出质所涉及软件的名称、简称、首次发表日期（软件登记后发表）；软件著作权质权担保的债权种类及数额，或者担保的范围。

变更前内容：应填写相应变更事项前的相应内容。

变更后内容：应填写相应变更事项后的相应内容。

3、出质人和质权人信息

出质人和质权人信息中的各项信息请根据实际情况填写。

类别包括企业法人、事业单位法人、机关法人、其他组织，请根据实际情况选填。

受理号：_____ 受理签字：_____

撤销质权登记通知书编号：_____

审查签字：_____

| 流水号 | |

十四、撤销著作权质权登记申请表

（计算机软件专用）

质权登记基本信息	质权登记号		登记日期	
	质权变更登记通知编号		变更日期	
撤销理由				
申请人类型	○出质人和质权人申请撤销		○第三方申请撤销	
办理方式	○由申请人办理		○由代理人办理	
申请人信息	姓名或名称		电话	
	详细地址		邮编	
	联系人		手机	
	E-MAIL		传真	

				流水号	

代理人信息	姓名或名称		电话	
	详细地址		邮编	
	联系人		手机	
	E-MAIL		传真	
提交材料清单	□撤销著作权质权登记申请表 □著作权质权登记证书 □撤销证明文件 □书面撤销理由说明 □申请人身份证明文件 □代理人身份证明 □查询结果 □授权委托文件 □经办人身份证明文件			

　　申请人认真阅读了填表说明，准确理解了所需要填写的内容，保证所填写的内容真实。

申请人签章：

年　月　日

撤销著作权质权登记申请表填表说明

（计算机软件专用）

本表格适用于办理撤销著作权质权登记时填写使用。该表格是撤销软件著作权质权登记情况的记载。

1、质权登记基本信息

质权登记号、登记日期：应与软件著作权质权登记证书中的相应内容一致。

质权变更通知编号、变更日期：应与软件著作权质权登记变更通知书中的相应内容一致。

2、撤销理由说明

应根据实际情况，如实填写撤销理由。

后 记

我国知识产权制度建设开始时间较晚,但是发展速度较快,目前已经基本形成了与国际接轨的知识产权保护体系。国民对知识产权的保护意识越来越强,知识产权案件的不断增加,催促着国内立法机关进一步完善知识产权法律体系,也促使司法机关在案件办理过程中将法律与市场相结合,使纷繁复杂的案件得以公正处理,营商环境得以净化。

本书是北京德和衡律师事务所知识产权团队律师力作,参与本书编写的人员主要有(以姓氏笔画为序):马先年、牛爱芹、王隽、王蕾、任圆圆、许益宇、朱江涛、陈浩、陆阳、李国聪、赵文涛、崔春花。为了更全面更系统地向企业经营者,尤其是中小型科技创新型企业经营者传递知识产权法律知识,帮助其保护企业无形资产,六位作者通过多次讨论确立了写作方向,按照每人最为擅长的领域分工写作,完成本书。其间,作者不断对现有客户进行调查,征集企业经营者普遍关注的知识产权问题,结合现行法律法规及司法实践做出解答,力求内容更有针对性,更具实践指导意义。

另外,本书能够出版,还要感谢华中科技大学出版社的郭善珊编辑及其团队,他们纠正了书中许多文字和内容上的错误,提出了许多建设性修改意见,对本书的编写做出了贡献。对他们的辛苦付出和敬业精神,我们由衷钦佩。

希望本书能够在知识产权保护与运营方面对各位读者有所启发,为此我们将深感荣幸。书中错误和不当之处,敬请各位读者批评指正!